小熊英二
Eiji Oguma

生きて帰ってきた男

——ある日本兵の戦争と戦後

岩波新書
1549

目　次

1945年2月，満州の牡丹江にて撮影．この後，シベリアに抑留される

1934年9月1日，伊七57歳，輝一18歳，政一16歳，
謙二10歳

第一章　入営まで

1941年夏，岡山にて．謙二15歳，小千代64歳

一九四四(昭和一九)年一一月二五日。東京都中野区の午前七時半。天候は曇りだった。

一〇月三〇日に満一九歳になったばかりの小熊謙二は、陸軍二等兵として入営のため、自宅前で縁戚の人々に囲まれていた。前日の一一月二四日には、東京が初の本格的な空襲に見舞われ、米軍の戦略爆撃機B29の一群が、自宅の上空を通り過ぎていた。

入営通知が届いたのは、五日前の一一月二〇日。新潟にいた父親に電報を打って呼び寄せたほかは、ほとんど何の支度をする時間もなかった。

数年前に行なわれていた、町内会や国防婦人会が「日の丸」を振るような壮行会はもはやない。召集があまりに頻繁になり、人々は無関心になっていた。そのうえ前日の空襲で東京は緊迫感に包まれ、見送りに集まった一〇名弱の親戚にも、勇ましい雰囲気などはなかった。

カーキ色の国民服を着た小熊謙二は、「立派に奉公してまいります」といった型通りの挨拶のあと、「行ってくるね」と祖父母に告げた。祖父は感極まって、大声で泣いた。当時としては極めて異例の、事実上タブーといえる行為だった。祖母は「謙(謙二の愛称)、行け!」と、押すように中野駅のほうへ彼を送り出し、祖父を自宅の中に入れた。

小熊謙二が、シベリア抑留を終えて日本に帰ってくるのは、この四年後のことになる。

1

小熊謙二は、一九二五(大正一四)年一〇月三〇日、北海道常呂《ところ》郡佐呂間《さろま》村(現在の佐呂間町)に生まれた。佐呂間の地名は、アイヌ語のサロマペッ(葦原)が語源である。一九一一(明治四四)年にはここに栃木県谷中《やなか》村の鉱毒被災者たちが集団入植し、栃木集落を形成したことでも知られる。

小熊家は、新潟県中蒲原郡の素封家だった。しかし謙二の祖父がコメの先物取引などで失敗し、田畑を失って零落した。当時の小熊家には、男子が三名、女子が二名いた。一八八三(明治一六)年生まれの次男である雄次が、小熊謙二の父にあたる。

小熊雄次は小学校を卒業し、一八歳で札幌の今井呉服店で丁稚修業した。その後に徴兵検査のため本籍地である新潟にもどり、おりしも勃発した日露戦争に衛生兵として従軍。戦後の一九〇五(明治三八)年に新潟で結婚し、札幌にもどって書店を開いた。しかし経営に失敗したうえ、延焼火事で書店を失い、一九一二(明治四五)年には妻を亡くす。雄次は当時二歳と一歳の娘を連れて、一九一三(大正二)年に網走に流れ、役場の門前で営業している代書屋の下働きの職を得た。

当時の開拓地では、土地の払下げなど、役場に申請する必要事項が多かった。しかし書類を自力で記入できる人はほとんどおらず、多くの役場では、隣接して代書屋が開業していた。一九九〇年代になってさえ、こうした代書屋が残っていたのを記憶している読者もいるだろう。素封家の家庭に育った雄次は、小学校教育しか受けていなかったものの、知識労働職に就く能力を持っていたといえる。

当時の旅館は、そこに住んでいる長期滞在者が少なからずおり、雄次も網走の旅館に滞在しながら働いた。旅館の主人の世話で、手のかかる下の娘は養女に出したが、その後の展望が開けなかった。やがて彼は、網走に近い新開拓地だった佐呂間で、役場が新設されるという情報を得た。役場ができれば、代書屋の需要がある。そう判断した彼は、一九一四(大正三)年一〇月に佐呂間に移住した。

北海道にやってきた人々のなかでも、技能や才覚がある者たちは、大工や商人、知識職などに就く。そうした人々が、開拓地の役場の周辺に、市街地を形成した。そのような市街地の一つが、佐呂間村の市街地である中佐呂間で、農民の住む周辺地域よりは豊かだった。佐呂間にやってきた雄次は、こんどは中佐呂間の片山旅館に滞在しながら、役場前に建てた事務所の小屋に通って代書業を営んだ。

片山旅館の主人は、片山伊七といった。伊七は一八七六（明治九）年に岡山県で生まれ、一九〇六（明治三九）年に北海道に移住した。新開拓地の佐呂間は建築ブームで、片山旅館も客でにぎわっていた。伊七自身も、開拓農民を経て建設業を営んでおり、建設業で得た資金で旅館を建て、妻の小千代が旅館経営を担当していた。

片山旅館（1913 年 3 月 4 日）

そして雄次は、片山旅館の長女である芳江と、一九一四（大正三）年一二月に再婚した。結婚当時、雄次は三二歳、芳江は一八歳だった。

芳江の両親である伊七と小千代は、当初この結婚に反対したという。片山家には娘が二人いるだけだったため、長女である芳江は、婿養子をとって旅館を継ぐものと考えられていたからである。流れ者同然の三〇代の子連れ男との結婚というのも、プラス材料ではなかったろう。最終的には、結婚後に生まれた子どものうち、長男は小熊家の後継者とするが、次男は片山家に養子に出すということで決着した。

とはいえ、雄次はその後に出世した。代書業で資産を築き、人脈を得た彼は、佐呂間の購買組合の理事長になり、やがて北海道東部地域の産業組合の有力者となった。

産業組合とは、零細農家の貧困対策として作られた協同組合である。一九〇〇(明治三三)年に産業組合法が成立したあと、農村では農業の、都市部では消費者の、購買組合や産業組合が組織された。これらが、現在の農業協同組合や生活協同組合の起源にあたる。農政官僚だった柳田國男をはじめ、農村の窮迫を救う手段として産業組合に注目していた人は多かった。

雄次と芳江のあいだには、男児が三人、女児が三人生まれた。男児は輝一・政一・謙二、女児は光子・泰子・秀子と名付けられた。いまは八九歳の謙二は、こう述べる。

「長男と次男の名前は、岡山の戦国大名の「池田輝政」から一字ずつとったそうだ。謙二の謙は、新潟の戦国大名の「上杉謙信」からとった。岡山は片山家の故郷、新潟は小熊家の故郷。輝一は小熊家の長男、政一は片山家の長男、謙二は小熊家の次男だ。四男が生まれていたら「小熊信三」だっただろう。当時の庶民の名前の付け方は、そんなものだ。父も祖父も、小学校しか出ていなかったから」

なおこれらの子どもたちのうち、長女の光子は、生後一か月ほどで死亡した。残りの五人も、後述するように三人は二〇歳前後で病死する。

一九二三(大正一二)年、片山伊七と小千代は旅館を手放し、東京に出て商売を始めた。旅館をやめた理由は不明である。謙二によると、伊七が建設業で失敗したか、何らかの詐欺にあったらしいという。

一九三〇(昭和五)年ごろ、謙二の母親である芳江が結核となり、一九三二年七月に三五歳で病死した。当時の結核は、治療法のない死病だった。

結核の背景にあったのは、過重労働と栄養不足である。電化製品がなかった時代、六人の出産と育児は大きな負担だった。芳江の母である小千代は、「芳(芳江)は「おかあさん、このごろ私、体がとても疲れるの」と言っていた。六人も子どもを産ませて、働かせすぎたんじゃ」と後年に話していたという。それに対し謙二は、こう述べる。

「父の雄次が、自分の娘を働かせすぎて死なせたと思っていたのだろう。しかし当時の日本はみな過重労働だったから、父をそれで責めては気の毒だ。それに父は貧困暮らしが長く、多少羽振りがよくなっても、女中を雇うという発想がなかったらしい」

芳江が病気になっても、雄次は仕事に忙しく、子どもたちの面倒をみる余裕がなかった。雄次は芳江の死亡後に三度目の結婚をしたが、子どもたちはつぎつぎと東京の伊七のもとに送り出された。佐呂間は大きな産業もなく、産業組合をはじめ事務職も限られる。地元に残るなら農民になるか牧畜をやる者が多かったが、それよりは東京に送り出したほうがよいという判断があったようだ。

まず一九三一(昭和六)年に、高等小学校を卒業した長男の輝一が、東京の伊七のもとに送られた。ついで小学校に入学したばかりの謙二が、一九三二年七月に東京に送られた。末子の秀子は佐呂間に残ったが、後述するように政一と泰子もやがて東京に送り出される。養育費は雄次が東京に送り、片山夫妻が娘の子たちを育てる、という合意だったようだ。

彼らが東京に送り出された一九二〇年代から三〇年代は、第一次大戦後の好況と不況を経て、市場経済が本格的に社会へ浸透し、金融や貿易の国際化がおきていた時期だった。それは一面からみれば、都市部の中産市民層の台頭をうながし、その後の消費文化の起源が築かれた時代だった。しかし別の側面からみれば、農村からの急激な人口流出と、都市の膨張が同時発生していた。産業組合や購買組合が台頭したのも、都市と地方の双方で、貧困と不安定と格差の発生が背景になっている。そしてそれは、戦争と革命の時代の予兆でもあった。

2

謙二には、母親の記憶はほとんどない。物心がついた時点で、母親はすでに結核を発病しており、離れに隔離されていた。謙二の記憶には、縁側に座っていた母らしい女性の姿が、おぼろに残っている程度である。父親は仕事に忙しく、ほとんどかまってもらった記憶がない。

一九三二(昭和七)年七月、佐呂間にやってきた祖母の小千代に連れられ、謙二は東京に移った。小千代は娘である芳江の最期の看病と葬式、そして謙二の引取りにやってきたのだった。

当時六歳の謙二は、東京へ送られる事情が何もわからず、「遠足に行くような、軽い気持ち」だったという。後日に小千代から聞いたところでは、佐呂間から鉄道駅まで行くバスで、「行くのをやめようかな」と言って小千代を困らせたとのことである。初めてやってきた東京の印象は、「とにかく人の多いところ」というものだった。

祖父の片山伊七は、東京市杉並区高円寺の蚕糸試験場(現在の「蚕糸の森公園」)の近くで、菓子屋を営んでいた。学歴も技能もないまま、東京に出てきた者たちは、零細商店を開く例が多かった。そして菓子屋は、もっとも技能がいらない商店の一つだった。

この時代には、政府公認の調理師免許制度などはなく、開業は自由だった。それだけに、農村から都市に出て開業する者は多く、零細商店は過密状態だった。一九三〇年代初頭の東京市内には、菓子屋が一六世帯に一軒、米屋が二三世帯に一軒の割合で存在した。経営も不安定で、同時期に浦和市の小売店の平均寿命は一年一一カ月、銀座でも四年ほどだった(新雅史『商店街はなぜ滅びるのか』光文社、二〇一二年)。

謙二の回想によると、片山伊七は「器用な人」だった。彼は開拓農民や建設業、旅館業などを経て東京に出たが、菓子作りの修業などはしたことがなかった。しかし高円寺の借家で饅頭を作るほか、錦糸町の菓子問屋から飴や餡子玉などの駄菓子を仕入れて、店頭で売っていた。幼かった謙二も、数回は伊七と一緒に問屋に行ったことがある。当たりがあるクジ付きの駄菓子が、近所の子どもに人気だった。

伊七らが住んでいた借家は、二階建ての一棟を二軒の商店が分けて借りる二軒長屋だった。現代でいうメゾネット形式である。一階には、入口に面して三畳ほどの店頭があり、そこに仕入れた駄菓子を並べる。そこから障子で仕切られた奥は、六畳と三畳の居間と台所。さらにその奥には伊七が建て増しした作業場があり、饅頭をふかす鍋と蒸籠《せいろう》があった。二階には物干し台と店の看板があり、三畳間と六畳間があった。

この借家では、先に東京に送り出されていた長男の輝一が二階に寝て、一階に祖父母と幼い謙二が寝た。家具はタンス程度だったが、伊七は新しいものが好きで、一九三四(昭和九)年ごろにはラジオが家にあったという。

水道は一〇世帯ほどが使う屋外の共用水道で、持ち回り当番で水栓の鍵を管理して使用するものだった。洗濯は一八七七(明治一〇)年生まれの小千代がタライでやっていたが、下着は四〜五日に一度くらいしか替えなかった。日本の庶民が下着の着替えを毎日するようになったのは、洗濯機が普及した高度成長期以後である。風呂も四〜五日に一回で、近所の銭湯に通った。

食事は「コメと塩っけがあれば成り立つようなもの」で、漬物と米飯が中心だった。謙二は「魚は三日に一度くらい食べたが、肉はあまり食べた記憶がない」という。流通が発達していなかったため、魚は干物が多く、生魚はもっぱらイワシだったが鮮度が低かった。

肉はあまり食べる機会がなかったが、食べたのは、おもに豚肉だった。野菜は近所の八百屋、魚や肉は蚕糸試験場近くの市場で買ったという。小千代は家事一般に多忙で、凝った料理を作る時間はなかったようだ。

謙二によれば「エンゲル係数は六〇くらいだったろう」というが、それでも「水道はあるし、佐呂間より食生活はいいように感じた」という。小熊家は佐呂間では上の階層に位置していたが、それでも上記の生活程度のほうがよいと感じさせるほど、当時の都市と農村の格差は大きかった。

ちなみに佐呂間村は行政単位としては海に面していたが、謙二は佐呂間で鮮魚を食べた記憶がない。魚を内陸に運ぶ流通手段がなかったためである。当時の佐呂間は自転車もなく、人力以外の輸送手段は馬か馬橇《ばそり》だったが、馬は飼育や馬引きなどにコストがかかった。そこまでして鮮魚を運んでも値段が高くなり、佐呂間住民の収入では買う人があまりいないので、流通しなかったのである。

二軒長屋を分けあっていた隣人は、洋服の仕立屋だった。片山家をふくめた付近の庶民は、女性は和服、男性は作業服か和服が日常着だったが、男性は冠婚葬祭用として一着くらいは背広を持っていたという。当時は店頭で買う「吊るし」の既製服は少なく、仕立てが大部分だった。なお下着はパンツで、「ふんどしは徴兵検査と軍隊入営後につけさせられた」という。

隣人の仕立屋は、子どもを六人抱え、生活は苦しそうだった。この一家は、もとは東京東部の下町である深川(現在の江東区深川)に住んでいたが、関東大震災のあと移り住んできたという。当時の東京庶民は借家が一般的だったため、震災で下町が焼けたあと、農村地帯だった西部の世田谷や杉並に移動した者が少なくなかった。

謙二の回想によると、片山家の近所は小さな商店街をなしていた。八百屋、豆腐屋、炭屋、薬局、風呂屋など日用品店が多かったが、クリーニング屋、寿司屋、カフェ、本屋などもあった。この時期には、片山家のような零細商店だけでなく、都心部に通勤する中産層も高円寺周辺に住みはじめていた。クリーニング屋やカフェは、こうした中産層を顧客としたものだった。

中産層ではない片山家自身は、クリーニング屋を利用したこともなく、寿司屋で食事したこともなかった。謙二はこう述べる。

「当時の庶民は年金制度も健康保険もなかったから、病気や老後に備えて、倹約して貯金していた。おじいさん(伊七)は、店の出納と一緒に家計簿をつけていて、夜になるとおばあさん(小千代)に「今日は何にいくら遣ったか」と聞いていた。当時は小さな銀行がいまよりずっとたくさんあり、家の近所にも「中野銀行」とか「不動銀行」とかがあった。古い住民のあいだには、まだ無尽《むじん》もあったと思う」

これも謙二の記憶によると、当時の近所からは農地がなくなり、家がどんどん新築されていた。一九二二（大正一一）年に国鉄駅が開業した高円寺は、新宿から路面電車の西武軌道線（戦後に都電杉並線となり、地下鉄丸ノ内線と競合して一九六三年に廃止）も通っており、都心に通う通勤労働者が住む郊外住宅地となりつつあった。

当時の高円寺一帯は、①仕立屋一家のような震災で焼け出された東京東部からの移住者、②片山家のような地方出身者、③都心に通勤する中産層、などが混在しながら、急激に人口が膨張していた。ここは従来は東京府豊多摩郡に属していたが、謙二が移住した一九三二（昭和七）年に市郡合併で杉並区が新設され、東京市に編入されたばかりだった。

ちなみに近所のカフェは、昼はカレーライスやトンカツといった「洋食」を出していた。そのため小千代は、「洋食屋」とよんでいたという。夜には、女給が二〜三人で酒を出していた。小学生の謙二は、店先の布をはらって、夜に店内をのぞいたことがある。桜の造花が飾ってあり、色電球で照らされた薄暗い店内に女給と客が見えたという。

家の近くには青梅《おうめ》街道が走っていたが、その他の近隣の道路は、荷車がやっと通れるほどの広さだった。当時の青梅街道を走っていたのは、自転車、リヤカー、バス、路面電車などで、

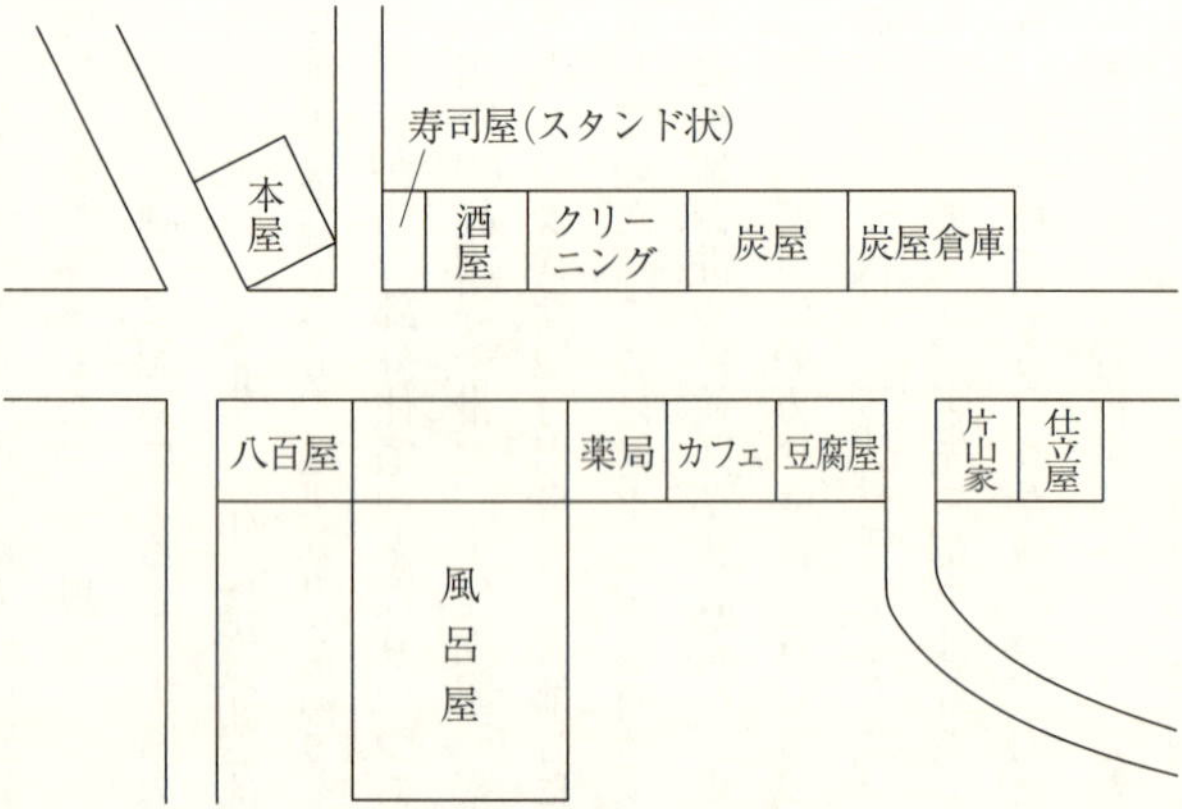

高円寺の自宅間取りとその周辺

たまにトラックとタクシーが通った。

自家用乗用車はほとんど普及しておらず、タクシーもほとんどは左ハンドルの外国製だった。流しのタクシーは、助手席に乗った客引きと二人組で商売しており、ゆっくりと走りながら、客引きが通行人に話しかけて乗車を誘っていた。大八車はリヤカーに押され、みかける度合いが少なくなっていたが、敗戦まぎわの強制疎開の時期には、どこにこんなに大八車があったのかと驚くくらい、街頭にひっぱりだされてきたという。

謙二の記憶では、寄合や町会のような住民組織と、伊七が関係していた形跡はない。この地区は新興地域だったためか、「そうした住民組織のようなものはなかったと思う」と謙二はいう。

一九二五(大正一四)年の普通選挙法施行により、二五歳以上の男性である伊七は参政権があった。

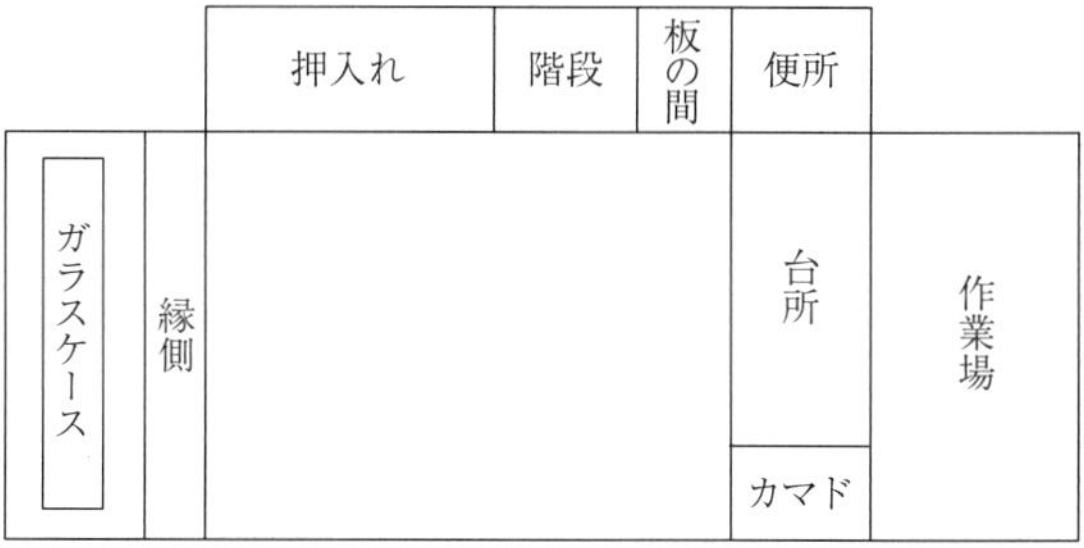
押入れ
階段
板の間
便所
ガラスケース
縁側
台所
作業場
カマド
1階

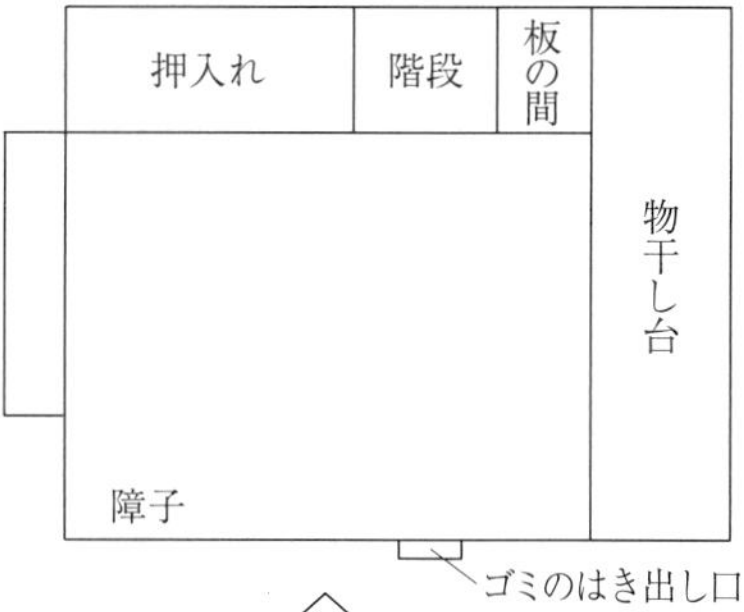
押入れ
階段
板の間
物干し台
障子
ゴミのはき出し口
2階

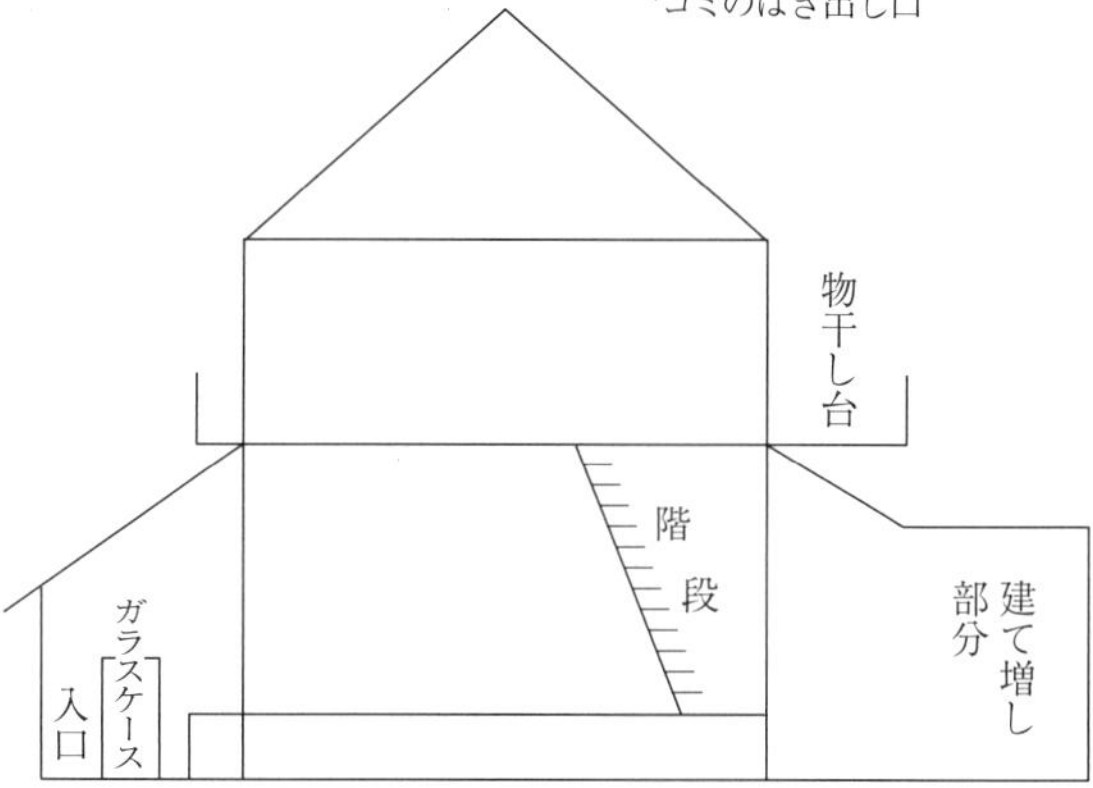
物干し台
階段
建て増し部分
ガラスケース
入口

しかし伊七が選挙に行ったり、特定候補への投票勧誘をうけたという記憶は、謙二にはないという。わずかに、買収や贈賄の横行に対する「選挙粛正」のキャンペーンが大規模化した一九三五(昭和一〇)年ごろに、謙二もその標語を聞いた記憶があるだけである。

長男の輝一は、伊七のもとで商売の手伝いをしていた。謙二が上京した当時はまだ一五歳だったが、謙二からはずいぶん大人にみえた。輝一は、謙二の上京から二年ほど後には、「大中野市場」という中野の公設市場で、天ぷら屋を始めた。料理店ではなく、夕食の惣菜用天ぷらを揚げて売るのである。お客は、公設市場に買い物にくる「勤め人」「商店主」「日雇い」などの「奥さん」や「おかみさん」だった。

伊七は、輝一を自分のもとで商人修業させ、自立させようとしていた。謙二によると、「父の雄次にしても、祖父の伊七にしても、当時の庶民には、子どもに教育をつけるという考えはなかった。一人で食っていけるようにする、という意識しかなかった」という。

大中野市場は、西武軌道線の停留所「登記所前」に面していた。「餅菓子屋と薬局が入口にあり、てんぷら屋、酒屋、八百屋、裁縫道具を並べている小間物屋など、いろいろな店があり、何でも用が足りた。入口にはバルコニーのような中二階の演台があり、売出し日の一日と一五日にはチンドン屋が出ていた」という。

西武軌道線が通る青梅街道の向こう側の先には、中野新橋という「三業地」があった。芸者置屋・待合・料亭など、政府の営業許可が必要な「三業」が集まっている遊興街である。「金持ちが芸者遊びに来るところで、こちらとは別世界だった」。

輝一が天ぷら屋を営んでいた公設市場は、当時の地方官庁が設置したものである。現在の途上国によくある形態だが、公共団体が建物を提供し、小商店が集まって開業しているものだ。日本でも各地に残っているが、とくに沖縄の那覇市牧志《まきし》の公設市場が有名である。

個々の零細商店が個々の消費者に販売する形態だと、大資本に対抗できずに経営が不安定化したり、不当な販売や価格の乱高下などがおきやすい。とくに一九一八（大正七）年に、「米騒動」とよばれたコメ価格暴騰と都市暴動がおき、商取引の安定化は政府の重要課題となった。そのため公的機関が音頭をとって協同化がはかられ、「米騒動」の翌年には、東京で六カ所の公設市場が設立された。輝一が天ぷら屋を開業していた中野の公設市場もそうした政策の一環であり、農村の産業組合と同じく、協同化による秩序安定の試みだった。

同様に協同化の試みとなっていたのが、商店街の形成である。片山家の最寄駅は西武軌道線山谷駅（現在の丸ノ内線東高円寺駅付近）だったが、駅の付近には、「共栄会市場」というアーケードをもつ商店街があった。人が通れるくらいの道路の両側に、一階を店舗・二階を住居にして、魚屋・八百屋・小間物屋などが並んでいたという。当時の東京では、百貨店などに対抗するため、零細商店が資金を出しあい、アーケードを設置した商店街を作る事例が出てきていたのである。
謙二の回想によると、天ぷら屋をやっていた輝一は、庶民的で明るい性格だった。公設市場の青年たちが結成した野球チームに参加し、ユニフォームを着た写真が残っている。また高円寺で盆踊り大会が開かれたときは、「東京音頭」にあわせて櫓《やぐら》の上で太鼓を叩いていたという。

野球のユニフォームを着た輝一（中央）

一九三二（昭和七）年に原曲の「丸の内音頭」が制作され翌年に改題・改詞された「東京音頭」は、レコードとして発売され、東京の「ご当地ソング」となっていた。謙二によると、「隣の仕立屋さんのような生粋の江戸っ子は、「東京音頭」や盆踊りなどは田舎くさいと軽蔑していた。ああいうものが流行ったということは、それだけ東京市内に地方出身者が増えていたということだろう」という。

一九三二年七月、佐呂間から東京に連れられてきた謙二は、杉並区立第三小学校に一年生として編入された。男女は別学で、一学年四クラスのうち、二組が男子生徒と男性教諭、二組が女子生徒と女性教諭だった。ランドセルは買ってもらったが、厚紙の芯に化粧革を張ったものだった。

学校のクラスには、零細商店・職人・日雇い労働者などの子たちと、「月給取り」とよばれた中産層の子たちが混在していた。謙二の記憶では、もう農民の親をもつ子はいなかった。「月給取り」の子の比率は、「はっきりとはわからないが、四割前後だと思う。卒業写真をみると、顔や服装でだいたいわかる」という。

「当時の学校は、いまのように平等主義ではなかった。自分は卒業するまで、学芸会になど出たことがない。役をやるのは、たいてい「月給取り」の子どもたちだった。いまならクラス全員に役が回るようにするだろうが、当時はそんな配慮はなかった。劇をやるのは、来賓である地域の有力者に見せるためで、親のためではなかったからだ。もっとも、自分のおじいさんやおばあさんも、働いていて忙しかったから、学芸会になど来たことがない」

「五年生のころだったか、校庭で遊んだあとに子どもたちが顔を洗っていて、「月給取り」の子だけがハンカチを出して手をふいていた。通りかかった女性の先生は、「〇〇君は行儀がいいね」と素直にほめていた。もっとも俺たちの側も、「そういうのがいいのか」と思ったくらいで、あまり劣等感とかは感じていなかった」

日雇い労働者や露天商の家庭は、片山家のように店舗をもつ零細商人よりも貧しかった。露天商の子が、親と一緒にリヤカーを引いているのを見たという。仕立屋一家が震災前に住んで

杉並第三小学校運動会.
左が謙二

いた深川は朝鮮人が多く、戦前唯一の朝鮮人衆議院議員が当選した地域だったが、謙二は高円寺で朝鮮人・中国人に会った記憶はない。

店舗を持たない露天商たちは、近くの青梅街道沿いで、おもに土日に屋台で夜店を出していた。土日以外は、日雇い仕事などをしていたようだ。香具師《やし》が口上を述べ、バナナや万年筆をたたき売りしていたが、口上はこんな風だった。「さあさあ、この万年筆、万年筆工場が火事になって、持ちだしてきたものだ。火事場でドブに浸かっていたから、少し汚れちゃいるが、本当は高い値打ちものだ。ここで買わなきゃ損だよ」。

「子どもだったので、親の格差はさほど気にしなかった」というが、商人や職人の子たちと、「月給取り」の子たちは、遊ぶグループも違っていた。謙二は商店の子たちとメンコやベーゴマをやり、「水雷艦長」とよばれた戦争ごっこで遊んだ。遊び場は、耕作放棄されたがまだ宅地になっていない「はらっぱ」と、自転車が通らない商店街の裏通りだった。

伊七や小千代は、謙二を「謙」と呼んでかわいがっていたが、仕事や家事で忙しく、子どもにかまう暇はなかった。まとわりついても「うるさい」と言われて家から追い払われるので、家で勉強することもなく、近所の子どもたちと遊びまわっていた。

子どもたちは、五年生くらいの年長児童がリーダーとなったグループを作り、半径一〇〇メートル四方程度の「縄張り」の内部で遊ぶ。「縄張り」の外に迷い出てしまうと、そこを「縄張り」としている隣のグループに追い払われる。そのため親が見ていなくても、年長リーダーの目が行き届き、孤立してさまようことなどなかった。そして五年生半ばになると、子どもグループから自然に離れ、一人前に働く準備にかかるようになる。

「月給取り」の子どもたちとも交流はあったが、家屋からして造りがちがった。商人の家は店頭からいきなり居室だったが、「「月給取り」の家は塀や門や玄関があって、風呂が自宅についていた。子どものほうも、どことなく品がよかった」。

「月給取り」の子たちは、『少年倶楽部』のような雑誌や本を買ってもらっていて、商人や職人の子どもたちは、それを回し読みさせてもらっていた。謙二も隣の仕立屋の息子と一緒に、「門構えがある株屋の息子」と仲良くなり、彼をそそのかして雑誌や本を親に買わせ、それを回し読みしたという。謙二自身は、定期的な小遣いなどはもらっていなかった。

近所には、紙芝居もやってきた。「紙芝居はだいたい三本立てだった。最初はナンセンス漫画、二本目は悲しい少女もの、三本目が『黄金バット』『少年タイガー』などの活劇だった」という。

伊七と小千代は芝居が好きで、謙二も歌舞伎を見に数寄屋橋《すきやばし》まで連れていってもらったことがある。杉並線山谷駅に近い共栄会市場の近くには、「光風亭」という芝居小屋と寄席を兼ねた場所があり、祖父母に連れられて、そこで任侠もののチャンバラ芝居を見た。新宿の伊勢丹デパートに、杉並線に乗って連れていかれたこともあった。

そのほかの娯楽は、映画だった。中野の繁華街だった鍋谷横丁には、城西館という松竹系の映画館と、中野館という日活系映画館があった。祖父母は映画も好きで、よく連れていかれた。児童向けの映画などはなかったので、当時の大衆小説である『人妻椿』を映画化したものを、片山夫妻と一緒に見たりしている(小島政二郎『人妻椿』は雑誌『主婦の友』に一九三五年に連載、一九三六年に松竹で映画化)。映画はしだいに場末芝居を駆逐し、共栄会市場の光風亭も、一九三七年ごろには「光風映画劇場」と改名して映画館になってしまったという。

小学生時代の他の楽しみは、近所の神社でのお祭りだった。「おかめとひょっとこが踊るお神楽《かぐら》が出て、夜店が出た。神社にふだんお参りに行くことはなかったが、夜店が楽しみだった。今と違って、子どもが夜に遊べるようなところは、ほかになかったから」。

しかし、こうした都市下層の庶民生活は、戦争の足音とともに変化していくことになる。

3

謙二が小学校に入学する前年の一九三一(昭和六)年九月、満州事変が始まった。杉並の小学校に転入したときは、「肉弾三勇士」という言葉が、子どもたちに流行っていた。回し読みする本も、山中峯太郎『亜細亜の曙』や平田晋策『昭和遊撃隊』といった作品が多かった。

とはいえ、「当時の戦争ものは、後年ほど荒唐無稽ではなかった」。謙二によると、「おかしくなったのは、日中戦争が始まってから」という。

たとえば当時の仮想戦記に、軍事評論家の平田晋策が『少年倶楽部』一九三二年五月号に掲載した『日米もし戦はば』がある。謙二も単行本になってから、同級生のものを借りて読んだが、日米の国力・軍事力と、当時の両国の基本戦略計画をふまえて、西太平洋での会戦を想定した内容だった。しかし一九四一(昭和一六)年夏にたまたま読んだ日米仮想戦記は、日本軍がアメリカ西海岸に上陸して、首都ワシントンを陥落させるというものだったという。

一九三〇年前後から、愛国心教育が強化されたが、それも後年ほど強圧的なものではなかった。教育勅語は「耳にたこができるほど聞かされた」うえ、歴代天皇の名前も教えられた。しかし歴代天皇の名前は四~五代いえる程度で、「日の丸」への敬礼や宮城遥拝などは、やった覚えがないという。

「小学五年か六年のときに、天皇の「御真影」を納めた「奉安殿」が学校にできたが、「変な建物ができたな」と思った程度だった。登下校のときに敬礼させられたとかいう話は、日中戦争が始まってからのことだ。六年生の昭和一三年二月に、伊勢神宮への修学旅行に参加したが、汽車に乗るのがおもしろかったくらいで、印象に残っていない」

「もっとも正月、紀元節、天長節、明治節の四大節には、必ず式があり、教育勅語を校長が奉読した。読んでいるあいだ、生徒たちは並んで頭を下げっぱなしにさせられる。当時の子どもたちは、よく鼻を垂らしていたが、たいがいはハンカチ・チリ紙を持っていく習慣がないから、校長が教育勅語を読んでいるあいだに鼻をすする音がよくしたものだ」

謙二が小学四年生だった一九三六年二月、二・二六事件がおきた。しかし同年の出来事では、五月におきた「阿部定事件」のほうが印象に残っており、近所の大人や子どもも、そちらを話題にしていた。「局所」という言葉が、子どもたちのあいだで、意味もわからないまま流行ったという。

戦争の足音は近づいていたが、まだ庶民の日常生活はのんびりしていた。むしろ一九三〇年ごろの不況期にくらべ、満州事変後は軍需景気などで経済が好転していた。

片山家も、その恩恵に浴していた。一九三二年、伊七は中野に駐屯していた第一電信連隊の酒保に店を出した。酒保は軍隊内の購買所で、そこで兵士たちが休憩時に食べる饅頭やうどんを売る権利を、伊七はどこからか得たのである。自宅で作った饅頭を持っていけば、確実に売れる。公共セクターへの販売は、零細業者にとって安定的な仕事だった。伊七は職人を三人雇い、事業を拡大した。

また一九三三(昭和八)年、次男の政一が佐呂間の高等小学校を卒業し、東京の伊七のもとにやってきた。政一は陸軍参謀本部陸地測量部(戦後の国土地理院)に、技手として勤め口を得た。技手は小学校卒か高等小学校卒で採用される。徒弟的な下級技官養成コースである。中堅幹部以上には進めないものの、安定した職業だった。どのような方法でその職を得たのかは、謙二には不明だという。

輝一と政一は、兄弟ではあったが、かなり性格が違った。輝一は庶民的で明るく、謙二にとっては何でも話せる兄貴だった。それに対し政一は、やや気難しく、謙二によれば「インテリ志向的なところがあった」という。

両親の結婚のさいの約束で、次男の政一は片山家に養子に入ることが決まっており、「片山政一」とよばれていた。しかし皮肉にも、政一は輝一とちがい、商人志向ではなかった。伊七や輝一が進学に関心がなかったのに対し、政一は陸地測量部で働きながら夜間中学に通った。

一方で輝一は、囲碁が好きな伊七に碁を習い、政一が夜学に通っているかたわら、独学で譜を研究して夜中に一人打ちをしていた。謙二が後日に輝一の日記を見たところ、自分と政一は「水と油」だと書いてあったという。

二人の相違は、もとからの性格の違いもあったろう。しかし輝一が零細商人だったのに対し、政一は学歴が収入や職階に直結する官僚組織で働いており、その境遇の違いが影響していた。

また一九三五(昭和一〇)年には、佐呂間の小学校を卒業した次女の泰子が、東京にやってきた。泰子は杉並の高等小学校を卒業したあと、産業組合の有力者だった父親のつてで、丸の内にあった農林中央全国組織に就職して事務員となった。泰子は優しい性格で、働きながら夜間の女子商業学校に通った。

こうして安定していたように見えた生活だったが、謙二が小学校四年生だった一九三五年に暗雲がさした。泰子の上京からほどなく、長男の輝一が結核を発病したのである。

当時は結核の治療法がなく、安静と栄養くらいしか対症法はなかった。また健康保険制度がなかったこの時代、結核患者を抱えることは、庶民にとっては大きな負担だった。幸いにも雄次の経済力で、輝一は江古田の療養所に入院できたが、一九三七(昭和一二)年八月に満二〇歳で死亡してしまう。

輝一が結核で死んだのは、母譲りの体質もあったかもしれないが、栄養状態や都市環境などの結果でもあった。しかし祖父の伊七には、そう思えなかった。伊七は輝一が夜中まで碁の研究に凝っていたのが健康を害した理由だと考えたらしく、自分が碁を教えたことをひどく悔いた。伊七は自分の碁盤や碁石などをすべて他人に譲ってしまい、以後は碁をやめてしまった。輝一の衣服なども、すべて処分してしまったという。

輝一の死と前後して、一九三七(昭和一二)年の初夏、片山一家は高円寺から、中野区の借家に転居した。何らかの事情で伊七が酒保の仕事を辞めることになり、輝一がやっていた中野の公設市場の天ぷら屋を引き継ぐため、その近くに転居したのである。高円寺でやっていた菓子屋は廃業した。開業から五年あまり、当時の零細商店としては長いほうである。

中野の借家は平屋で、六畳の居間と台所、さらに六畳と三畳の居間があった。広さは高円寺の二軒長屋とほぼ同じだが、台所にガス台と水道があったのが、改善された点だった。

北海道で建築業をやっていた伊七は、自分で住居を増築し、作業場と風呂場を増設した。さらに持ち前の器用さを発揮し、五八歳にして天ぷらを揚げる仕事を覚えた。八畳ほどの作業場には氷冷蔵庫があり、天ぷら用のイワシやイカなどを入れていた。冷蔵庫用の氷は、氷屋が配達してくる。

天ぷら屋の日常は、以下のようなものだった。朝は六時か七時に起き、自宅の作業場で、午前中に天ぷらの下ごしらえをする。野菜を切ったり、イワシを開いて骨を抜いたりといった作業だ。それを公設市場の店に持っていき、午後から店先で揚げ、夕食の買い物にくるお客に、揚げたての惣菜として売る。午後四時か五時には揚げ終え、その後は交代で店番する。働きながら夜学に通う政一や泰子は、遅くに帰宅する。当然ながら、全員がそろって夕食をとることはあまりなかった。

あまった天ぷらは、翌日の昼に店頭で安く売る。買うほうも、残り物であることは承知で買っていた。当時は流通が悪かったため、天ぷら用のイワシは鮮度が低かった。下ごしらえをしているとき、骨が身から簡単に離れたという。しかし、買うほうも品質は自己判断した。

行政も、こうした衛生管理にはうるさくなかった。あるとき、東京市の保健衛生課の係員が店にきて、店頭の天ぷらに埃がかかるのを防ぐため、ガラスケースに入れるようにと指導したことがあった。しかし伊七が、ケースに入れると湯気でくもって商品が見えなくなると抗弁すると、それ以上の指導はされなかったという。

売っていた値段は、野菜天ぷらが一個一銭、イワシ天ぷらが一個二銭から三銭だった。単価が安いので、相当な量を作って売らないと儲からない。休めばそれだけ収入が減るので、定休日は公設市場が閉まる毎月一日と一五日だけ。ほかに冠婚葬祭などがあれば休んだ。

中野に転居した直後、小千代の甥で、当時一六歳だった時岡精《きよし》が上京してきた。彼は片山家と一緒に住み、天ぷら屋の店員として雇われることとなった。

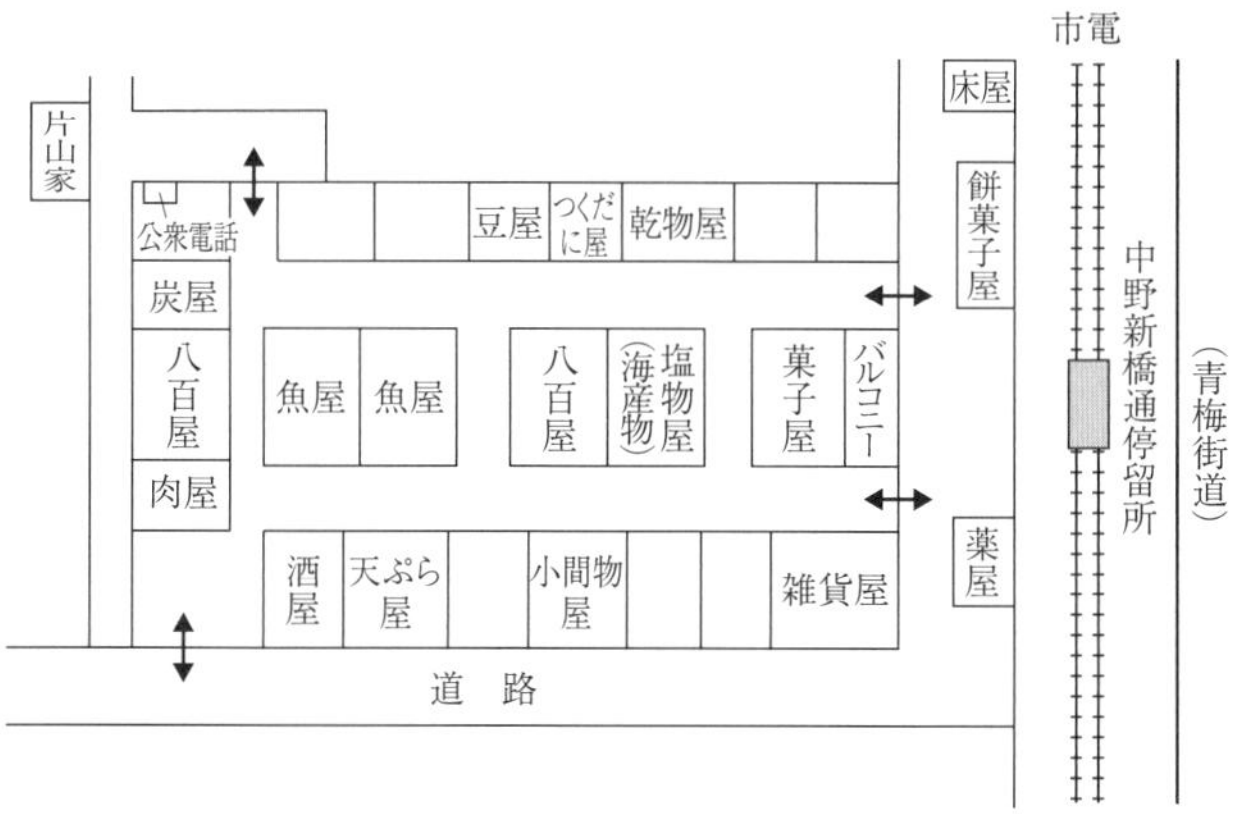

中野公設市場の周辺図

時岡は零細農家の生まれで、小学校しか出ていなかったが、市販されていた早稲田中学の講義録を買って勉強していた。輝一を失った小千代が、店員として一緒に住む話をもちかけ、東京で勉強したいという志向を持っていた時岡が、それに応じたらしかった。時岡は作家志望でもあり、農村を主題とした小説を、店番の合間に書いていたという。

中野に転居した一九三七年当時、謙二は小学校六年生だった。転居後も電車で杉並第三小学校に通っていたが、およそ目立たない生徒だった。成績は中くらいで、運動も得意でない。これといった特技もなく、将来の希望もとくにない。家で勉強したことはなく、作家志望の時岡とは対照的に、本も『怪傑黒頭巾』などしか読まなかった。

雄次も伊七も、小学校卒業後は謙二を二年間の高等小学校に通わせ、そのあと働かせるつもりでいた。謙二当人も、そうなると思っていた。ところが謙二は、兄弟のなかで初めて、昼間中学に進学することになった。

そのきっかけを作ったのは、次男の政一だった。一九三七年一〇月ごろ、政一が伊七に、「これからは「昼間の学校」くらい出ていないとだめだ」と謙二の進学を強く勧めたのである。前述のように政一は、陸地測量部の技手として、学歴で昇進が限定される世界で働きながら、夜間中学に通っていた。

義務教育ではなかった旧制中学への進学は、経費がかかった。一九二九年の時点で、小学校教員の月収は四六円だったが、東京の市立中学の入学年次の学費は、直接経費だけで一四六円一九銭だった。試験に合格して入学しても、経済的事情で中退する者も多かった。そこまでして進学しても、官庁や大企業に入るごく一部の人間以外には、学歴など何の関係もない。小学校しか出ないまま、腕一本で生きてきた伊七や雄次が、進学など金と時間の無駄だと考えていたとしても無理はなかった。

しかし、時代は急激に変化していた。一九三七年当時の中等教育への進学率は一三パーセント、旧制中学に限れば七パーセントだったが、都市部では急激に進学率が上昇していた。謙二の記憶では、杉並第三小学校では五年生ごろから周囲が受験勉強を始め、同学年の半数近くが進学したという。

その背景にあったのは、戦争景気で軍需産業が台頭し、日本経済の重化学工業化が進んでいたことだった。学歴が昇進に直結するホワイトカラーの雇用が増加するとともに、学費調達が可能な層も増えていたのである。「進学率があがり、東京では自分のような成績のよくない、目的意識もない子どもでも、進学する時期になりつつあったのだと思う」。

伊七は政一の提案をうけいれ、雄次にかけあって学費を出してもらうこととなった。好況期だったとはいえ、伊七の経済力だけでは、進学は不可能だったろう。謙二の記憶では、同学年の進学組生徒の多数派は、「月給取り」の子どもだったという。

こうして謙二は進学することになったが、受験勉強を始めたのは六年生の一一月で、すでに二学期の終わりだった。六年生になると、進学予定の子どもたちは教室の黒板正面に、予定のない子どもたちは教室の両脇に配置され、進学組には毎日放課後に二時間から三時間の補習授業が行なわれていた。

謙二も補習に参加することになったが、先に参加していた生徒たちとはレベルがちがった。国語はともかく、算術は特殊な「つるかめ算」などがあり、まったく歯が立たなかった。

最終的に謙二は、早稲田実業を受験した。周囲の優秀児童がめざす東京師範（現在の筑波大附属）や府立六中（新宿高校）などには、とうてい入れなかったからである。

「当時の早実は、ただの実業学校だった。おじいさんも、商人の子だからということで、早実が適当だと思ったようだ」

結果として、早実入学には成功した。しかし「入ってみると、実業学校なのに、実業を修めたいという生徒は少なかった。ほとんどは、自分と同様に目的意識のない、レベル相応ということで入った生徒たちだった」。謙二は中野から西武杉並線で新宿まで出て、早実に通学することとなった。

それからしばらくは、平穏な日々が続いた。同窓生と一緒に神宮球場で六大学野球をみたり、ハイキングに行ったりした。中学三年からは洋画が好きになり、新宿の「二番館」に週に二回も通い、『望郷』や『地球を駆ける男』などを見た。本はあいかわらず読まず、作家志望の時岡から彼が書いた小説の論評を頼まれたときも、「誤字の指摘くらいしかできなかった」。しかしその謙二も、しだいに新聞の国際面に関心を持つようになり、一九三六年に始まったスペイン内戦のニュースなどに注意を払うようになった。

その一方で、すぐに日本が勝つと思われていた中国との戦争は、なかなか終わらなかった。人々は、当初は新聞の報道にいらだつ程度だった。しかし、やがて戦争は、日常生活にもマイナスの影響を及ぼすようになっていった。

4

　謙二によると、日常生活の変化の第一の兆候は、一九三七（昭和一二）年の終わりごろから、街頭でタクシーをみかけなくなったことだった。それまでは、たまに鮮度のよい魚を揚げようと、伊七が公設市場の魚屋と乗合いで、築地市場までタクシーで出かけることがあった。しかし、戦争はまずガソリンの不足をもたらした。そして一九三八（昭和一三）年の五月に国家総動員法が施行されるとともに、ガソリン販売は配給制となり、切符（政府公認の購入許可証明書）がなければ購入できなくなった。

　ガソリンの販売統制は、天ぷら屋の営業を直撃した。ガス管が通っていなかった公設市場の店では、魚を揚げるコンロの燃料がガソリンだったからである。やむなく伊七らは、コークスを使用するようになったが、コークスは火力が弱く、火をつけるのも、火種を切らさないようにするのも大変だった。

　軍需景気と物資不足はインフレーションを招き、一九三九（昭和一四）年一〇月には、政府が価格等統制令を公布した。約一〇万点の商品に、政府の設定した公定価格が付されたほか、業者組合で協定して官庁の許可を得た協定価格などが設けられ、販売者は自由に価格を設定できなくなった。これは流通の停滞を招き、謙二の記憶でも、一九三九年後半には天ぷら油や魚が入手困難になった。

公設市場は、統制経済で沈んでいった。一方で、公設市場の向かいにある中野新橋の遊興街は、芸者遊びをする戦争成金たちが集まり、一時的な活況を呈していた。「昭和一三年には、市場の門前にあった西武軌道線の停留所の名前が、「登記所前」から「中野新橋通」に変わった。むこうは戦争景気で、西武鉄道に権利金を積んだと、おじいさんは言っていた」。

さらに一九四〇(昭和一五)年六月には、東京などの六大都市で、砂糖とマッチの切符による配給制が導入された。切符は購入許可の証明書であり、購入費用は自弁である。

このころから謙二の周囲の店からも、お汁粉がなくなった。同年一一月にはこれが全国に波及し、さらに木炭・衣類などの日用品が配給制に移行した。

戦争の長期化とともに、計画的な配給も機能しなくなった。物資そのものの不足と、ガソリン不足などによる物流停滞のためである。そのためしだいに、配給切符や米穀通帳があっても、配給所に品物がないという事態が頻発した。

一九三九年秋には、「外米」が食卓にのぼるようになった。戦前はコメの自給が達成されておらず、都市部の下層民にとって、台湾・朝鮮・中国などからの輸入米を食べるのは普通のことだった。しかしこの年にはそれさえ不足し、東南アジアなどから長粒種が輸入された。政府はこの年に「白米禁止令」を出し、七分搗き以上の精白米の販売を禁止した。イモなどの「代用食」が奨励され、一九四一(昭和一六)年にはコメが配給制となり、アワや麦なども食べるようになった。謙二は「庶民にとっては、いつ終わるのかわからない戦争のニュースより、こういうことのほうが衝撃だった」という。

並行して、統制経済の末端組織となる組合の結成が進んだ。地域の惣菜天ぷら組合(料亭天ぷら組合は別にあった)に加入しなければ、油や燃料が手に入らなくなった。組合に加入する店どうしは、ほんらい商売敵《がたき》なのだが、入らないと営業ができない。

同時に、家庭消費のほうも、町内会や隣組に入らなければ、配給がまわってこない状態になった。伊七らにとってみれば、これが東京で町内会などに関係を持った、初めての経験だった。

しかし実際の世帯数にくらべ、配給割当は少なかった。しかも、必要物資がないのに不必要な物資が配給されるなど、需給がアンバランスなことが多かった。祖母の小千代が隣組長の家の集まりに行き、近所の人々が不平を述べていることを伝えてきた。

伊七らの実家は岡山だったが、輸送力が不足していたことと、主要な穀物は統制下に入っていたことのため、実家から食料を送ってもらうということもできなかった。わずかに、雑穀をいちど送ってもらった程度だったという。

甘味類やガソリンといった希少物資は、軍には優先的に回されていた。また都市部で食料が不足する一方、輸送力がないため、しばしば地方には特定の物産が滞留していた。物資が偏在している状態で統制経済が導入されれば、必然的に「コネ」による「横流し」が横行する。統制外の高値流通をさす「闇値」という言葉が一九三九年ごろから広まり、公定価格の動向とは別に、闇値のインフレが激しくなった。

　戦中は戦後と異なり、闇値での買出しはモラルに反するという意識があったため、それほどおおっぴらではなかった。しかし実際には、隣組長や組合長などによる、高値での闇市場への横流しや、「顔役」にとりいって物資をうけとる行為などが横行した。これがいっそう人々の不満を強め、「世の中は　星(陸軍)に碇《いかり》(海軍)にコネに顔　馬鹿者のみが行列に立つ」という川柳が流行した。

「米穀通帳があればコメだけは買えたが、あとは店に行っても、見ず知らずの人間には売ってくれない。「ぜいたくは敵だ」といったスローガンが多くなる一方、闇でうまく立ち回る人間が出てくる。「顔」と人間関係が大事な社会になった。物資不足もさることながら、狭苦しいのと不公平なのが嫌だとみんな言っていた」

　謙二の記憶によると、近所の人々の戦争への反応はおよそ冷めたものだった。隣組や町内会は組織されたが、回覧板がまわってくるだけで、あまり真面目に活動している人はいなかった。

一九三七年一二月に南京が陥落したときは「提灯行列」が行なわれたが、謙二の周囲に参加した者はいなかった。「上のほうはいろいろ言ってくるが、下へ行くほど冷めていた」という。

「一九四〇年になると、新体制運動とかで、宮城遥拝が始まった。電車で半蔵門を通ったときのことだが、車掌が「ただいま宮城前でございます」と声をかける。そうすると、乗客が全員おじぎをするんだ。宮城の反対側の吊り革に並んでいる人間は、混んでいて動けないから、お尻をむけておじぎする。こういう形式的なことは、誰も本気でやっておらず、そのうちやらなくなった」

「戦争に関して、入ってくるニュースは、勝っている話ばかりだった。学校では、南京が陥落したとか、武漢を攻略したとかいうたびに、教室にかけてある地図のその場所に小さな旗を立てた。ところが、いくら旗を立てても、戦争が終わらない」

惣菜天ぷら組合のほうも、半年か一年くらいしか機能しなかった。一九四〇年半ばになると、組合経由で注文しても燃料や材料が手に入らなくなり、伊七はその年末に天ぷら屋を廃業せざるを得なくなった。

「品物が入らないので、開店休業状態の店が多くなった。近所でまともに開店しているのは、タワシや箒《ほうき》を売っている荒物屋くらいだった。街で外食なんかまったくできない。あそこの店に品物が入った、とかいう情報が入ると、みんな目を輝かせた」

こうしたなかで、多くの店が廃業した。食料生産や生活必需品の販売など、国民生活に必要不可欠な産業以外の労働者は、軍需産業に転換させるべく労働力再配置が進められていた。そのあおりをうけて、高円寺で近所にあったカフェやクリーニング屋のような都市中産層むけのサービス店は消えていった。隣に住んでいた洋服仕立屋も廃業し、成人した子どもたちが働いて生計を立てていた。

一九四一年一二月の企業許可令では民間事業の全面的許可制が、四二年五月の企業整備令では行政命令による企業の整理統合が、それぞれ導入された。その結果、非軍需企業の転廃業と、財閥系軍需企業への合併や統合が進んでいった。一九四二年四月には金融事業整備令が出され、「一県一行」というスローガンのもと、地域に多数あった銀行が大手に吸収合併された。片山家の近所にあった小さな銀行も、この時期に消えていったという。

こうした変化と並行して、片山家では不幸が続いた。一九三九(昭和一四)年末、陸地測量部に勤務していた次男の政一が、脳腫瘍で倒れた。政一は半年ほどの闘病と入院ののち、一九四〇(昭和一五)年六月に二一歳で死んだ。中学三年だった謙二と、一つ年上の姉である泰子は、一緒に泣いた。

政一を葬るため、伊七は一九四〇年七月に、東京の多磨霊園に「片山家」の墓を建てた。多磨霊園は、現在の府中市と小金井市にまたがる土地にあるが、もともとは東京の人口膨張にともない、東京市公園課が計画して一九二三(大正一二)年に開園した計画墓地である。伊七は、北海道から東京に移住していた友人二人と誘いあって、一緒に区画の使用許可を購入してあった。同じ霊園内の近所には、日中戦争で死んだ若い将校の墓が建立されていた。

兄二人を失ったためか、残った姉の泰子は、謙二に優しかった。だが翌一九四一(昭和一六)年三月、こんどは泰子が結核を発病した。ほぼ同時期に、謙二がいつものように早実から帰ってきたところ、天ぷら屋を廃業したばかりの伊七が、脳梗塞で倒れたと知らされた。

片山家では、狭い借家のなかで、泰子と伊七が寝込むこととなった。伊七は右半身に麻痺が残ったものの、一命はとりとめた。だが泰子のほうは病状が進み、一九四一年一〇月に一九歳で死んだ。

佐呂間から送り出された四人のうち、三人は病死した。働きながらの夜間学校通い、戦時体制下の栄養不足や生活不安など、さまざまな要因があったと考えられる。「兄や姉がつぎつぎと死んでいく。俺もいつどうなるだろうと思った。それ以上に、おじいさんとおばあさんが、いちばんつらかったと思う」。

しかし明治九年生まれの伊七は、つぎつぎと娘の忘れ形見が死んでも、自分が半身不随になっても、取り乱したり泣いたりはしなかった。

「子どもの前でそういう態度をとってもいいことはない、と思っていたからだろう。じっと耐えていた。おばあさんは多少愚痴を言っていたが、おじいさんは「そういう、せんのないこと言ってもしょうがないだろう」とおばあさんを叱っていた」

住込み店員として同居していた作家志望の時岡精も、結核に倒れた。彼は上京後しばらくして体調が悪くなったが、医者は肋膜炎と診断し、そのまま働いていた。天ぷら屋の廃業直後、時岡は岡山に徴兵検査のため帰郷したが、そこで結核になっていたことが発覚した。このとき徴兵官は、結核のため徴兵検査に不合格になった彼を、「(結核になったのは)貴様が不忠者だからだ」と罵倒したという。彼はそのまま岡山の実家に残り、一九四四年夏に死んだ。

あとには、六五歳の伊七と六四歳の小千代、そして一六歳の謙二が残るだけとなった。働き手をすべて失い、天ぷら屋も廃業せざるを得なくなったこの一家は、伊七が商売で蓄えた貯金と、雄次からの送金で食いつないだ。

謙二が通う中学校にも、変化が生じていった。一九三七(昭和一二)年に国民精神総動員運動が始まり、「それから一年ごとにスローガンが多くなり、一九三九年ごろから、どんどん空気が変わっていった」。

それでも中学二年のころは、旧制中学の内部にはまだ自由が残っていた。国語の教師は、日露戦争の乃木希典大将を、「乃木さんは、日本では偉いことになっていますが、外国とくにイギリスなどでは、軍人としては能力不足で多くの犠牲者が出たと言われています」と間接的ながら批判した。商事科の教師は、いつも着流しの和服姿で、時局を批評する雑談をしていた。一九三九年九月にはヨーロッパで第二次世界大戦が始まったが、「他人事という感じだった」。しかし一九四〇(昭和一五)年になり、ドイツがフランスに勝つと、「勝ち馬に乗り遅れるなという風潮が強くなった」。同時に学校にも、国民精神総動員の影響がおよんできた。

謙二は今でいうサークル活動として、部員が四人だけの商業経営部というクラブにいた。だがこの年から、文科系のクラブにいた者は、全員が体育会系クラブに移れと命じられた。しかたなく、いちばん楽そうなバスケット部に入ったものの、一度も行かなかったため、部から呼出しをうけてビンタ二発の制裁となった。

戦争が進むとともに、生活や経済の実態からかけ離れた、空疎なスローガンや精神主義が横行した。一九四一(昭和一六)年には、早実のクラス名が、「ABCD」から「忠孝信義」に変更になった。クラブを指す「部」という名称も、軍隊式の「班」に変えられた。

いつも国民服を着ている公民科の教師は、天皇への忠誠心を説くだけの講義をくりかえし、答案の最後に「天皇陛下万歳」と書けば満点を出すという評判だった。週二時間の軍事教練を教える予備役の配属将校は、謙二の友人が教練書に美しいカバーを付けるとひどく喜び、それだけでよい成績をつけた。

謙二が好きだった洋画にも、しだいに統制がおよんだ。アメリカ映画の封切は、一九四一年一一月にみた『スミス都へ行く』が最後になった。あとは輸入が途絶してしまい、上映されるのは、昔にフィルムを輸入したフランス映画やドイツ映画ばかりになった。古いフィルムをあちこちで使いまわすため、画面が荒れていたうえ、切れたフィルムをつなぐので、しばしばストーリーが飛んだという。

そして姉の泰子が死んだ一カ月あまりほど後の一二月八日、謙二が学校に行く前の支度中に、ラジオが真珠湾攻撃の成功を告げた。日米戦争が始まったのだ。

5

謙二が日米開戦の日に早実に行くと、公民科の教師はいつも通りの国民服姿で、満面に笑みを浮かべながら教室に入り、「やったな！」と言った。学生たちが調子をあわせると、彼は終始上機嫌だった。その後に昭和天皇が開戦の詔勅を出したことが報じられると、この教師は校庭に出て、万歳を叫んでいた。

しかし多くの教師は、物静かだった。とくに商事担当の塩清という教師は、授業中に生徒から「九軍神はどうして九人なんですか」という質問を受けて、あっさりと「ああ、あれは一人捕虜になった」と返答した。

真珠湾奇襲のさい、航続距離の短い二人乗りの特殊潜航艇が、ハワイに近づいた母船から五隻出撃した。そのすべてが帰還しなかったため、生還を期さず行動した「九軍神」として報道されていた。九人では人数が半端だという疑問は、中学生でも抱けるものだったので、上記のような質問が出たのである。しかし、捕虜になることがタブー視されていた当時、教師の返答は生徒を驚かせ、謙二の友人は「あんなことを言って大丈夫なのかな」とささやいた。

この塩清という商事担当の教師は、株式投資の著作もある江戸っ子だった。前述の通り、いつも着流しの和服で、国民服などは決して着なかった。経済指数からして、戦争に勝ち目がないことは承知していたと思われる。謙二の回想によると、彼は「どうせ私の講義の内容なんか、みんな忘れます。それより、私の雑談のほうが残りますよ」と言って、よく教室で雑談や時評をしていたという。

この教師の話のなかで、ことに謙二の印象に残ったのは、「新聞は下段から読む」ということだった。言論が統制され、新聞紙面には、日本やドイツの勝利を印象づける見出しが躍っていた。しかし「塩先生のアドバイス通り」に読んでいると、ちがった側面が見えてきた。

「国際面がとくにそうだったが、新聞で大見出しが目につく一面の上段には、ドイツ勝利の記事が載っている。ところが、下のほうの目立たないところに、ドイツの不利を伝える記事が小さく出ていた。記者のほうも、そういう形で真実を報道しようとしていたのだろう。塩先生は「新聞に読まれてはいけない。新聞の裏をみなさい」と言っていた。この習慣は、後々まで頭に残った」

この塩清という教師は、謙二の卒業後である一九四三(昭和一八)年夏に、早実を辞職した。そのきっかけは、軍事教練を行なう配属将校と密着していた学生クラブである「教練班」が、「相撲班」――「部」が「班」に変更されたことは前述した――が神聖視していた、土俵にあがりこんだことだった。教練班と相撲班の衝突がおこり、相撲班側の生徒が「首謀者」として処分され、生徒が処分反対のストライキをおこしたのである。

教練班の生徒たちは、配属将校の権威を借りて我が物顔にふるまっているとみなされており、かねてから他の生徒たちの不興を買っていた。生徒たちは、駅からの通学路に見張りを立て、不登校をよびかけるストライキをおこし、結果として一人も登校者がいないという事態になった。

戦時下では異例の事態に配属将校は激怒した。彼は早実に「自由主義的な気風」が残っていることが原因だと主張し、その一環として塩清を攻撃した。その結果、塩は辞職させられることになったのである。

開戦から半年ほどは、日本軍の勝利のニュースが続いた。しかし一九四二(昭和一七)年四月、東京は初空襲をうけた。アメリカ海軍の空母が、油断していた日本軍の警戒網をくぐって東京近海に接近し、双発爆撃機隊を発進させたのである。

この空襲は爆撃隊指揮官の名をとって「ドゥーリトル空襲」とよばれる。一六機の爆撃機は東京、名古屋、神戸、横須賀などの軍事施設を襲った。そのなかで東京赤羽の第一陸軍造兵廠を狙った機が、早稲田中学と早稲田実業を誤爆し、早稲田中学の生徒二名が死亡した。

この日は土曜日で、謙二は掃除当番として、早実に授業後も残っていた。一二時半ごろ、ものすごい大音響がして、衝撃で学校の窓ガラスが全部割れた。幸いにも、校舎を直撃した焼夷弾は不発で、天井と二階の床を撃ち抜いたあと、一階の天井と二階の床のあいだにはさまって止まった。近くの病院も空襲で火災になり、謙二を含む早実の生徒たちは、患者の避難や物資の持出しに駆り出された。

「校舎に直撃をうけたときは一階にいたが、驚いただけで助かった。不発でなかったら死んでいただろう。誰も本当に空襲があるなんて思っていなかったから、何の警報もなかった。翌日はその反動で神経過敏になり、敵機がきているわけでもないのに朝から警戒警報が鳴り、空襲警報まで鳴っていた」

この空襲は、後年の本格的爆撃にくらべれば小規模だったが、日本側には死者八七名、重軽傷者四六六名、家屋二六二戸の被害がでた。またそれ以上に、心理的効果は大きかった。

「帝都に空襲を許した」ことを重くみた海軍は、哨戒範囲を広げるべく、ミッドウェー島攻略を強行した。しかしアメリカ海軍との海戦で、空母四隻を失い大敗した。真相は隠され、日本軍の被害は空母一隻沈没・一隻大破と公表されたが、早実の生徒のなかでさえ「本当は二隻沈んだらしい」といった噂が出ていたという。

一九四二年一二月、正規課程より一年三カ月早く、謙二は早実を「繰上卒業」した。労働力や兵力を確保するため、学業期間の短縮が行なわれたのである。卒業式では、校長をはじめ諸先生からは、とくに勇ましい言葉は話されなかった。

卒業した謙二は、一九四三(昭和一八)年一月に、富士通信機製造に就職した。前身である富士電機は、ドイツのジーメンス社と古河電気工業の合弁会社で、そのなかの通信機部門が一九三五(昭和一〇)年に分社化したのが富士通信機製造である。

当時の富士通信機は、軍需産業の新鋭企業だった。そして、転廃業させられた零細業者などが軍需産業へ転職させられるのと並行して、繰上卒業した謙二たちが、徴兵年齢前にここに配置されたのである。

もっとも謙二自身は、軍需産業に配置されたという自覚はなかった。「学校にきていた求人票から、とくに深い考えもなく、友達が「いいんじゃないか」と言うものに応募して採用された。同期入社の約二〇人のうち、一二人が早実の出身で、うち五人が繰上卒業組だった。仲間にぼんやりついて行っただけだ。あとになって通勤が遠くて悔やんだ」という。

しかしその背景には、政策の影響があった。日中戦争以降の労働力不足と労働力再配置のため、それまで市町村営だった職業紹介所が、一九三八年七月に国営に移管されていた。それによって、企業の求人活動や学校へ送られる求人票も制御されるようになっていたのである。

労働力の配置統制とともに、一九三九年三月には「賃金統制令」が出された。軍需産業からの離職を防ぐことと、労働力不足と物資統制による賃金上昇と物価上昇のスパイラル防止を狙ったものだった。当初の対象は軍需関連で従業員五〇名以上の鉱工業事業所だけだったが、一九四〇年一〇月の第二次改正以降は、ほぼ全産業の従業員一〇名以上の事業所が賃金規則の届出を義務づけられた。一九四〇年一月には、軍事費の調達のため、ナチス・ドイツの制度にならい、事業者が税を徴収する源泉徴収が始まった。

賃金統制令の規定により、謙二の初任給も、就職した企業に関係なく、中卒扱いで月給四二円、二年目からは四五円だった。政治統制によって、学歴と給料が一致する官庁型システムが、以前よりも民間に広がったのである。月給は経理課から現金を袋でもらった。タイムカードはなかったものの、残業代は申請すれば出たが、残業代欲しさに居残ることは周囲にはなかったという。

富士通信機の職場は京浜工業地帯に位置し、神奈川県にある目蒲線（現在の東急多摩川線）の新丸子駅が最寄りだった。早実で商事と簿記を習った謙二は、会計課経理係に配属され、交換機や通信機器を作っている工場に隣接した事務棟に勤めた。

事務棟には、「職員」とよばれる事務員が勤めていた。一方で工場の従業員は「工員」とよばれ、熟練工の「職工」と、高等小学校を出て地方からやってきた「幼年工」たちが勤めていた。事務棟の「職員」は月給制、工場の「工員」は日給制だった。

富士通信機はちがったが、当時は給料のみならず、職員と工員は門さえ別という企業も少なくなかった。敗戦後には、この「職工差別」の撤廃が、労働運動の大きなテーマとなる。

謙二によると、事務棟の「職員」たちの構成も、大きく三つに分かれていた。大学出の幹部職員、謙二のような中学出の事務職員、そして高等女学校を出た程度の女子職員が、それぞれ三分の一くらいずつだった。会計課の課長は東大卒、経理課の係長は慶大卒だった。「自分の服装は、着た切りすずめ状態の国民服で、会社に着いたら上着だけ事務作業服に着替えていたが、大学出の連中は背広を着ていた」という。「国民服」とは、一九四〇年の「国民服令」で制定された、軍服に似たデザインの男子標準服である。

軍需産業であるため、陸軍と海軍の監督官が、一つずつ部屋を持っていた。「軍人に実務がわかるわけはないから、形だけ監督していたと思うが、会社の幹部はご機嫌を損ねないように、よくお伺いに行っていた」。こうした官民癒着は、軍需物資の横流しなどの温床になったと同時に、戦後の監督官庁との関係の原型をなす。

謙二はいまや、片山家で唯一の稼ぎ手だった。もらった月給は、すべて伊七に渡していた。もっとも、ふだんから表情を表さない伊七は、謙二が稼ぐようになったのを喜ぶといった風は見せなかったという。

こうして謙二は、片山家・小熊家を通じて、初めての「中卒の月給取り」となった。朝六時四〇分に起き、祖母の小千代に作ってもらった弁当を持って家を出て、電車を乗りつぎ一時間あまりで会社に通う生活だった。伊七と小千代は、無事に成長した唯一の孫の謙二を、六歳のころから変わらず「謙」という愛称でよび、慈しんでいた。

謙二は事務員としては優秀で、仕事もよくできるほうだった。シベリア抑留から帰還したあと、富士通信機から追われることがなければ、戦後も「サラリーマン生活」を歩むことができていたかもしれない。しかし徴兵のため、会社員生活も、二年弱しか続かなかった。

6

一九四三(昭和一八)年、謙二が富士通信機に就職した翌月、日本軍はガダルカナル島から撤退した。この撤退は「転進」と公表されたが、一七歳の謙二でさえ、「おかしな言葉」だと感じたという。ラジオでは評論家が、「転進というのはいい言葉です。受験に落ちても、他の学校に転進しましょう」などと話していた。

この年の五月には、アッツ島守備隊の全滅が「玉砕」と公表された。その夏からは、謙二の自宅近所でも、南方で戦死した夫の遺骨——実際には戦死した地域の砂などが入っていたことが多かった——の木箱が届く家が出始めた。そのうちの一人の未亡人が、子ども三人を連れて田舎に帰っていったのを覚えているという。

ほぼ同時期から、近所でも召集が多くなった。しかし、割烹着をつけた国防婦人会が「日の丸」を打ち振る、といった見送りはもうなかった。

「そういうものは、日中戦争のころはやっていたが、太平洋戦争が始まるとなくなった。食うものを手に入れるのに時間と労力がかかって余裕がなくなったし、召集があまりに多くなったからだ。命がどうなるかわからないことも、はっきりしてきた。それに若い現役兵が見送られていたときはともかく、人生経験のある年配の兵隊が召集されるようになると、派手な見送りをしても本人も家族も喜ばない。泣くと「非国民」として非難されるから、それはしないが、喜んでいたわけがない。周囲もそれがわかるから、見送りなどやらなくなった」

「昭和一八年秋から文科系大学生の徴兵猶予がなくなると、学生たちが駅で大騒ぎをしているのをよく見かけた。徴兵になると、本籍地の部隊に入営する。だから学生たちは、駅で本籍地に出発する友人を見送るわけだ。会社の帰りに新宿駅を通りかかると、駅のあちこちで、二〇人とか三〇人とかが輪になって騒いでいる。軍歌を歌ったり、はては卑猥な文句の入った民謡や艶歌を歌ったりして、空元気のようにわめいていた。なにか異様な雰囲気だった」

富士通信機の職場でも、召集がしだいに多くなった。最初のうちは、職場で壮行会をやっていたが、一九四四年の後半にはそれもなくなった。地域の町内会活動なども低迷し、防火演習などもおざなりだった。昼間に家にいる女性たちが、バケツリレーの訓練などに駆り出されていたが、働いていた謙二は一度も参加したことがない。

1943 年，富士通信機の軍隊入営者の送別会．前列右から 2 人目が謙二で，国民服を着ている

物資の窮迫も進んでいた。配給米に麦、アワ、イモなどの代用食を加えて分量を増やし、塩分があるものを副食にしてかきこむ。白米が禁じられ、玄米は栄養があると宣伝されたが、そのまま食べると腹をこわすので、どこの家でも一升瓶に玄米を入れ、ハタキの棒で搗いて精米した。

とくに甘味類はまったくなかった。謙二は一九四四年夏、富士通信機からの帰宅時に、珍しくかき氷を売っていたので友人と食べたが、色がついているだけでまったく甘くなかった。それでも月給四五円のなかから、一杯五〇銭も払った。現在の平均的な大卒初任給から換算すれば、一杯二〇〇〇円ほどに相当する。その年の秋には、新丸子の喫茶店で干し柿を食べたが、それも五〇銭した。

流通が統制されていたため、甘味類や嗜好品は、縁故がなければ手に入らなかった。軍には甘味類が配給されていたため、縁故があればそれらを入手できる。一九四三年夏に、近所の知人が縁故で手に入れた「本物の奈良漬」をもらい、感動したことを謙二は覚えている。新丸子で食べた干し柿も、店がたまたま縁故で手に入れたものを、売りに出したのだろうという。

中野の自宅の風呂は、燃料の練炭が手に入らず、沸かせなくなった。近所の銭湯も、燃料不足でお湯を替えられないため、夜に行くとお湯が悪臭を放つようになった。夏用のワイシャツの替えが入手できないので、つぎ布を当てて着た。富士通信機の大学出の職員たちも、一九四四年夏ごろになると、背広姿がいなくなって、ゲートルと国民服になった。

生活に不安や不満があっても、それを表現する手段も余裕もなかった。謙二にはまだ参政権はなかったし、伊七が選挙に行っていた記憶も謙二にはない。一九四二年には、大政翼賛会推薦候補に政府が臨時軍事費として選挙資金を出した「翼賛選挙」が行なわれたが、謙二の周囲では選挙が話題になった記憶はないという。

一方で父親の雄次は、一九四二年九月ごろに北海道の産業組合の仕事をやめ、故郷の新潟へ帰郷した。雄次は組合では成功し、産業組合の用事で東京へ来た機会などに、謙二とも年に数回は会っていた。しかし謙二の記憶では、雄次が組合を辞めた理由は、かんばしいものではなかった。一九四一年に雄次が信頼していた部下が組合費用の使い込みをしていたことが発覚し、雄次は私財で使い込みの穴を埋め、責任をとって組合を辞めたらしいという。

とはいえ、六〇歳になっていた雄次は、当時としては十分な貯金を持って、新潟に帰郷した。しかし戦中から戦後の急速なインフレで、この財産は雲散霧消してしまう。謙二はこう述べる。

「当時は、官僚や高級軍人でない庶民には、年金制度などなかった。だから、働けるあいだにできるだけ貯金し、老後に備えるという考えだった。父も祖父もそうだった。しかしインフレで、そうした人生設計は全部破綻した。父がもし、それを予測できていれば、北海道に残っただろう。しかし、国家そのものが破綻するような大きな時代の変化に、対応できる人間はごく少ない。たいていの人は、それまでの人生の延長でものを考えてしまう」

大きな変化に対応できないのは、誰しも同様だった。謙二は富士通信機の同僚たちと、戦況についてときどき話すことがあったが、みな漠然とした希望的観測を述べるにとどまっていた。

一九四四年七月には、サイパン島守備隊が「玉砕」した。「玉砕」を告げるラジオのアナウンサーの沈鬱な声から、これまでとは違う事態であることは感じられた。このときはさすがに、敵が急に東京に近づいた気がした。

このままいけば、サイパンを基地として東京も空襲され、日本が敗北することが、論理的にはぼんやりと推測できた。しかし、「自分も周囲の人々も、それ以上のことは考えられなかった。考える能力もなければ情報もなかった。考えたくなかったのかもしれない」という。

新聞には、あいかわらず希望的な戦況記事が報道されていた。サイパン陥落のあと、東条英機内閣が倒れたが、「背景の情報がないし、何もわからなかったから、大きな印象はなかった」。

とはいえ当時の新聞も、迎合的記事だけを載せていたわけではない。一九四四年二月には、『毎日新聞』が、「勝利か滅亡か　戦局は茲《ここ》まで来た」「竹槍では間に合はぬ」という解説記事を一面トップで掲載し、戦争方針の転換をうながした。この記事は東条英機首相の怒りを買い、三七歳の執筆記者が懲罰的な徴兵を受ける事件にまで発展した。

しかし、自宅で『毎日新聞』をとっていたはずの謙二には、その記事を読んだ記憶がない。「読んだかもしれないが、当時は食うものを調達するのに精いっぱいで、余裕が全然なかった。間接的な表現を理解する知識もなかった。生活に余裕がある偉い人は、読んで何か考えたかもしれないが」という。

サイパン陥落後は、予想される東京空襲に備えて、青梅街道沿いの歩道に防空壕が掘られた。

とはいえ、身をかがめて人が入れる穴を歩道に掘り、ふだんは板と土をかぶせておく、という程度のものだった。

「各自の家にも防空壕を掘れという通知がきたが、うちは借家でほとんど庭がないから、掘る場所がない。しかたがないので、一階の居間の床下に穴を掘って、空襲になったら畳と床板をはがして入るということにした。しかし本当に空襲で家が焼けたら、あんな壕に入っても蒸焼きになっただろう。空襲になったらどうなるのか、みんなわかっておらず、上から言われたことを形式的にやっていたようなものだった」

一九四四年一〇月、台湾沖にアメリカ艦隊がおしよせ、日本の海軍航空隊が総攻撃をかけた。日本側は約六〇〇機を失い、航空戦力が壊滅したが、アメリカ側は巡洋艦二隻が大破しただけだった。しかし大本営海軍部は空母一一隻を撃沈したと発表し、ひさしぶりの大勝利の報道に提灯行列も行なわれた。

その直後、壊滅したはずのアメリカ艦隊がフィリピン沖に現れ、レイテ島に米軍が上陸した。日本の政府と軍は、米軍撃滅の好機であるとして「決戦」を呼号した。しかし出動した連合艦隊は一方的な戦闘で壊滅し、増援された陸上部隊は補給を絶たれてほぼ全滅した。

謙二の記憶によると、このとき富士通信機の職場でも、戦況が話題になった。工員たちに特配になったイモが事務棟にもまわってきて、それを同僚たちと食べていたとき、東大出の三五歳くらいの課長が「これは敵にはかられたのではないか」と言ったという。

「大本営の発表が虚偽だったとまでは考えないにしても、米軍の陽動作戦にひっかかったのではないか、くらいには思ったのだろう。当時の一般人でさえ、いくらなんでも不自然だと思ったということだ」

「自分が戦争を支持したという自覚もないし、反対したという自覚もない。なんとなく流されていた。大戦果が上がっているというわりには、だんだん形勢が悪くなっているので、何かおかしいとは思った。しかしそれ以上に深く考えるという習慣もなかったし、そのための材料もなかった。俺たち一般人は、みんなそんなものだったと思う」

このレイテ島の戦いから、航空部隊の特攻が始まった。謙二は「否定も肯定もできなかった。特攻機に乗った人の気持ちを考えると否定はできなかったが、そこまでしなければならない戦況なのかという意味で肯定もできなかった。自分は塩先生の言葉から、新聞を下から読む習慣をつけていたから、戦況が悪いのはわかっていた。とはいえ、情報がろくにないから判断能力もなかった」という。

戦争末期の展開は急激だった。台湾沖航空戦の大勝利報道から一〇日ほどしか経たない一一月一日、初めて東京上空にB29が現れた。サイパン島の基地からやってきた偵察機型で、本格的爆撃の準備調査のため、一機だけで飛来したものだった。

Ｂ29は与圧キャビンと排気タービンを装備し、高度一万メートルを高速で飛んでいた。それにたいし、日本軍の主力高射砲の有効射高は約七〇〇〇メートルにすぎず、戦闘機もその高度まで上昇するのに一時間近くかかった。Ｂ29は迎撃をうけないまま、偵察をすませて帰投していった。

「そのときは富士通信機で働いていた。晴れた日だったので、高空に筋を引いた飛行機雲の先端に、Ｂ29がぽつんと見えた。空襲警報が出たが、同僚たちはみんな外に出て空を見上げていた。たった一機なのに、どうして日本軍は何もできないのかと不思議で、ただぼーっとながめていた。「何で撃ち落とさないんだ」と言う人もいたが、そこから先のことは考える能力がなかった。「神州不滅」とも思わなかったが、日本が負けるのは想像の外だった」

一九四四年四月、謙二も徴兵検査を受けた。結果は第二乙種で、平時なら徴兵などされることがない体格だった。しかし一一月二〇日、一〇月三〇日に満一九歳になったばかりの謙二にも、陸軍への入営通知が届いた。

すでに富士通信機の事務員からも、召集があいついでいた。自分の番はいつかと思っていたので、「「ああ、きたな」という感じだった」という。伊七と小千代も、何も言わなかった。

学歴が中学卒にすぎない謙二は、理工系学生のように徴兵免除になる術も、大学生のように海軍予備学生に採用されて士官扱いになる道もなかった。ただ最底辺の二等兵として、徴兵される以外の選択肢はなかった。

入営通知は、五日後の一一月二五日午前九時に、世田谷区の駒沢練兵場(現在の駒沢公園)まで出頭するよう命じていた。いそいで新潟にいる父の雄次に電報を打ち、身の回りを整理するのがやっとで、近所への挨拶回りをする余裕もなかった。

入営者向けには特別配給品が出るので、切符をもらい、配給所にその一揃いを受取りにいった。品物は、日の丸の旗や、五合瓶に入った日本酒などだった。もうその時期には、物資不足のため、日の丸の旗すら市中では手に入らなくなっていた。

五合の酒は、早実の同級生の友人宅で、数人で分けあって飲んだ。日の丸は、入営時に縁戚者などが激励の寄せ書きをするためのものだったが、謙二の周辺では、もうそうした慣習はすたれていた。富士通信機でも、とくに壮行会といったものはなかった。「たった五日だった。日常が流れるようにすぎていった」と謙二は回想している。

入営前日の一一月二四日には、B29八八機が、初めての本格的な東京空襲にやってきた。それらは中島飛行機武蔵製作所を爆撃したあと、片山家の上空を、飛行機雲を引いて通り過ぎた。群れをなす飛行機雲が、奇妙に「きれい」だったのを覚えているという。

一一月二五日の朝がきた。曇り空のもと、中野の自宅の前で、伊七や小千代、雄次など一〇名弱の縁戚が、謙二の入営を見送った。

近所の人たちは空襲におびえ、すでに日常の風景になった一青年の入営などに、かまう者はいなかった。勇ましい雰囲気などはかけらもない。入営を示すタスキもない。カーキ色の国民服を着た謙二は、「立派に奉公してまいります」といった型通りの挨拶のあと、祖父母に「行ってくるね」と告げた。

そのとき祖父の伊七は、大声で泣きくずれた。ともに暮らした三人の孫がつぎつぎと病死し、最後に残った謙二が軍隊に徴兵される。おそらく生還は期しがたい。孫たちの死にも、商店の廃業にも、自身の脳梗塞にも、いちども愚痴をこぼさず、ただ耐え続けていた伊七が、このとき初めて大声で泣いた。

入営の見送りにあたって家族が泣くなど、当時はありえない光景だった。祖母の小千代は、「謙、行け！」と言い、伊七を自宅の中に押し込んだ。

謙二の入営後、彼らが暮らしていた中野の家は、空襲時に延焼を防止するための区画整理の対象となり、日本政府の命令でとりこわされた。一九四五年四月、伊七と小千代は、出身地の岡山県にある縁戚の家へ強制疎開させられ、貯金もインフレで失い、農家の庭先にある土蔵での生活を強いられることになった。謙二が彼らに再会するのは、シベリアでの強制労働を終えて帰還した、四年後のことになる。

第二章　収容所へ

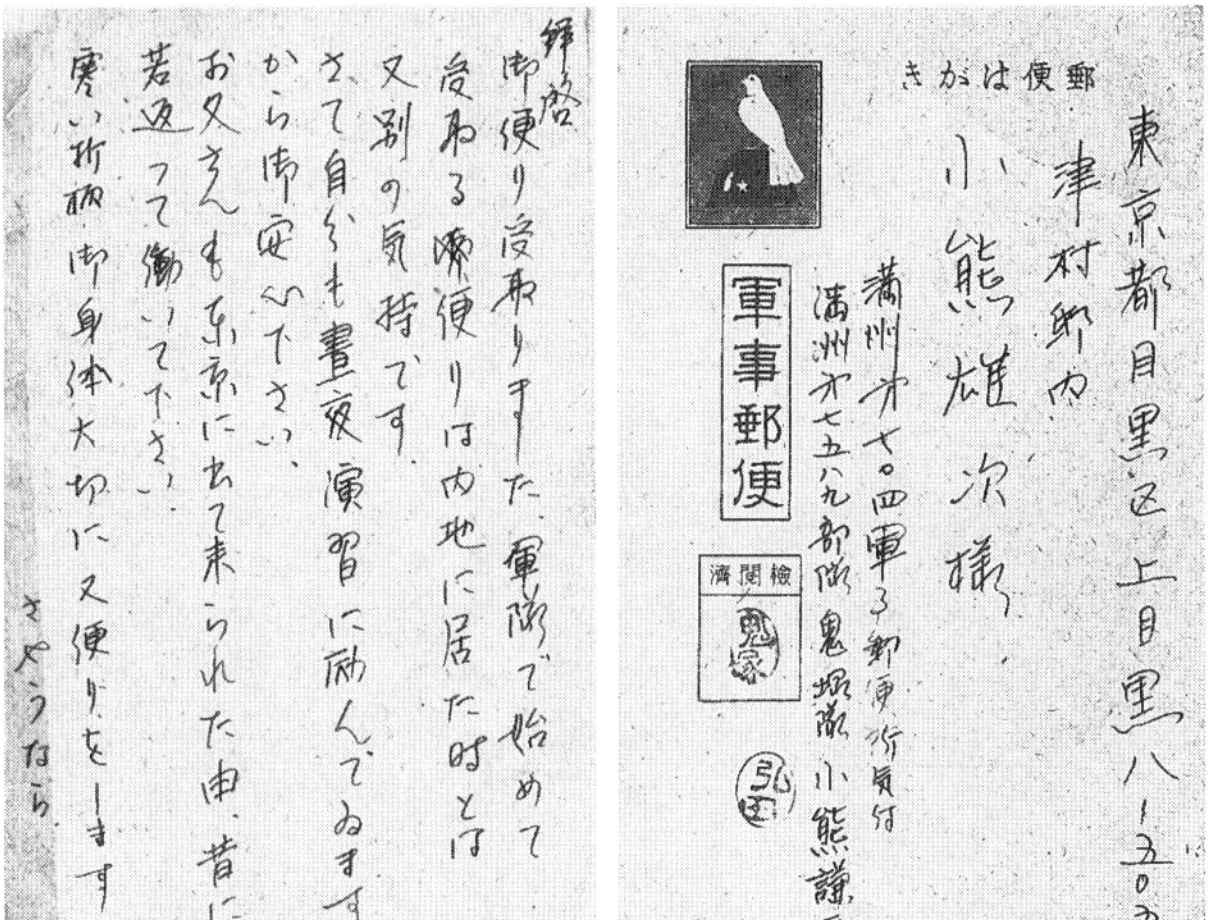
拝啓
御便り受取りました。軍隊で始めて
受取る御便りは内地に居た時とは
又別の気持です。
さて自分も晝夜演習に励んでゐます
から御安心下さい。
お父さんも東京に出て来られた由、昔に
若返って働いて下さい。
寒い折柄御身体大切に 又便りをします
さようなら

郵便はがき
東京都目黒区上目黒八ノ五〇五
津村郵内
小熊雄次様
満州第七〇四軍事郵便所気付
満洲第七五八九部隊鬼塚隊小熊謙二
軍事郵便
検閲済

1945 年 2 月に満州から父の雄次に出したハガキ．検閲のため型通りの内容しか書けなかった．裏には「昼夜演習に励んでいますから御安心下さい」と記されている一九四四(昭和一九)年一一月二五日、小熊謙二は陸軍二等兵として入営のため、東京都世田谷区駒沢に駐屯していた野戦重砲兵第八連隊の兵舎に出頭した。そこで世話役の古参兵から、「ここは仮の宿だ。お前たちは満州行きだ」と告げられた。

軍隊は別世界である。官給品の軍服に着替えると、ふんどし以外の私服は、家族に返さなくてはならない。新兵たちは、兵舎前の空き地で待つ家族たちに私服を渡しながら、別れを惜しんだ。

兵舎前には、謙二の父の雄次と、祖父の片山伊七が来てくれていた。祖父の伊七は脳梗塞をわずらっていらい、右半身が不自由だった。片足をひきずって見送りにきた伊七の姿を、謙二は忘れられないという。

父の雄次は、行き先が満州だと聞いて、着ていたチョッキを渡そうとした。しかし謙二は、私服の持込みは禁止と言い渡されていたため、それを断った。父と祖父に最後の挨拶をしつつ、謙二は心中で涙した。

兵営にもどった謙二たちは、数日の滞在のあと、一二月三日の朝に渋谷駅から列車に乗せられ、西へむけて出発した。その四日前の一一月二九日には、東京は初の夜間空襲をうけていた。

1

謙二ら数百名を乗せた軍用列車は、途中の名古屋で婦人会による湯茶の接待をうけたあと、神戸を深夜に通り過ぎ、一二月四日夕方には門司《もじ》へ到着した。しばらく兵舎で待ち、八日に輸送船に乗せられた彼らは、朝鮮半島の釜山へ送られた。

海上で一二月八日を迎えた謙二らは、甲板に集められ、見習士官の訓示をうけた。真珠湾奇襲が行なわれ、日米開戦の詔勅が発せられた一二月八日は「大詔奉戴日」と名付けられており、各地で訓示が行なわれていたのである。この年の一二月八日は、最後の大詔奉戴日となった。

「その若い見習士官が、輸送指揮官だった。もうそのころは、将校が相当に不足していたのだろう。波が荒れ気味で、船の舳先《へさき》が浮き沈みするごとに、甲板の最先端に立った見習士官も海のなかに浮き沈みした。訓示しながら立っているのがやっとのようだった」

八日の夕方に釜山に到着した謙二らは、釜山港西方の学校に数泊したあと、ふたたび貨車に乗せられて満州へむかった。軍用列車は、輸送上のタイムテーブルの都合で、途中で何回も停車した。車中泊をくりかえしたあと、謙二らは一二月二八日ごろに、牡丹江（現在の黒竜江省牡丹江市）に駐屯していた電信第一七連隊のもとに到着する。

謙二と一緒に集められた新兵たちは、福島・新潟・宮城の出身だった。父の雄次が、出身地の新潟に戸籍の本籍地を置いたままで、謙二も本籍地は新潟だった。旧日本軍では、本籍地のある連隊に徴集されることになっており、謙二の本籍地は新潟県新発田《しばた》の第一六歩兵連隊の管轄下にあった。第一六歩兵連隊は仙台に司令部がある第二師団に所属しており、そのため福島・新潟・宮城の新兵たちと一緒だったのである。謙二はいう。

「早実の同級生のほとんどは、翌年に東京の部隊に徴兵された。富士通信機の同期入社の早実組も同様だ。そして内地でほんの短いあいだ、本土決戦準備と称して穴掘りをやったりしたあと、敗戦後にはすぐ故郷に帰れた。自分はたまたま新潟に本籍地があったので、満州に送られ、その後にシベリア抑留になった。人間の運命というものは、ほんのちょっとしたことで分かれてしまうものだ」

「入営のときに、古参兵が「お前たちは満州行きだ」と教えてくれたのも、こいつらはかわいそうだ、家族に別れを言っておけ、という心配りだったのだと思う。部隊の移動先は軍事機密だから、本来はこういうことは告げない。一九歳やそこらの新兵たちに、同情したのだろう。古参兵自身も、家族と別れて軍隊にいたのだから」

牡丹江に到着したとき、謙二らは軍服こそ着ていたが、銃も装備品も身に付けていなかった。

東京の兵営で持たされたのは、輸送中に飯盒《はんごう》や水筒の代わりに使えと命じられた、太い竹筒だけだった。

「竹筒を首から紐でぶら下げた自分たちが、牡丹江に着いたとき、現地の古参兵たちがもの珍しそうに眺めていた。そのうちの一人は、「もう内地には、そんなに物資がないのか」と言っていた。実際にその通りだったろう。軍服を着ただけの、丸腰の集団だった」

謙二らが送られた電信第一七連隊は、満州に駐屯していた関東軍に所属する、第一方面軍の直轄部隊だった。かつては陸軍の最精鋭を誇った関東軍だったが、すでに精鋭の部隊と兵士は南方戦線にひきぬかれていた。その穴埋めとして補充の初年兵が送られ、急ごしらえの訓練と部隊編成が進められていた。

軍隊の駐屯地では、将校と下士官には別室が与えられるが、残りの兵士は「内務班」とよばれる単位で集団生活する。手紙や持ち物にも点検や検閲があり、プライバシーは便所以外にない。通常時の内務班は十数名で、教育をうける「初年兵」とベテランの「古兵」の比率が一対一だったが、大量動員時には初年兵で人数はふくれあがった。謙二が配属された電信第一七連隊の中隊では、四〇人程度の内務班が五個で、そのうち一五〇人くらいが新兵だったという。

「南方に精鋭を送ってしまって、関東軍はもう骨組みしか残っていなかった。自分たちは年配の召集兵ではなく、一応は若い現役兵だったが、自分のような体格のよくない者が多かった」

謙二が徴兵された一九四四年には、徴兵検査で第三乙種だった者まで徴集対象にしたほか、兵役服務年齢が四〇歳から四五歳にひきあげられ、徴集年齢も二〇歳以上から一九歳以上に変更された。謙二はこの変更で徴兵に該当したわけである。謙二が配属された中隊にあった五個の内務班のうち、第四・第五班は体格のよくない現役兵が多く、謙二は第四班に配属された。

当時の日本陸軍に入営すると、三カ月の初年兵教育を内務班で受け、軍隊内の成績と入営前の学歴によって選抜を受ける。それは以下のような形で行なわれた。

まず中学卒以上の学歴がある者は、入営三カ月後に幹部候補生試験を受け、合格すれば一等兵になる。その後の三カ月の勤務成績によって、将校となる「甲種幹部候補生(甲幹)」と下士官になる「乙種幹部候補生(乙幹)」に分けられ、入営一年でそれらの階級に就く。

高等小学校卒以下の学歴しかない者は、三カ月の初年兵教育で優秀なら「一選抜」で一等兵となる。さらに三カ月後の第二回選抜で優秀と認められれば上等兵になり、下士官に昇進する道が開かれる。

初年兵教育三カ月目の選抜に漏れた者でも、その三カ月後の第二回選抜では、かなりの割合で一等兵になる。二回にわたって選抜に漏れた者も、入営一年後には全員が一等兵に昇進する。ただし勤務状態が悪い者、上官に反抗的とみなされた者などは、その後も「万年一等兵」として昇進することはない。軍隊は学歴社会であると同時に、競争社会であった。

謙二は中学卒であったため、幹部候補生試験を受ける資格がある者として、東京の入営時には六人の初年兵を指導する役をまかされていた。謙二は富士通信機に勤務していた時期は、優秀な事務員で、仕事も早いほうだった。

ところが満州では、厳冬の時期に長期輸送されているあいだに、下痢をおこして体力が低下してしまった。「体力が落ちると、判断力も鈍り、頭がぼけてしまう。はじめは指導役に任命されたのに、命令されても動作がのろく、機転が利かず、ミスが多くなった。こうなると軍隊では味噌っかす同然だ」。

謙二は勤務状態は悪かったが、三カ月の初年兵教育を終えると、幹部候補生試験を受けた。中隊ごとに、幹部候補生を何人出すかの競争があったのが一因である。

「幹部候補生受験者は、試験当日に受験のため連隊本部へ行くとき、四列縦隊に並ばされる。それが成績順で、自分は後ろから五番目くらいだった」

謙二は当然のように試験に落ちて、「落幹《おちかん》」とよばれる身となった。さらに六カ月目の第二回選抜にも漏れ、二等兵のまま敗戦を迎えた。二回にわたって選抜に漏れたのは、全体の四分の一程度だったというから、かなり劣等な兵隊だったことになる。

初年兵の訓練にあたるのは、公式には班長の下士官だが、実際には軍隊歴の長い「古兵」が君臨していた。内務班の生活は、起床ラッパでの起床、着替え、人数確認の点呼、食事、訓練、掃除、就寝といった決まりきったものだが、動作が鈍かったり、小銃の手入れが悪かったり、あるいは単に古兵の機嫌が悪いと、すぐに殴られた。「殴られない日はなかった。今日は何回殴られたかを数えていたくらいだ」。

古兵による殴打は「私的制裁」とよばれ、公式的には禁じられていたが、実際には横行していた。それには、当時の日本軍の状況が反映していた。

日中戦争以前は、二年在籍すれば軍隊から除隊できた。しかし戦争の拡大とともにそれが困難となり、「三年兵」や「四年兵」が多くなった。当然ながら、除隊の望みを失い、内務班に閉じ込められた古参兵はすさんでいった。こうしたなか、古参兵のあいだには階級以上に在籍年数を重視する風潮が生まれ、内務班教育が〝先輩によるしごき〟の様相を呈していったのである。

謙二によると、「古兵がみんな殴ったわけではない。同期のなかで出世が遅れてひねていた者などに、すぐ殴る者が多かったように思う。昇進が遅れた一等兵は、一等兵とよばず、古兵殿とよんでいた」。

一九四五(昭和二〇)年二月末には、私的制裁を禁じる通達が出た。しかし、「二年兵、三年兵の荒れ方はひどかった。制裁禁止といっても効果がなかった」。私的制裁の横行も、戦争拡大と戦況悪化が一因であり、形式的な通達で収まるものではなかったといえる。

　謙二の印象に残ったのは、こうした暴力もさることながら、日本軍の「形式主義」だった。彼はこう述べる。

「『典範令』といわれた『歩兵操典』や『作戦要務令』そして『軍人勅諭』などを暗記させられる。ところが一字一句原文通りに言えないといけないが、内容を理解しているかどうかは問題にされない。古兵に「軍人が守るべきものが五つ、『軍人勅諭』に書いてある。言ってみろ」と言われて、「はい、忠節・礼儀・武勇・信義・質素の五つであります」なんて答えてはだめで、原文通りに「一つ、軍人は忠節を尽くすを本分とすべし、一つ、軍人は礼儀を正しくすべし……」と答えないといけない。戦闘のやり方を書いた『歩兵操典』も、「四周を警戒し」を「まわりを警戒し」と言ったらだめ。すべて形式主義で、上から言われた通りに形式を整えるだけだ」

「装備品も、書類で上に報告されている「員数」にはうるさいが、書類上の形式が整っていれば、あとは問題にされない。内務班で備品が足りなくなったら責任問題だから、ほかの中隊から盗んできて「員数」を揃えるので、盗みがとにかく多かった」

「たとえば「ブッカンバ」という物干し場で、初年兵が洗濯物を干すが、中隊で「物干場《ブッカンバ》監視」という見張り当番を立てないと、ほかの中隊に盗まれる。食事後に食器を洗っていて落としたときも、そのまま拾うと、ほかの食器を盗まれる恐れがある。盗まれないように落とした食器を足で踏んでおき、洗う仕事を終えてから隣の仲間に声をかけ、それから拾わないといけない」

「自分も襦袢（シャツ）を盗まれて、古兵が盗んできてくれたおかげで助かったことがある。だから大きなことはいえないが、それで全体がどうなるかなんて考えもしない。とにかく上から責任を問われないように、それだけを考えるようになる」

軍隊に入ってから、謙二は支給される煙草を吸うようになった。初年兵はまったく自由時間がないが、便所にいるときと煙草を吸うときだけは、息を抜いていても咎められなかったからである。

初年兵教育の途中で、謙二は自分の写真を、父の雄次に送った。「当時の軍隊は、建前を重視していたので、初年兵は必ず写真をとって家族に送り、「元気に軍務に励んでいる」と伝えなければならなかった。検閲があったから、毎日殴られていることなど書けるわけもなかった」。伊七はすでに高齢で、留守を託せるのが雄次しかいなかったので、軍隊からの手紙は雄次に送っていたという。

謙二は三カ月の初年兵教育を終えたあと、牡丹江から南西二〇キロほどの寧安に駐屯していた、第二航空通信連隊に配属された。この方面を担当していた第二航空軍に所属する部隊で、飛行場と航空機の無線通信、および飛行場内外の地上通信を担当するのが任務である。

体力低下で成績の悪かった謙二は、二等兵のままだった。東京入営時に、同じく中学卒で指導役に任じられていた初年兵は、すでに幹部候補生になっており、みじめに感じたという。第二航空通信連隊では、優秀な者は第一中隊に配属されたが、謙二が配属されたのは第八中隊だった。

謙二が送られたのは、寧安の鉄道駅から東へ二キロほど離れた原野にある兵舎で、鉄道駅のそばに小さな飛行場があった。三カ月の教育期間は緊張の連続で、目の回るような忙しさだったが、寧安にきてからは急に暇になった。この方面にはもう飛行機がなく、航空通信連隊はやることがなかったからである。

「飛行機は一回しか見たことがない。昭和二〇年五月ごろに、単発の練習機が飛行場にやってきたと思ったら、すぐ離陸していった。それ一回きりだ。通信機もろくになかった。兵隊を遊ばせておくわけにもいかないからということで、ときどき土木作業などで飛行場に行かされたが、ふだんはあまりやることがない。畑仕事をやったり、アカザなど食べられる野草を採ったりもした」

「自分たちがぶらぶらしていた一方、四月になってからほかの中隊に内地から初年兵たちが送り込まれてきて、さんざんしごかれていた。自分たちもそうだが、捕虜になるために送られてきたようなものだった」

第二航空通信連隊の兵士は若い現役兵が中心だったが、謙二同様に、内地から補充されてきたばかりの新兵が多かった。将校も不足しており、中隊長は平時なら大尉だったが、謙二がいた第八中隊では速成教育を経たばかりの若い少尉だった。大隊長は、退役した将校が再度応召された、年老いた少佐だった。

「農作業をやっているときに、年を取った大隊長が、馬に乗ってきたのを見たことがある。大隊長を見たのはその時だけ。連隊長なんかもちろん見たことがない」

いちおう暗号通信や衛生兵の初歩教育をうけたが、それを実践する機会もない。初年兵教育のときは自分固有の小銃があったが、第二航空通信連隊では四〜五人に一丁あっただけ。武器で行きわたっていたのは、「ゴボウ剣」とよばれた銃剣だけだった。鉄兜をかぶった記憶も一度もないという。

初年兵教育では銃の手入れを教えられただけで、射撃訓練は一度もなく、その後も敗戦まで銃を撃つ機会がなかった。謙二が銃を撃ったのは、早実の三年生のときに、当時の中学で義務づけられていた軍事教練で撃った一回だけである。初年兵なので外出も許されず、寧安にはあった各種の店に行くこともなかった。慰安所に行ったこともなく、中国人との接触も全然なかった。

関東軍は、前述のように南方戦線や本土に戦力をひきぬかれた穴埋めに、一九四五(昭和二〇)年一月から大量の部隊を新設していた。残っていた既存の部隊から基幹要員を用意し、内地からの新兵や現地召集の老兵を補充して、新編成の部隊としたのである。しかし実態は、装備も訓練も不十分だった。

謙二が所属した第二航空通信連隊は古い部隊で、基幹要員を送り出したあと新兵を補充した側だったが、その内実も上記のようなものだった。しかも戦況が逼迫していたにもかかわらず、塹壕《ざんごう》を掘るなどの防衛準備もやらず、ろくな訓練もなかった。その理由について、謙二はこう述べる。

「軍隊は「お役所」なんだ。上から部隊を編成しろ、ここに駐屯していろと命令されたら、書類上はその通りにはするが、命令されなかったら何もやらない。そもそも初年兵教育のときから、命令されたことをその通りにやらなかったら殴られるが、自分でものを考えるようには教えられないし、期待もされない。こんな状態で敵が攻めてきたらどうするかなんて、自分からは考えもしない」

上記のような感想は、当時の兵士の回想記には頻出するものである。サイパン島やレイテ島など、南方戦線で激戦になった地域においても、敵が目前に迫るまで何の防衛準備もせず、駐屯部隊が「ぶらぶら」していた事例は多い。謙二がおかれた境遇は、例外的なものではなかったろう。

その間にも、戦況は悪化していた。フィリピン戦線は総崩れとなり、二月には硫黄島に、四月には沖縄本島に、米軍が上陸した。三月一〇日には東京が大空襲をうけ、約一〇万人が死亡した。

そうした情勢は、一般兵士には十分に知る機会もなかった。一九四五年三月、謙二のもとに早実時代の同級生からハガキが届いたが、そこには「最近は艦載機が東京上空を舞っています」と書かれていた。二月一五日に行なわれた、米軍艦載機による東京空襲を指したものだった。軍隊に届く手紙は検閲が行なわれており、「これが当時の検閲を通るぎりぎりの書き方」だった。四月には、祖父の伊七から、岡山に強制疎開になったというハガキも届いた。

第二航空通信連隊に配属されてからは、多少の時間ができたため、酒保(購買所)に張り出されていた新聞を読む時間もできた。すでに食べ物は酒保にはなく、「チリ紙くらいしか売っていなかった」というが、まがりなりにも中学出である謙二は新聞を読んだ。

しかし紙面を飾っていたのは、沖縄方面での特攻攻撃で、敵の空母や戦艦を沈めたというニュースばかりだった。戦後になってから、それらが「全部うそ」だったことに驚いたという。

それでも日本軍は、そうした情勢を客観視できなかった。中学時代から謙二が関心を持っていた国際ニュースでも、日本に多少とも有利な情報が優先して入ってきた。一九四五年七月には、イギリスの庶民院選挙で保守党が労働党に敗れ、チャーチル内閣が総辞職した。このとき第二航空通信連隊の将校が集まる部屋の前の黒板に、「チャーチル内閣総辞職」と大書してあったという。

東京が大空襲をうけた三月一〇日は、日露戦争の奉天会戦勝利を記念した陸軍記念日にあっていた。この日、初年兵教育をうけていた謙二らは、講堂で中隊長の訓示をうけた。陸軍士官学校を出たという二〇代後半の大尉だったが、その内容は「我々は最期のときは、捕虜にはならず自決する。そのさいは手榴弾をもって敵中に突入し、できるだけ道連れにせよ」といったものだった。なお日本の公文書では「俘虜」という言葉を使っていたが、軍隊内を含めて一般には「捕虜」といっていたという。

とはいえ一九歳の謙二にも、情勢を客観的に判断する力はなかった。敵を道連れに自決しろという訓示に対しても、「兵舎に帰って「そんなことができるのかなあ、無理だなあ」と思った」だけだった。「捕虜になるくらいなら死ななくてはならない、ということは大前提で、そこで発想が止まっていた。だから自決するか、敵に殺されるか、道連れにするか、という考えしか出てこなかった」という。

また五月には、ヒトラーが戦死してドイツが降伏したと聞かされた。ヒトラーは実際には自殺したのだが、当時のドイツ政府が、ヒトラーは総統官邸前でソ連軍と戦って戦死したと発表していたため、それが謙二のもとにも届いたのである。謙二は、「「ヒトラーはよく筋を通した」と思った。ドイツが負けたら日本はどうなるか、までは考えなかった」という。

七月二六日には、連合国が日本の無条件降伏を求めた「ポツダム宣言」が出された。謙二は酒保でその新聞記事を読み、こう思った。

「小さな記事だったが、四つの島だけは領土として残されると書いてあった。それを読んで、「日清戦争前までの領土は残すんだ。それだけで勘弁してくれるんだ」と思った。それまで「鬼畜米英」とか、「みな殺しにされる」とかばかり聞かされていたから、日本という国が残るだけでも、意外と寛大だなと思った」

こうして平穏な時をすごしていた謙二だったが、それは八月九日に破られた。この日未明、ソ連軍が国境を越えて侵攻してきたのである。

2

ソ連軍の侵攻は、圧倒的な兵力で行なわれた。ドイツの降伏により、ヨーロッパ方面から兵力を転用したソ連軍は、一五八万の兵士、五五五六台の戦車・自走砲、三四四六機の航空機を集中していた。対する関東軍は、兵員が約七〇万、戦車や航空機はそれぞれ二〇〇台そこそこだった。

関東軍は、完全に不意を衝かれた。関東軍上層部は、ソ連軍はヨーロッパ戦線で消耗しており、侵攻作戦があるとしても、早くて九月以降、遅ければ来年以降だと予測していた。それでも関東軍は七月一〇日、さらに兵力を拡充するため、満州居留邦人約二五万の「根こそぎ動員」を開始したが、ろくに装備もない名目だけの部隊が増えただけだった。

関東軍中央が侵攻を予測していなかったため、前線部隊も戦闘態勢をとっていなかった。すでに八月三日には、大規模なソ連軍が集結中であるという通報が前線部隊から入っていたが、関東軍中央は判断を変えなかった。その結果、八月九日の侵攻は、日本軍にとっては奇襲となった。

この日、謙二は兵舎で不寝番の当番だった。朝五時に、一時間ごとの不寝番勤務を終え、交代の当番に異常なしの申し送りをしたあと、起床時間まで眠りにつこうと寝台へもどった。そのとき、急にラッパが鳴った。非常事態を告げる非常ラッパだったが、事態がわからず、通常の起床ラッパだと思って「起床！」とどなった。

起きた者から同様に「起床！」とどなり、全員が起きた。通常通り点呼をうけるため兵舎前に整列しようとしたが、外へ出るなという命令がやってきた。待っている間に、それが非常ラッパであり、ソ連軍の侵攻があったと六時半ごろ知った。

やがてやってきた命令は、寧安の鉄道駅に、糧秣《りょうまつ》や通信装備などの物資を運べというものだった。末端兵士は情勢判断も何もなく、ただ命じられるままに動くだけだった。

「部隊の物資や装備を、いっさいがっさい貨車に積み込んだ。大八車や人力も総動員だった。軍隊は「整理整頓」がうるさいから、兵舎のなかは上履きにはき替え、絶対に土足で歩くことはない。ところが、一〇日からは土足で兵舎内をかけまわったので、非常事態だとひしひし感じた」

謙二らを乗せた列車が牡丹江にむけて出発したのは、八月一〇日午後だった。関東軍から南満州への後退命令が出たのである。「有蓋貨車に物資を満載し、その物資のうえに兵隊たちが載せられた。自分は銃も鉄兜もなかった。幹部たちは客車に乗ったと思う」。

牡丹江の街の手前までくると、市街がソ連軍の空襲をうけているという情報が入り、列車は停止した。停車中の貨車から降りて外に出ると、牡丹江の街を緩降下爆撃するソ連軍の飛行機が見えた。空襲がやんでから駅構内に入ったが、雨のなかで市街は燃え、炎で夜でも昼のように明るかった。

牡丹江には約六万の在留邦人がおり、駅は避難しようとする在留邦人の家族でいっぱいだった。しかし軍用列車に「地方人」——民間人に対する当時の軍による呼称——を乗せて避難させるという発想は、日本軍にはなかった。

「少なくとも自分たちの乗っていた貨車には、避難民は乗らなかった。ほとんどの避難民は駅にとりのこされていたと思う。当時はそういう人たちへの配慮も想像力もなかった」

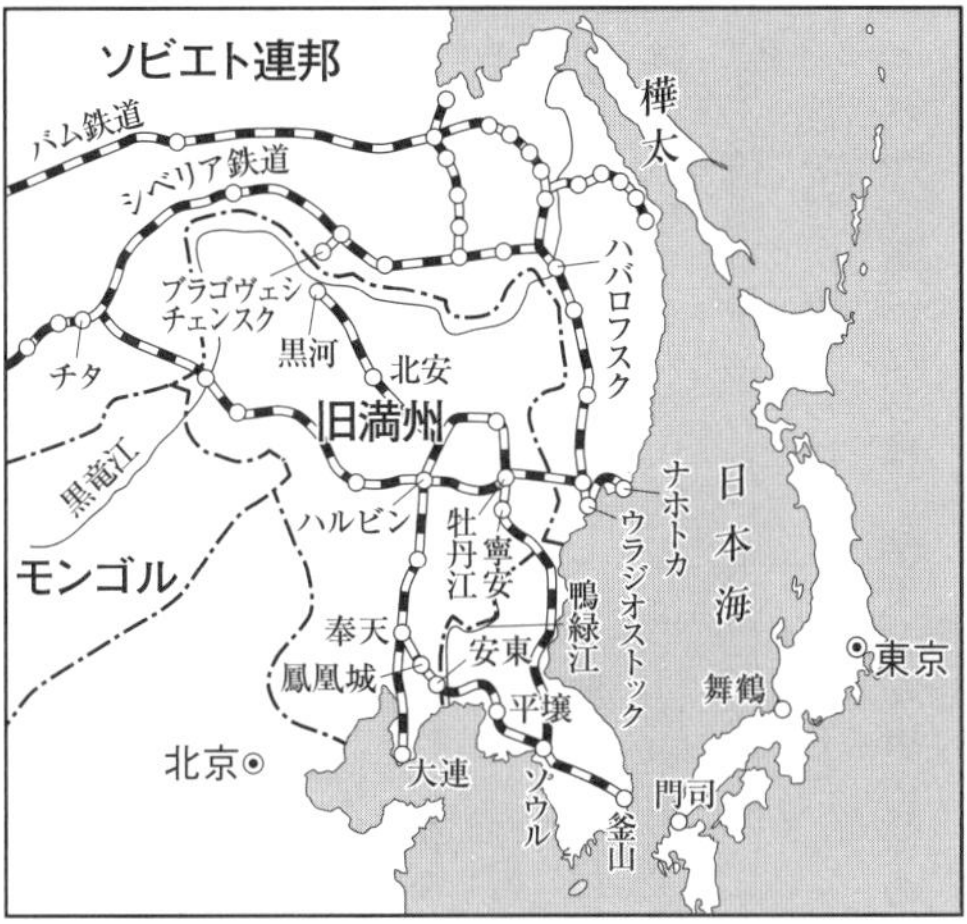

・鉄道踏線は幹線のみを記した
・栗原俊雄『シベリア抑留』(岩波新書, 2009年)を基に作成

当時の満州には、約一五〇万の在留邦人がいた。関東軍は当初から、ソ連の侵攻があれば国境付近で食い止めるのは不可能であり、後退しつつ朝鮮半島の手前で防衛する作戦を立てていた。在留邦人を事前に避難させることは、邦人を退却させると後退戦術を察知されるという理由で採用されなかった。すでに戦闘以前から、在留邦人の保護は事実上放棄されていたといえる。

関東軍はソ連軍侵攻後、邦人脱出の輸送を行なったが、実際には軍人と官僚の家族が優先されたといわれる。満州国首都の新京には、約一四万の在留邦人がいたが、八月一一日未明から正午ごろまでに一八列車で避難した約三万八〇〇〇人のうち、軍人関係家族二万三一〇〇人余、大使館などの官庁家族七五〇人、満鉄関係家族一万六七〇〇人だった(半藤一利『ソ連が満洲に侵攻した夏』文藝春秋、一九九九年)。単純計算では、一般市民は三〇〇人に満たなかったことになる。

牡丹江のような、国境付近の町では状況はより逼迫していたが、詳細は不明である。牡丹江は八月一三日にはソ連軍に占領され、在留邦人の虐殺事件もおきた。牡丹江に居留していた作詞家のなかにし礼が自己の体験をもとに書いた小説『赤い月』では、軍人とその家族は駅から特別列車を編成して脱出し、一般民間人は許可なしに乗れなかったとされている。

謙二らを乗せた軍用列車は、関東軍の命令にしたがい、ハルビンを経由して一五日に奉天(現在の瀋陽市)に着いた。玉音放送は聞いていないが、日本が降伏したという噂が伝わってきた。しかし将校たちは、「そんなことがあるか」と頭から否定していた。

それから謙二たちは、奉天と安東(現在の遼寧省丹東市)のあいだの鳳凰城で、一七日を迎えた。謙二が上官から敗戦を知らされたのは、この日だった。そのときの感想を、謙二はこう述べている。

「知らされたときは、日本が負けるとは思っていなかったので、くやしかった。しかし二〇分くらいすると、「待てよ、そうすると俺は内地に帰って家族に会えるのか」と思い、だんだんうれしくなってきた。それは表に出せないから黙っていたが、みんなそうだったと思う」

ほかに謙二が敗戦の知らせでもう一つ思ったのは、「やれやれ、これで俺は、万年一等兵として暮らさなくてすむ」ということだったという。

「当時の日本では、在郷軍人会が幅をきかせていた。地域社会でも、軍隊時代の階級がついてまわる。とくに農村部では、「あの人は一選抜で上等兵になったそうだ。やはり嫁にやるならそういう人でないと」といった調子だった。劣等兵だった自分は、除隊になって日本に帰っても、社会で「日陰者」にされてしまうと思っていた。戦争に負けたのだから、そういうことはなくなるだろうと思った」

秩序が激変するとき、人間は将来の見通しが立たず、従来の思考様式をなかなか変えられない。敗戦後の日本社会の変化からすれば、「元劣等兵」として生きていかずにすむ安堵感は、戦前の社会常識の延長でしか将来予測を立てていない、的外れなものである。

しかし一方で、謙二はこの時点で、日本から軍隊型社会がなくなることは、正確に予測している。歴史をみていると、庶民の判断は細部では見当違いでありながら、大枠としては正確であるということが、しばしばあるものである。

なお、謙二が所属していた第八中隊長の若い少尉は、翌日の午前に軍刀で切腹しようとしたが、未遂に終わった。人間の腹は脂肪があって刀が通りにくく、腹を切り裂くのは容易でない。

江戸時代の切腹では、形式的に腹に刀を刺したあと、ただちに「介錯」役が首を切り落とす。そうしたことを知らずに、若い少尉は切腹しようとしたのだが、全治二週間ほどの怪我を負っただけだった。

敗戦を告げられたあと、謙二たちは鴨緑江河口の北にある安東に移動させられ、分散して宿泊した。謙二たちは居留民の社員寮に泊まっていたが、することもないので、周囲の居留民と話をした。そこで居留民から、広島と長崎に原爆が落とされたこと、連合艦隊が壊滅し戦艦「長門」くらいしか残っていないことを聞いた。原爆が恐ろしい破壊力を持っていることは聞いたが、よくは理解できなかった。

そのまま社員寮に待機していたが、八月二八日ごろ、その寮の一角に兵器を置いてこいと日本軍の上官に命令された。謙二が持っていた兵器は銃剣だけだったが、これが事実上の武装解除だった。

待機しているあいだ、中隊本部から兵士たちに、八月分の給料が支払われた。軍隊にいたときは、兵士に払われる給料は郵便貯金させられていた。しかし郵便局の機能が崩壊したために、初めて現金で支払われたのである。兵士たちは、やることもないまま、もらった給料で中国人から食べ物を買い食いした。

「自分の給料が郵便貯金させられていたといっても、通帳を見たことすらなかったから、このとき自分の月給が一五円ほどだったと初めて知った。軍隊は行政機関だから、給料明細の書類や中隊長のハンコまで、退却のときに持ち歩いていたわけだ」

宿泊していた社員寮からは、満州と朝鮮との境界である鴨緑江を渡る鉄道橋がよく見えた。しかし、そこを通過する列車はまったくなかった。兵隊たちは夕食後などに、「あそこを列車が走るようになったら帰れるなあ」と話していた。中隊の事務係の古参准尉は、買い食いをしている兵士たちに、「お前たち、帰りの汽車賃に困るぞ」と言っていた。謙二は「国に連れてこられたのに、どうして自費で帰れなんて話になるんだろう」と思った。

その後しばらく安東に待機したあと、例によってダイヤの都合によって止まりがちな軍用列車で、九月一五日ごろ奉天に移動した。奉天の街中で、謙二は初めてソ連兵を見た。

九月二〇日ごろ、謙二を含む日本軍の捕虜たちは、奉天の北陵にある、塀に囲まれた大学校舎に集められた。ここには医科大や師範学校があったが、どの校舎だったかは不明である。

そこには謙二たち第二航空通信連隊だけでなく、部隊単位、あるいは個々ばらばらに、付近の捕虜たちが集められてきた。「いつも直接の命令は部隊の上官からきた。おそらくソ連軍は、日本軍の部隊の形を維持したまま、その部隊長に移動や集結を命令していたのだろう」。

やがて集められた捕虜たちは、一〇〇〇人ほどの「大隊」に編成され、どこかへ移送されていった。

「編成は日本側でやっていたと思う。北陵の校舎で、関東軍の将校たちが事務仕事をやっていた。帰国のために移送の編成をやっているのだろうと思っていた。何の情報もないし、シベリアに送られるなどということは、兵隊どうしの噂にも聞かなかった。集結地にはソ連兵の歩哨もいたが、日本軍の将校からしか命令がこないから、シベリア送りなんて想像もしなかった」

関東軍総司令部が一九四五年八月二九日にソ連側に提出した陳情書では、捕虜となった日本軍人の処遇について、こう記されている(白井久也『検証　シベリア抑留』平凡社、二〇一〇年)。

「(内地への)帰還迄の間に於きましては、極力貴軍の経営に協力するごとく御使い願い度いと思います」。

もともと、天皇の命令をうけて近衛文麿らが七月に作成した『和平交渉の要綱』では、満州在留の軍人・軍属を、「賠償」の一部としてソ連に労務提供するとされていた。敗戦直前の日本政府は、ソ連に連合諸国との和平交渉仲介を期待しており、ソ連への譲歩条件を摸索していたのである。

ところがソ連側では、二月のヤルタ会談で、対独戦終了後の二〜三カ月以内での対日参戦を約束しており、実際にドイツ降伏から三カ月後に侵攻した。日本の降伏後は、かねてから計画済みだった捕虜の移送を、八月二三日付のスターリン名の極秘指令で発している。日本側の対ソ交渉は、いわば一人相撲であったが、こうした背景を謙二たちは知る由もなかった。

北陵の集結地に集められた捕虜には、「根こそぎ動員」で敗戦まぎわに集められた在留邦人たちが多数いた。謙二の回想によると、九月半ばのある日、下駄ばき姿も交じった民間人の一団が北陵にきたという。

「「おい、地方人がきたぜ」と兵隊たちのあいだで噂になった。その人たちに聞いたところ、現地召集の在留邦人は敗戦の直後に除隊になり、いったん家に帰っていた。ところが、除隊証明書を出すから軍籍があった者は出頭しろという通知が出て、現地の警察署前に出頭したら、武装したソ連兵に北陵まで護送されたそうだ。おそらく、ソ連軍から移送人数のノルマを課された日本の軍隊組織が、員数確保のために再召集したのだと思う。彼らは北陵で、支給された日本軍の軍服に着替えさせられていた」

「奥さんに買い物を頼まれたついでに出頭し、北陵の集結地に連れられてきて、そのままシベリア送りになった人もいた。彼らは、出頭命令を通達してきた町内会長や隣組長を、「自分たちは行かないで俺たちを行かせた」といって、ひどく恨んでいた。「日本に帰れたら告訴してやる」と言っていた人もいた。先が読める人のなかには、おかしいと思って通知を無視した人もいたようだが、そういう人は少ない。まじめな人ほど、上の人を信用してひっかかってしまう」

謙二は集められた在留邦人に、牡丹江で在留邦人たちを残したまま、軍用列車が後退してしまったことを話した。邦人たちは「軍隊なんてそんなものだ」と応じ、家族のことを心配していた。しかし、「それが家族との永久の別れになった人もいたはずだ」。

謙二を含め、大部分の捕虜は、北陵の集結地から逃げようとはしなかった。

「ソ連兵が要所ごとに監視に立っていたが、夜には銃声も聞こえた。現地召集で、中国語ができたり、家族が現地にいる人のなかには、脱走した人がいたようだ。しかし自分は中国語ができるわけでもない。軍隊を離れたら、食べるにも困る。そう思って、編成された大隊のみんなについていった。それにシベリア送りなんて思ってもいなかった」

謙二が奉天から移送の列車に乗ったのは、集結から一週間ほど経過したあとだった。第二航空通信連隊の兵士たちは、先に部隊編成で出発してしまっていた。謙二は下痢をおこして体調が悪く、おなじく体調が悪かった二〇名ほどと一緒に、置いていかれたのである。「軍隊は官僚組織だ。足手まといになったら置いていく。民間人など守らないのはよく分かる話だ」。

しかし、謙二にとっては、これが幸いした。

「今にして思うと、これが生き残れた一つの理由だった。原隊の部隊編成で送られたら、次の初年兵が入ってこないから、収容所でも最下級の万年初年兵でこき使われただろう。食料配給も後回しだ。戦後に出たいろいろなシベリア回想記を読んでも、そういう事例が多く、下っぱの初年兵ほど死亡率が高かった。原隊の編成で移送されたら、自分は要領も悪いし体力もなかったから、最初の冬に死んでいただろう」

謙二ら第二航空通信連隊の残留兵たちは、新しく編成された「奉天第五二大隊」に入れられた。この大隊は、大隊本部および六個中隊の約一〇〇〇人で編成され、謙二は第四中隊だった。雑多な小部隊や、謙二のような落伍兵、そして七月から八月の「根こそぎ動員」で集められた「地方人」などが、寄せ集められて編成されたものだった。

「「地方人」の人たちは三〇代から四〇代で、自分たち第二航空通信連隊の落伍兵は子ども扱いだった。しかし彼らは、直前まで民間で暮らしていて、軍隊の慣習や特権が通用しなかった。だからシベリアに送られてからも、自分がいた収容所では、元上官によるあからさまな特権行使や、食料配給の不正はできなかった。これが、自分が生き残れた理由の一つだ」

九月二五日ごろ、謙二たち第五二大隊は、奉天北部の皇姑屯駅から貨車に乗せられた。謙二たちを乗せた列車は、蒸気機関車を先頭に、ほとんど有蓋貨車で編成されていた。二両だけがイスのある客車で、これに大隊司令部が乗り、残りは板で上下二段に仕切られた貨車に約一〇〇人ずつ詰めこまれた。貨車の屋根には板の通路があり、そこに監視のソ連兵が乗った。この年は九月二三日が満月であり、出発の前夜に大学から眺めた月がきれいだったのを覚えているという。

謙二たちを乗せた列車は、奉天を出発した。まだ彼らは、その列車が、日本へ帰るためのものだと信じていた。

3

列車は奉天を出たあと、北へむかって走った。日本への移送なら、南にむかうはずである。それでも捕虜たちは、シベリア送りなど想像もしていなかった。

「列車が北へむかうと、ハルビン経由でウラジオストックの港にむかうのだ、と思った。ところがハルビンを越えても、北へ行く。するとこんどは、戦闘で鉄橋が壊れたので、ブラゴヴエシチエンスク経由でウラジオに行くのだという噂が出た。人間は、悪いことは信じたくない。いつでも希望的観測を持ってしまう」

捕虜たちは、貨車の二段の床に、三々五々に座っていた。にわか作りの編成などは機能しておらず、「顔見知りが固まっているだけの烏合の衆」である。

捕虜の輸送列車は、鉄道路線上をつぎつぎと走っていた。そのため、列車は先が詰まってよく停車し、そのあいだに石炭や水を補給した。場所はたいてい、原野の真ん中にある停車場だった。停車すると何時間も動かないが、走り出すとこんどはなかなか止まらない。貨車に便所はないので、次の停車まで我慢するか、床板の穴から排泄した。また停車しないと、炊飯ができない。貨車に乗るときに二キロほどの黒パンを支給されたが、すっぱくて最初は誰も食べず、どうしても腹が減ると、これも最初に支給されたコメや雑穀を食べていた。

「蒸気機関車の給水などで停車したときに雑穀を炊くわけだが、日本の飯は火と水がないとどうにもならない。ロシアの黒パンはこのときに初めて見たが、水とパンがあれば生き延びられるので便利だと思った。列車が止まらないと、穀類を生でかじり、やがて黒パンもかじった」

予告もなく停車すると、水の補給と炊飯に走り回った。停車場には、機関車に水を補給するタンクがあったが、バケツがないので、捕虜たちはタンクから飯盒で水を汲んだ。この水で、次の停車までの列車行に備えるのである。

停車時での炊飯は、燃料の確保が大変だった。部隊としての機能がないので、気の合ったグループで周辺から枯草や薪《たきぎ》、脱穀したあとの穀物殻などを集めて炊飯する。しかし先行した列車の捕虜たちが、停車場周辺の燃料を採りつくしてしまっていた。まともな木などはとうになく、遠くまで集めに行かねばならず、追いはぎにあった捕虜もいた。発車の合図があると、列車から離れていた者たちは大慌てだった。

現在から考えると、シベリア送りになる列車に置いていかれそうになって、慌てるのはおかしいともいえる。しかし限定された情報しか与えられていない環境下では、そのような判断はできない。「当時はどうなるか、何もわかっていなかった。言葉ができないから逃げてもどうしようもないと思い、みんなに付いていくだけだった」と謙二はいう。

シベリア抑留の回想記類では、監視のソ連兵から、この列車は「ダモイ（帰国）」の列車だという虚偽情報を与えられたと記しているものが多い。多くの日本兵が、抵抗もせずに送られたのは、そのためだというのである。しかし謙二は、「監視兵からそんなことを聞いた、といった噂は自分も聞いたが、自分で直接に聞いたことはない。当時はみんなとにかく帰りたくて、希望的な噂がとびかっていたから、実際以上にそうした噂が広まったこともありえただろう」という。

謙二たち奉天第五二大隊の帰還者たちが戦後に発行した会誌によると、奉天出発以降、大隊から脱走したのは合計で数十名とされている（「北陵より舞鶴まで」『チタ会会報』第三号、一九八二年）。謙二の記憶では、脱走は奉天出発直後がいちばん多く、北安（現在の黒竜江省黒河市北安）での脱走が最後だった。

「ソ連兵は貨車の屋根の上で自動小銃をかまえていた。夜中に射撃音を聞いたことがあるから、逃げようとした人もいたのだろう。逃げたのは、中国語ができる現地召集の人だったと思う」

停車中には、現地の「満人」がやってきて、捕虜の持ち物と物々交換したりもした。謙二も軍隊官給品の革ベルトを、食料と交換した。ゆでたトウモロコシや饅頭など、すぐ食べられるものと交換したという。北陸で集められた民間人には、軍服に着替えさせられる前に持っていた私服を、食料に交換していた人々もいた。

下痢で原隊に置いていかれ、体力が落ちていた謙二にはつらい列車行だった。「停車時の水汲みなどでも、要領のいい人、はしっこい人はすぐ確保するが、自分はいつも遅れ気味だった。編成されたばかりの集団で連帯感もなく、自分たちで何とかしないと誰も助けてくれない」。

やがて列車は、ハルビン経由で北安に着いた。ここで列車は止まってしまい、一週間ほど列車のなかで待たされた。そして一〇月一〇日ごろ、国境の町である黒河(現在の黒竜江省黒河市)へやってくると、ここで謙二たちは降ろされた。

北安では南に送還される日本の居留民の列車とすれちがいになったが、黒河にはすでに居留民はいなかった。黒河の街では、建物がソ連軍の砲撃で破壊されていた。ここから黒竜江(アムール川)を渡ると、ソ連のアムール州都であるブラゴヴェシチェンスクである。

そして捕虜たちは、黒竜江を渡る艀《はしけ》に、物資を積み込む作業をやらされた。積荷は、ソ連軍が満州から略奪した戦利品である。さまざまな物資があったが、大豆やコーリャンなど、食料品が多かったという。ロシア人が操縦する艀に、五〇キロ前後の荷物を、タラップを登って積み込む作業だった。

積込みには一週間近くかかり、最後にはその艀に捕虜たちも乗って川を渡った。この日は一〇月一四日で、仲間の捕虜が郷里の行事の日だと言っていたため、よく覚えているという。

対岸のブラゴヴェシチェンスクに着いた日は雨だったが、宿泊用の建物などは用意されていなかった。捕虜たちは建物の軒先に立って一夜をしのぎ、翌日は野原の真ん中で壕を掘った。手持ちの携帯天幕を寄せ集めて屋根とし、周囲に排水溝をめぐらして、雨宿りしながら寒さをしのぐのである。そしてブラゴヴェシチェンスクで、さらに一週間ほど、艀に積んだ荷物の荷揚げ作業をやらされた。

ブラゴヴェシチェンスクからは、シベリア鉄道の本線へむかう列車が出ている。黒竜江をはさんだ二つの街での合計一〇日あまりの荷積み作業のあと、奉天第五二大隊は一〇月二五日夜に列車に乗せられ、深夜にブラゴヴェシチェンスクを出発した。

出発の翌朝、捕虜たちは太陽の方角をみながら、列車が北西にむかっているのか、東南にむかっているのかを議論した。列車は何度も線路上で方角を変え、進行方向がつかめなかった。しかしその日の午後には、太陽の方角から、西へむかっていることがわかった。

ソ連領に入ると、警戒はとくに厳重になり、捕虜たちの下車は用便以外に許されなくなった。

ソ連領で乗り換えた列車には炊事車両が連結されており、そこから各車両に金属製の寸胴《ずんどう》で雑炊が分配され、車外で炊飯することはなくなった。奉天で支給された黒パンはすでに食べつくし、手持ちの雑穀があっても炊くことができない。何かの都合で食料配給が滞ると、雑穀を生でかじった。

原隊に置いていかれた第二航空通信連隊の落伍兵には、長旅で体力が落ち、列車から消えていった者もいた。謙二はこう述べる。

「ブラゴヴェシチェンスクを出てから三日ほどだったと思う。四年兵の万年一等兵だった。万年一等兵になるのは、思想や素行に問題があるか、よほど劣等の兵隊だ。その人が万年一等兵だったのは、多少知恵遅れだったから。こういう人は厄介者だから、部隊に置いていかれる。そして食べ物の確保や、作業の割振りなど、すべてにわりをくっていく」

「この人は水も汲めず、燃料も集められず、食事を作れないで、貨車で寝たきりになっていった。捕虜仲間で世話していたが、追い詰められてくると、みな自分のことしか考えられなくなる。最後のほうは、記憶に残っていないくらいに存在感が薄れ、列車からいなくなった。きれいにいえば「入院」ということで降ろされたのだろうが、走っていたところは原野ばかりで、病院がありそうな町などなかった。そういう人を助ける体制もなかったろうから、生きては帰れなかったろう」

この後のシベリア時代もそうだったが、謙二は人の死を直接に見たことはない。「だいたいそんなものだ。映画や小説とはちがう。いつのまにか消えていくんだ」。

奉天出発から約一カ月を経た、一〇月二八日午後、列車は大きな市街の中心駅を通過して、町はずれの操車場に着いた。捕虜たちは一時間ほど貨車のなかで待たされたあと、暗くなってから下車させられ、三つのグループに分けられた。第一グループは第一・第二中隊、第二グループは大隊本部と謙二を含む第三・第四中隊、第三グループは第五・第六中隊である。

中心駅を通ったところで、捕虜たちは、そこがチタという町であることがわかった。チタはシベリア連邦管区チタ州の州都だが、一九世紀には帝政ロシアの流刑地だった。日本軍の地図でも、ブラゴヴェシチェンスクから先にはほとんど都市がなく、次にこの規模の街に着くとすれば、チタしかないことはわかっていた。

下車後に、夕方五時を知らせる汽笛が鳴った。先のことがなにもわからない状態で聞くその音は、「何とも物悲しい響き」がしたという。

この日は、朝食の配給があっただけで、捕虜たちは昼食をとっていなかった。空腹を抱えた彼らは、雪がちらつくような寒さと暗闇のなかを、歩くよう命令された。謙二はそのとき、飯盒と水筒、すり切れて薄くなった軍用毛布、わずかな日用品を詰めた背負いのザックしか持っていなかった。

約一カ月の列車行のあと、空腹を抱え、寒さと闇のなかを歩かされるのはつらかった。日本軍の将校が、「あと何キロだ」などと励ます声が聞こえた。貨車で死んだ者の遺体を、かついで運んでいるグループもいた。

「遺体を捕虜に運ばせたのは、員数の確認のためだろう。ソ連軍の輸送指揮官は、貨車に乗せた捕虜を確実に収容所に移送するという命令を受けていたはずだ。遺体を含めて確実に届け、収容所の所長に人数を確認してもらい、受領書をもらわなくてはならない。ソ連軍でも日本軍でも、軍隊というのはそういうところだ」

大陸の街のがらんとした大通りには、たまに街灯が点いているだけで、自動車も人もほとんど通らない。名も知らぬ巨大な銅像やコンクリートの建物の前を通りすぎ、二時間近く歩くと、やがて木造の建物に到着した。約五キロの道だったが、このときはひどく遠く思えた。謙二が所属したグループはここまでだったが、他のグループはさらに遠くまで歩かされ、彼らとは二度と会わなかった。

すでに夜だった。疲れきった捕虜たちには、これからのことを考える余裕などなかった。彼らは、やっと着いたという安堵感のなか、三段重ねの巨大な寝台のどこに寝るかの割振りを決め、支給された食事を食べて、すぐ寝てしまった。

謙二にとってはこの日から、チタ第二四地区収容所第二分所での三年間が始まる。

第三章　シベリア

ソ連・ナホトカ収容所のバラック宿舎（毎日新聞社提供）

一九四五(昭和二〇年)一〇月二八日、奉天第五二大隊の第三・第四中隊と大隊本部の捕虜たち約五〇〇名は、チタの第二四地区収容所第二分所に着いた。その二日後に、謙二は満二〇歳となった。

列車内ですでに死んでいた一人の捕虜は、捕虜仲間が遺体をかついで、収容所まで運んだ。その死亡者は収容所全員の見送りのもと、ゴザに包まれて荷車で墓地に運ばれた。

その後は労働と飢餓が厳しくなり、こうした葬儀をやるだけの余裕はなくなった。秋が深まってから出た死亡者の通夜のために、箸を刺して供えられた飯が、翌日には消えていたという噂が流れた。飢餓と極寒のシベリアの冬が、すでに始まっていたのである。

1

敗戦後にソ連に連行された日本兵その他(満鉄職員、満州国官吏および警察官、軍属など)は、人数に諸説があるものの、約六四万名といわれる。彼らはシベリア(約四七万二〇〇〇名)をはじめとして、外モンゴル(約一万三〇〇〇名)、中央アジア(約六万五〇〇〇名)、ヨーロッパ・ロシア(約二万五〇〇〇名)などにある捕虜収容所約一二〇〇カ所、監獄その他の特殊収容所約一〇〇カ所に分散収容された。その範囲は東はカムチャツカ半島、西はドニエプル川、北は北極海沿岸、南はパミール高原の西山麓にまでおよぶ。

当然ながら、捕虜たちを苦しめた環境もそれぞれだった。シベリアでは零下四五度の極寒が、中央アジアでは四〇度の炎熱が、湿地帯ではブヨの大群が、乾燥地帯では渇水が、捕虜たちを苦しめた。そのうえに、飢餓のなかでの鉱山採掘、鉄道敷設、土木工事、森林伐採などの重労働が重なった。

チタはチタ州の州都で、鉄道と幹線道路が集中する要衝である。帝政ロシア時代には流刑地があり、ソ連軍のザバイカル方面軍司令部がある軍都だった。ロシア革命後の内戦期には白軍が占領したこともあり、革命政権への干渉戦争でシベリアに出兵した日本軍も侵攻した。謙二も、シベリア出兵時に日本軍の第五師団が建てた記念碑を、チタ郊外で目撃している。

またチタの町はずれの松林には、日本と満州国の領事館として使われていたという、並んだ二軒の建物があった。

「洋風の瀟洒《しょうしゃ》な建物で、労務作業のときによく前を通った。一年くらいたったところで、領事館だったと聞いた」

「帰国後に、この領事館にいた人が書いた回想を読んだことがある。敗戦近くの時期には、この領事館から、シベリア鉄道を東にむかう軍用列車を双眼鏡で監視していたそうだ。戦争中に領事館から自動車で街の情報収集に出ると、ソ連側の車がぴったりくっついて妨害して、砂地の道の真ん中で車をこすられて困ったという話が書いてあった。チタの中心街は石畳だが、少し離れるともう砂地で、俺たちも歩きにくかったことを覚えている」

捕虜たちの収容所は、地区別に分けられていたが、チタ周辺には第二四地区(チタ)と第五二地区(カダラ)があった。厚生省の統計では、第二四地区の三四の分所に「一万人以上」が収容され、死亡者は約三二〇〇名と推計されている(江口十四一「序にかえて」『捕虜体験記Ⅵ』、「ソ連における日本人捕虜の生活体験を記録する会」編、一九八八年)。ソ連領内に連行された約六四万名のうち、死亡者は六万以上とされることが多いが、これも諸説があり正確な数は不明である。

謙二たちが収容された第二四地区第二分所の日常は、朝六時の起床から始まった。起床の合図は、鐘の代わりに衛兵所に吊された、鉄道のレールをハンマーで叩く音だ。

起床して食事を終え、七時半から八時ごろ、作業出発のため出口にむかって五列で整列。秋から冬のシベリアでは、この時刻は寒くて暗かった。

「衛兵所の前に整列させて、警戒兵が人数の確認のために番号をかける。ところがロシア人は九九の習慣がないから、列を掛け算せずに、五人ずつまとめて数えていく。警戒兵がわからなくなるとまた最初からだ。寒くてたまらないから、足踏みしながら、ずっと整列させられていた。なんて頭の悪い連中なんだ、とそのときは思った」

そのあとに、作業班ごとに割り振られた労務作業に出かける。収容所に着いてから最初の仕事は、収容所の整備だった。木造の収容所は、大量の捕虜を収容したものの、体制が整っていなかったのである。炊事場の整備、寝台の手入れ、さらには収容所のまわりの柵を作る作業などが続いた。

「最初の仕事が、自分たちを囲う柵を作ることだった。しかし周囲は厳寒の原野で、食料がなくてふらふらだから、塀があってもなくても脱走するなんて考えられもしない。収容所から脱走したという人の話を戦後に読んだことがあるが、よほど条件と体力に恵まれた場合のことだ。それでも帰国できた人はいない。みんな途中で捕まっている」

二〇日ほどかかって、整備作業を終えた。そのあとは、さまざまな労役に派遣された。

「仕事の割振りは、ソ連側から日本の大隊本部に、そして中隊・小隊・班と降りてくる。班長は二〇人くらいの班員から、数人のグループを指名して、それぞれ仕事を割り振る。今日はあっちへ行って土木作業、明日はそっちへ行って農作業と、いろいろなところへ派遣されて、いろいろな仕事をやらされた」

収容所は、捕虜の労働者を各企業体に派遣する、独立採算の派遣企業のような様相を呈していた。現地の各企業体の要望に応じて、収容所は捕虜を労役に派遣する。企業体は、ソ連で定められた労働ノルマから計算して、収容所に支払いを行なう。そして収容所は、捕虜の食費や光熱費、医療費などを差し引いたうえで、捕虜に賃金を払うというシステムである。ただし差し引かれる食費その他が割高で、技能を持った一部の捕虜などに、一九四七(昭和二二)年になってから賃金が払われただけだった。

ソ連は日本軍やドイツ軍の捕虜だけでなく、ソ連内の政治犯や一般囚人をも、労働力として使っていた。囚人を労働力として利用することは、明治以後の日本も行なったことで、北海道の道路建設や三池炭鉱の開発などは、囚人労働なくしてありえなかったといわれる(ダニエル・ボツマン『血塗られた慈悲、笞打つ帝国。』インターシフト、二〇〇九年)。とはいえ、ソ連の囚人労働の活用は、他国にみないほど大規模であり、一九四九年当時の「奴隷労働者」は一〇〇〇万人以上ともいわれた。謙二たちは、そのシステムに組み込まれたのである。

このシステムは他国の捕虜処遇とは異質であったが、日本軍の将兵は国際法などに無知であった。そして謙二の場合は、ノルマを十分にこなせない劣等労働者として扱われており、賃金をもらうことなど考えもしなかった。

「大変な作業もあれば、楽な作業もあった。森林伐採とか、吹きさらしの原野での土木作業などは、つらい部類。それでも、他の収容所の回想記とくらべると、鉱山や鉄道敷設などがなかったから、まだ恵まれていた」

「楽な作業でいうと、屋内作業なら暖かい。農作業だと、うまくすればジャガイモなど、食べ物をもらえる。いい仕事だったのは、ソ連軍の将校の家の、冬に凍った生活排水を捨てる作業。チタには上下水道がなく、生活排水は家の裏にぶちまけるが、冬はすぐ凍って氷の山になる。それが春になって溶けて腐る前に、割って川に捨てにいく作業だ。楽だし、マダムから食料をもらえた。そういう「役得」のある仕事は、みんなやりたがった」

「捕虜に食料をめぐんでくれるようなロシア人は、女性、とくにおばあさんが多かった。戦争で息子や夫を亡くした人も多かったと思う。そういう人は決まって、「スコーリコリエト(歳はいくつだ)」と聞く。片言のロシア語で「ドワナタチ(二〇歳だ)」と答えると、悲しそうに頭を振って「モロドイ(若い)」「パパ、ママ、イエスチ(パパやママはいるか)」と言われた。それを聞いて、東京のおばあさんのことを思い出し、本当に悲しくなったものだ」

チタ第二四地区第二分所に送られたのは、奉天第五二大隊の第三中隊と第四中隊。大隊長は植苗駒雄大尉、大隊副官は隈部会大尉で、ほとんどの管理事務は隈部大尉が行なっていた。少佐以上は将校収容所に送られていたため、大尉が最上官だった。謙二が所属していた第四中隊第二小隊は、中隊長が浦山大尉、小隊長が田下中尉だった(以下、仮名)。

ただし、この大隊の将校のうち、正規の現役将校は半分ほどだった。残りは、敗戦まぎわに召集された居留民であり、応召の予備役だった。

日中戦争が始まるまでの日本軍は、予算枠が限られていた。そのため定員も多くなく、陸軍士官学校を出た現役将校と、甲種合格の現役兵で構成され、兵士は二年で兵役を終えて除隊した。謙二のような第二乙種の体格の悪い兵士が徴集されたのは、戦局が厳しくなってからである。

戦局悪化とともに、いちど除隊になった兵士や、退役した将校が、戦力として再度召集された。こうした者たちは年長で、召集されるまで社会生活を営んでいた。「根こそぎ動員」で集められた居留民は、こうした人々だった。

謙二が所属した第五二大隊は、将校もこうした応召将校が多かった。大隊長の植苗大尉と大隊副官の隈部大尉は、もとは飛行場大隊に所属していた現役将校だった。しかし第二小隊長の田下中尉は、一九二〇年代の軍縮期に短期志願で将校になり、予備役になっていたのを現地召集された、四〇代の元居留民だった。

また第四中隊長の浦山大尉は、元女学校の英語教員で、奉天にあった捕虜収容所の管理にあたっていた人だった。第四中隊の第一小隊長も、第二小隊長と同様に現地召集の元居留民。第三小隊長は現役の中尉だったが、第四・第五小隊長は二〇歳そこそこの少尉だったという。

しかも敗戦によって、日本軍は全員が、形式的に一階級ずつ上がっていた。謙二も一等兵になっていたが、田下小隊長も少尉だったのが中尉に、浦山中隊長も中尉だったのが大尉になっていた。こうした人々は「ポツダム中尉」「ポツダム大尉」などとよばれていた。

奉天で即席に編成された第五二大隊は、収容所に着いてから、完全編成された。謙二が所属した二〇名ほどの班にいたのは、以下のようなメンバーだった。

まず班長は高橋という現役の軍曹だった。彼は北支から満州に移ってきた部隊にいた、戦闘経験もあるベテランの下士官だった。敗戦のあと、高橋は「根こそぎ動員」の召集兵たちと一緒にいったん除隊となっていたが、奉天に集められてシベリアに送られたらしかった。

班内には、丸谷伍長という現地召集の居留民がいた。丸谷伍長の周囲には、奉天の在留邦人の仲間どうしだったらしい現地召集者が五〜六名いた。また『満州日日新聞』の記者だった現地召集者が二人いた。

班内には、ほんとうは中尉であるにもかかわらず、身分を隠して一等兵を名乗っていた佐橋という兵士がいた。この佐橋中尉は、敗戦後の混乱のなかで部隊を抜け出し、部下の居留民だった丸谷伍長の家で「世話になっていた」という。

さらに、浦山大尉と同じく奉天の捕虜収容所に勤務していた、日系二世の飯塚上等兵という元通訳が、捕虜として班内にいた。彼は生地であるロスアンゼルスから、親の故郷の広島に一時滞在していたところ、戦争が始まって帰れなくなって徴兵された。その後に通常部隊から通訳として引き抜かれ、奉天の収容所に送られたとのことで、日本語のニュアンスがわからないところがあった。彼は、戦争初期に日本軍のシンガポール占領のさい捕虜になったパーシバル中将やウェーンライト少将の通訳をやったことがあり、「パーシバルはけちだ」と話していたという。

さらに大隊本部には、ハワイ出身の川村伍長という、やや年長の元通訳がおり、炊事班長をやっていた。前述のように浦山大尉は女学校の英語教員出身で、飯塚や川村の上官だった。また黒河での作業中に合流した本山という通訳が、ソ連軍との連絡役を務めていた。満州で商社か貿易関係の仕事をしており、そのためロシア語ができる、という噂だった。五〇歳前後の本山は温和な性格で、いわゆる「人格者」だったという。

「通訳というのは、ソ連側に迎合したり、捕虜側の言い分を伝えずに手を抜くこともできる。しかし本山さんは、よくやってくれた。通訳しだいで、食事や労働条件は大きく変わる。とても温和な人だが、ソ連側から横暴なことがあったときに、やんわりと相手をたしなめながら、正論はきちんと言う。決して大言壮語を言ったりはしないが、こういう「人格者」には、誰もが一目置いていた」

これらの人々の経歴は、謙二が収容所の世間話のなかで聞いたもので、資料的な裏づけはできない。高橋軍曹がどんな経緯で奉天に集められたのか、佐橋中尉がなぜ身分を隠して目立たないようにしていたのか、そうしたことは不明である。

「軍隊に入る前に何をしていたかなんてことは、世間話のついでにぽろっと出るだけだ。いちばんの話題は食い物のことで、「内地に帰ったら何が食いたいか」とか、「『田舎しるこ』と『御膳しるこ』はどこが違うのか」みたいな話ばかりしていた。それも一九四六年春になって余裕が出てからのことで、最初の冬は疲れて寝るだけだった」

ソ連側は捕虜の身上調査を行なっており、とくに旧関東軍の特務部隊出身者などは、厳重に監視していた。しかし謙二の推測では、「一般部隊の人間が階級を偽ったりしていても、運営に支障がなければ関心がなかったろう」という。謙二自身も、収容所に着いたときに一度だけ身上調査を受けたあとは、追跡調査はなかった。

第五二大隊は混成部隊だったので、さまざまな出身者が入り交じっていた。しかしこうした雑多な編成だったがゆえに、上下関係は厳しくなかった。敗戦直前に召集された居留民には顔見知りも多く、名目上は下士官や将校でも、食料配給や労役の割振りなどで、横暴なことはなかった。「楽な仕事も大変な仕事も、役得がある仕事もない仕事もあったが、班長の高橋軍曹も、不公平にならないようにしていた」という。

収容所では、将校たちは別の建物に収容され、待遇は別だった。しかしこれは、ソ連も批准していた一九〇七年のハーグ陸戦条約の規定で、将校と兵士は別待遇にすること、将校を労役に使ってはいけないことが定められていたためだった。

「国際条約なんて知らなかったので、当時は不公平だと感じたが、それを除けば自分がいた収容所では階級による差別はなかった。これはとても幸運だった。他の収容所では、初年兵が食料や労役の配分でも最下級にされ、死ぬことになったところが多かったからだ」

とはいえ収容所の人間関係は、酷薄でもあった。同じ班の人間といっても、昼の作業は一緒でない者が大部分で、それほど仲良くはならない。また階級や部隊で固定された関係がないので、「要領」の悪い者、作業の手順が遅い者などは、「お荷物」になりがちだった。

「たとえば一九四七年の夏に、丘陵地帯に三カ月ほど派遣されて、森林伐採の労務に就いたことがある。二人でペアを組んでノコギリを引くんだが、ノコギリは切れ味に個体差があり、目立てが悪いとよく切れない。よい道具がわかる者、体力がある者、器用な者は、現場でそういう者どうしで組みたがる。自分のような要領も悪く、体力もなく、技能もない人間は、同じような「残りかす」としか組めない。このとき組んだ相手は、おなじ第二航空通信連隊出身の初年兵だったが、二人して体力も要領もない。能のあるペアはノルマを何とかこなして終わるが、自分たちは毎回ノルマがこなせずに苦労した。三カ月後に収容所に帰ったときは、「だいぶ痩せたな」と言われた。これが最初の冬だったら、おそらく死んでいただろう」

最初の冬が終わったあとは、捕虜のなかで経験や知識のある者は、電気工や大工、床屋などの技能職に就いた。こうした仕事は、屋内作業が多いうえ、ソ連では技術者が不足していたので優遇された。技能職は肉体労務にくらべてノルマの達成率もよく、一九四七年以降はいくらかの賃金ももらえ、チタ市内のバザールで買い物ができた者もいたという。

こうした職に就くため、経験がなくとも手先が器用な者は、「シベリア大工」「シベリア左官」などと俗称された即席技術者になった例も多かった。そもそも、「収容所には、もともと左官や大工、農民など、いろいろな職業をやっていた人間が一通りいた」という。

こうした技能は、捕虜生活でも役立った。謙二がいた収容所では、一九四六(昭和二一)年三月ごろ、ソ連が満州から持ってきた、モミのついた稲が配給されたことがある。ロシア人は稲の脱穀と精米の知識がなく、作業は捕虜にまかされ、農民出身者や大工出身者が、松の大木から臼を作ったり、モミ殻を飛ばす手動扇風機を作ったりした。捕虜側は歩留まりをごまかして増量させることに成功し、約三カ月間は腹いっぱいに近く食べることができた。

ところが謙二は、下級事務員の出身で、二〇歳になったばかりだった。特別な技能もなければ、農作業や土木作業の経験もなく、そのうえ「要領」も悪かった。

「一九四七年春にパン工場の燃料運びに派遣されたときのことだ。こういう役得のある仕事は、中隊のなかで順番に回ってくる。パン工場の工員はたいてい中年女性で、捕虜のなかのすばしこい要領のいい奴は、工場に入っていって「マダム、ダワイ(くれ)！」などと叫んで、パンを放り投げてもらう。自分はそういうことは、抵抗があってできない。パンや小麦粉を「お土産」に持ち帰ることを、収容所で待っている連中は期待していたが、自分はパンを薄切りにして、シャツの下に入れて持って帰る程度。せいぜい二人に配れただけだった」

「工場から、二キロのパンを丸ごと持ち帰った奴もいた。パンを袋に入れて首から下げ、外套の裾下に隠し、収容所に帰るときの身体検査に、外套の裾ごとパンをはねあげて、ソ連兵の目をくらましたんだ。ほかにも、小麦粉を帽子のなかに入れて盗み、収容所内で焼いて食べていた者もいた。下積みの経験や、生活力のある人は強かった」

経験のとぼしい謙二は、しばしば失敗した。一九四六年五月には、屋外作業の途中でアカザが茂っているのをみつけ、朝食の飯を残しておいて一緒に飯盒で煮たが、アクがひどくて食べられず、泣く泣く捨てるはめになった。アカザはアク抜きしなければ食べられないという、地方出身者なら常識のことも、謙二は知らなかったのである。

当然ながら、捕虜たちの労働意欲は高いはずもなく、労働効率も低かった。一九四六年一一月からは、レンガ造りの集合住宅の建設作業が始まったが、イモ畑の整地から始まりほとんどすべて人力のため、彼が帰国になった一九四八(昭和二三)年夏になっても、まだ二階までしかできていなかったという。

「ロシアに日本の捕虜が造ったオペラ劇場があるとかいう話をテレビでやっていたが、自分は額面通りには信じていない。そこで働いていた、というだけだと思う。その後に日本の経済や技術が評判になったから、ロシア人の側が「日本人が造った」という伝説を作ったのだろう」

しかし上記のような、ある意味でユーモアや余裕を感じさせる状態は、一九四六年春以降のことだった。「最初の冬は、本当にひどかった。栄養失調で死んだ者は、ほとんどこの時期に出た」。

2

一九四五年から四六年の冬が最悪だったというのは、謙二たちのいた収容所に限らず、ほぼすべてのシベリア抑留の回想記に共通している。それには、いくつかの事情があった。

まず何といっても、敗戦直後には、ソ連経済そのものが窮迫していた。独ソ戦争でのソ連側戦死者は、一五〇〇万とも二〇〇〇万ともいわれる。ソ連の人口は、一九四〇年の一億九五九七万人が、一九四六年には一億七三九〇万人となり、約一一パーセントも減少していた。日本の戦没者は約三一〇万、一九四〇年の内地人口約七三〇六万人の約四パーセントである。

さらにソ連領の西側にあった工業地帯と穀倉地帯は、ドイツ軍に占領されたあと焦土戦術で破壊され、勝ったとはいえソ連経済は窮迫状態にあった。戦死があまりに多く、戦争に出た男性がほとんど帰ってこなかった村も少なくなかった。集団農場(コルホーズ)の労働力の男女比率は一九四〇年には一対一だったものが、一九四五年には一対二七となっていた(白井前掲『検証 シベリア抑留』)。

日本軍の捕虜が労働力として連行されたのも、謙二のような若い捕虜に同情するロシア女性が多かったのも、こうした背景のためだった。謙二はこう述べる。

「一九四六年の一二月に、作業のため数人の捕虜仲間と一緒に、ロシア人の民家に泊まったことがある。戦争未亡人らしい女性と子ども二人だけで暮らしていたが、着のみ着のままで、何も家具がないのに驚いた。真冬なのに、土間の部屋には寝台もなく、彼らは寝るときにシューバ(外套)をはおって横になっていた。ペーチカ(暖炉)だけはあったが、あとは炊事用の鍋と食器くらいしかなかった。生きるのに最低限の生活だ。戦前戦後を通じて、日本でこんな生活を見たことがない」

またそのために、捕虜に供給された物資が、ロシア人たちによって横流しされた。ただでさえ不足していた食料や燃料が、横流しによって、捕虜のもとに届く量が少なくなったのである。

「収容所に送られた燃料や食料が横流しされていたのは、みんな知っていた。収容所に送る燃料や食料は、書類上は何トンとかになっていても、途中で貨車やトラックの運転手が、つぎつぎに自分たちの家のために資材を降ろしていくらしかった。その残りが、俺たちのもとに届くわけだ」

「自分も一九四七年春に、石炭運びの仕事をやらされたとき、横流しを手伝わされた。ロシア人のトラック運転手が、俺たちを使って、自分の家やコネのある家に石炭を降ろさせる。少し減った石炭を、届け先の工場に運ぶと、減り方がそれほどひどくなければうけとる側も問題にしない。戦争中の日本もそうだったように、統制経済になって物が手に入らなくなると、みんな横流しや盗みをやるようになる」

ソ連内務人民委員部は、規定量の食事を捕虜に与えるよう指示は出していた（ヴィクトル・カルポフ『スターリンの捕虜たち』北海道新聞社、二〇〇一年）。しかし実態は、上記のようなものだった。

またそもそも国家としてのソ連が、対日戦争で大量の物資を略奪していた。謙二らは一九四六年三月から三カ月ほど、貨物廠の整理に派遣されたことがある。

「略奪物資が山のように積んであった。関東軍の軍需物資だった電線ケーブル、アルミニウムの棒、電話機など、貨車で運んできたものが、ただ放り出すように積んである。日本家屋のふすまの取っ手が、仕入れ用の箱に数十個入っているのを見つけたときはあきれた。何でも手当たり次第に持ってきたのだろう」

「こちらもその物質の山からアルミの棒をちょろまかして、それでスプーンを作った。そのうち捕虜の幹部が、もっとアルミを持ってこいと俺たちに伝えてきて、鍛冶屋だった捕虜がアルミを溶かして皿や食器を作った。自分たちも、ロシア人たちも、盗みが当然の社会だった」

「大量の物資の山の整理をしていたとき、「これだからドイツに勝てたんだろうな」と言った者がいた。ソ連兵はやり方は荒っぽいが、馬力がすごい。上からの命令を、とにかく馬力で実現してしまう。日本軍は、上官はできもしない無茶なことを言うが、下はそこまで馬力がない」

民衆生活の窮迫ぶりとは対照的に、ソ連の軍事力の強さは、謙二にも印象に残った。チタの街の東方には、ソ連の戦車部隊が駐屯しており、大きくて砲身が長いT34戦車があった。「作業のあいまにそばで見る機会があったが、すごいと思った。日本軍の戦車はずっと小さくて、鋲で装甲の鉄板を留めているものだったから、とても勝てるわけがないと思った」。

またソ連の軍事力は、第二次大戦時は同盟国だったアメリカの援助によっても支えられていた。

「奉天で最初にソ連軍のトラックを見たとき、こんな大きなものを使っているのかと驚いた。前輪が二輪と後輪がダブルタイヤ四輪で、坂をぐんぐん登っていく。日本のトラックとは大違いだ。これはチタでもよくみかけたが、ボンネットにUSA STUDEBAKERと書いてあって、アメリカの援助物資とわかった。「アメリカが助けてなければソ連はドイツに負けてたよな」と腹いせによく捕虜仲間で言いあった」

こうしたアンバランスな状態は、ソ連人にとっても不満らしかったが、表には言えないようだった。「一九四六年の夏だったか、顔色のよくないロシア人が、作業中に話しかけてきたことがある。「スターリン、ニエー、ハラショー（スターリンはよくない）」とか言っていた。たいして親しかったわけでもないのに、そういうことを話してきたのは、ロシア人どうしだと話せないことだったからだろう。スターリン時代は、密告されれば収容所送りだ」。

さらに、ソ連側の捕虜受入れの準備は、不十分だった。最初の作業が収容所の整備だった、という事例は謙二のいた収容所に限らず、各種の回想記によくみられる。ソ連は、捕虜の受入れ準備が不十分なまま、労働力として連行したのである。

捕虜たちには、収容所で冬季衣料が配られた。しかしそれは、ソ連軍が鹵獲《ろかく》した日本軍の防寒衣料と防寒靴で、シベリアの冬には役立たずだった。

「日本軍の冬季衣料は、ソ連軍のものに比べて、ずっと劣っていた。たとえば防寒靴は、滑り止めの鋲が靴底に打ってあり、寒気が直接に足に伝わる。ソ連の防寒帽は額の部分が二重だったが、日本軍のものは一重だった。シベリアでは額を冷やすと命にかかわると、ロシア人はよく言っていた。あんな防寒装備でよくソ連軍と戦うつもりだったものだ。日本軍にはシベリア出兵の教訓があったはずなのに、軍部は何を考えていたものやらと思う。ソ連側もそんなことは知らなかったのだろう。翌年からは、みんなソ連の防寒具を着たがるようになった」

また謙二によると、最初の冬は屋外作業で凍傷が続出した。しかし二度目の冬には、衛兵所の寒暖計で朝六時に零下三五度以下だった場合は屋外作業中止になり、ソ連側も凍傷予防をくりかえし注意するようになった。「おそらくロシア人は、日本兵がこんなに寒さに弱くて、犠牲者が続出するとは、思っていなかったのだろう」。

このような準備不足や劣悪な待遇は、捕虜の意欲と労働効率を低める結果となった。ソ連内務省の予算収支によると、捕虜労働による収益が収容所の維持管理費にみあわず、一九四六年度には三三〇〇万ルーブルの赤字を連邦予算から補塡したという(カルポフ前掲『スターリンの捕虜たち』)。

こうした事情を記すのは、ソ連を弁護するためではない。捕虜を強制労働させたことの責任は措くとしても、十分な受入れ準備も労働計画もなく、六四万もの捕虜を移送したことは、マネージメントが拙劣であったとしか形容できない。その結果が、非人道的であるにもかかわらず、経済的にはマイナスという愚行となったのである。個々のロシア人に悪意がなかったとしても、国としての責任は免れない。

ロシア側の歴史家には、「ドイツ軍の捕虜になったソ連兵に対する虐待に比べれば、日本人捕虜に対するソ連の処遇ははるかに人道的であった」とか、「ソ連は捕虜の待遇に関する一九二九年のジュネーブ条約に加盟していなかったから、捕虜条項を守る必要がなかった」といった見解もあったといわれる(エレーナ・カタソノワ『関東軍兵士はなぜシベリアに抑留されたか』社会評論社、二〇〇四年)。中央政府は規定量の食事を与えるよう指示していた、賃金は払っていた、バザールで買い物をしていた捕虜もいた、といった言い方も可能ではある。しかしそれは、日本の捕虜たちの境遇が、奴隷的であったことを否定する根拠にはならない。

しかし同時に、こうしたことは日本側にもいえる。大日本帝国の朝鮮統治は赤字だったともいわれるが、それが善行を施した根拠になるわけではない。また日本軍がアジア各地で現地住民から物資を略奪したのも、補給を軽視したマネージメントの拙劣さゆえであり、その最終的な責任は国力不相応に戦線を拡大した日本政府にある。現場レベルの兵士たちに悪意がなかったとしても、やはり国としての責任は免れない。また上記のロシア側歴史家と類似の発言が、現代日本に存在しないか、考えてみてもよいだろう。

3

こうした状況のなかで、窮迫したソ連社会の最底辺に位置づけられた捕虜たちの生活は、極限的なものだった。謙二は「まるで原始時代だった」という。

収容所に着いたとき、謙二は日本軍の軍服を着ていたが、持ち物は飯盒と水筒、すりきれた軍用毛布、そして背負いのザックに入ったわずかな日用品しかなかった。日用品といっても、コップも歯ブラシも食器も、着替えの下着もない。

「何を持っていたかは正確に覚えていないが、軍用靴下と裁縫袋があった。裁縫袋は、おばあさんの小千代が、軍隊入営のときに持たせてくれたもので、その後にとても役立った。着替えも何もないから、服が破れたら自分で直さなければならない。零下四〇度のシベリアの冬で、服が着られなくなったら命取りだ。糸がなくなったあとは、はけなくなった軍用靴下をほぐして作った」

「とくに縫い針は、収容所では貴重品だった。一九四六年夏以降になると、器用な捕虜には火打ち石を自作した人もいたし、針金を手に入れて針を自作しようとした人もいた。しかし、針金を伸ばして尖らせるのはできても、糸を通す穴を開けるのはむずかしい。自分は針があったから、とにかく助かった」

「ぼろきれも貴重品だった。服が破れたときに、つぎ当ての布をしないで縫うと、すぐまた破れてしまう。ところが、そのための当て布が収容所では手に入らない。ぼろきれは、作業に出かけたときに、役に立ちそうなものと一緒に拾ってきた」

　また謙二の雑嚢には、わずかな持ち物のほかに、日の丸の旗が入っていた。軍隊入営のときに、特別配給で入手したものだった。謙二はこの旗を、シベリアまでの移送中に「風呂敷として使っていた」という。

「その日の丸は、収容所に着いて一〇日くらいあとに、ソ連兵に没収された。ソ連兵のあいだでは、日本兵は金目のものを持っていると思われていて、しょっちゅう検査と称してものを没収された」

「もっとも、彼らも貧しく、捕虜以上にものを持っていなかった。労務作業に出てわかったが、ソ連領内の人々はろくに服がないらしく、満州から運ばれてきたらしい日本軍の軍服を着ている女性もいた。日の丸の旗を没収したのも、思想的な理由ではなく、彼らがネッカチーフにでも使うためだったろう」

「こちらも、没収されて思想的にどうこう思うようなことはなかった。日本軍の将校の回想記には、ソ連兵に時計をとられたとかいう話が多いが、自分はそんなものはもとから持っていなかった。初年兵が時計を見る暇などない」

第二四地区第二分所には、二つの木造建物があった。謙二たちが入れられた兵舎は天井の高い倉庫のような平屋で、約五〇〇人が収容された。もう一つは大隊本部、炊事場、医務室、食堂、ソ連側の事務室などがおかれた、やや小さめの建物だった。しかし謙二らが連れられてきた当初は、この建物は「がらくた置き場のよう」になっており、まともに機能していなかった。食堂が使えないので、雑炊を木桶に入れて兵舎内で配った。

謙二たちが入れられた兵舎には、捕虜たちが寝る、木造の居住スペースがあった。個別の仕切りのない、大きな三段重ねの「カイコ棚」である。そこに捕虜たちがいっぱいに寝起きし、各段ともあぐらをかかないと天井に頭がつかえる。兵舎の照明は、小さな裸電球がいくつかあっただけだった。

兵舎にはそうしたカイコ棚が二つあり、一つのカイコ棚に一個中隊約二〇〇人ずつが寝る。その寝台を七〜八人分ずつ区切ってあったが、一人当たりのスペースは五〇センチほどである。肩を並べるとつかえるので、捕虜たちは互い違いに寝た。

寝台は丸太の背板で組まれていて、背中がごろごろした。背板を並べただけのカイコ棚は固定が悪く、一人が寝返りを打つと、周囲の人間が載っている板まで揺れた。各人の手持ちの毛布を集めて敷いたが、冬には寒くてたまらなくなり、外套をかけて寝た。謙二ははじめ寝台の三段目、のちに一段目になったが、上から木屑や埃がぼろぼろ落ちてきた。

零下四五度まで下がるシベリアの冬では、ペーチカなしには生きていけない。収容所の兵舎にも、いちおうペーチカはあったが、小さいうえに燃料も不足していた。最初の冬は、一人当たりの寝具はすりきれた毛布一枚と外套しかなく、寒いときは隣の捕虜と体温で暖めあった。

服は着た切りで、着替えはない。最初の冬は防寒のために、セメントの紙袋に手足の穴を開けて着た。紙は断熱効果があるので、いくらか暖かかった。靴下はすぐ破れたので、ぼろきれなど手に入るものを巻きつけ、凍傷を防いだ。

チタには上下水道がなく、ロシア人たちも、町の南を流れる川から汲んだ水を使っていた。川の水を大樽に入れ、二頭立ての馬車に載せて街中を巡回して配り、各家庭はそれを生活用水として使うのである。収容所にも、水をためる大樽があった。家庭の生活用水は、家の裏に捨てられていたが、冬にはすぐ凍ってしまう。

そのため水は貴重品だった。水がないから、捕虜は顔も洗えない。飲むのも、朝夕のスープだけである。最初の冬は、ヒゲも髪も伸ばしっぱなしだった。下着などの洗濯は、翌年夏に余裕が出てからはたまにチタの南を流れる川でやったが、最初の冬はやった記憶がないという。

とはいえ湿気が少なくて汗もかかず、そのうえ栄養失調で新陳代謝がないためか、あまりアカもでなかった。

服を着た切りなので、シラミがわいた。日曜だけは労務作業がないので、午前中にシラミをとるのが日課だった。謙二がいた収容所では、シラミが媒介する発疹チフスの発生はなかったが、他の収容所では伝染病に倒れた捕虜も多かった。

収容所到着からまもない一九四五年一一月初めの夜、行き先も告げられないまま、捕虜たちは外に駆り出された。不安におののきながら連れていかれたのは公衆浴場だった。そこには大きな熱気消毒室があり、捕虜たちは脱いだ衣類の滅菌消毒をやらされ、そのあいだに水栓から出るわずかなお湯を使って体を拭いた。とはいえ、収容所の衛生環境が変わらないので、シラミ駆除には一時的な効果しかなかった。しかも収容所にもどってみると、捕虜たちの荷物がソ連兵に荒らされ、万年筆など金目のものが奪われていた。「盗むものなどほとんどなかったと思うが、とにかくめちゃめちゃに荒らされていた」。

謙二の視力は〇・五ほどで、軍隊に入ってから遠くを見る機会が多くなり、眼鏡をかけるようになっていた。しかしシベリアでは、一回割れてしまえば、あとは眼鏡なしだった。しかし、「そんなものは苦労のうちには入らなかった。自分より目が悪い人もいたろうが、それが大変だったという話も聞いた覚えがない」という。

収容所の最初の二カ月ほどは、食事はおもに水とコーリャンのカーシャ(雑炊)だった。謙二の形容では、「おかゆの親分みたいなもの」だった。そのほかの食材は、コメ、アワ、キビなどで、「おもに満州からの「戦利品」だと思う。自分も黒竜江で荷積みをやったからな」と謙二はいう。翌年からは、穀類の雑炊に塩魚を一緒に煮こんだり、対ソ援助物資だったアメリカ製のコンビーフ缶をスープにしたものが一時出たりもしたが、最初の冬はそうしたものはなかった。

一九四六年に入るころには、朝食と夕食の雑炊とは別に、労務作業の出先で食べる昼食として黒パンが支給された。しかし朝食の量が少ないため、たいていはパンも朝に食べてしまった。がまんして食べないようにしても、一口だけと思って食べると、もう止まらない。

雑炊は捕虜たちの炊事班が調理し、各自が持っている飯盒につがれる。ソ連側から提供された食器はなく、捕虜たちは持参していた飯盒と、作業中に盗んだアルミや木片を削って自作したスプーンで食べた。器用な人のスプーンはよくできていて、飯盒についたノリのような部分まですくい取れたが、謙二のは小さな板切れのようなものだった。

「飯盒は命の糧だから、何を捨てても、みんな絶対に手放せなかった。自分が日本に帰れたときも、まだ持っていたくらいだ。なかには、その後もずっと保存していたという人もいる。

翌年になってアメリカ製のコンビーフ缶が配給されるようになると、その空き缶も食器に使った。将校の家の排水掃除のときにこの空き缶がよく出てくるので、拾って帰ってきて食器にする者も多かった」

日本軍の飯盒には、「シングル」と呼称された一重式のものと、副食を作るのを兼ねた二重の「ダブル」があった。そのため容量に差があり、公平につごうとしても、どうしても違いが出た。シベリア回想記には、飯盒の底を突いてふくらませ、少しでも容量を増やそうとした捕虜が多かったことを記しているものがある。

謙二のいた収容所では、食料配給にあたり、独自の方式を採用していた。各自の飯盒に雑炊をつぐのではなく、全員の飯盒を集め、そこに雑炊をついだあと分配するのである。

「食事の分配のときは、みんな目を皿のようにしていた。全員の飯盒を一カ所に並べ、そこに炊事班から桶で小隊に運ばれてきた雑炊を分配する。できるだけ公平に入れるが、みんな目を皿にしているから、どれが多いか少ないかで文句が出る。食料の分配ではトラブルが絶えなかった。春になってソ連の物資をかっぱらい、みんなでアルミの食器を作ったのも、全員の食器を同じにして、各自が炊事班から直接に受けとるようにしないと争いがやまなかったからだ」

それでも謙二がいた収容所の捕虜たちは、もとの部隊の原型をとどめない混成だったため、食料分配は平等だった。原隊の部隊編成のまま収容されたところでは、将校や下士官が食料配給の権限をにぎり、下級兵とくに初年兵はあとまわしだった。こうしたことが、捕虜のあいだに「民主運動」が台頭する背景になるのだが、それについては次章で述べる。

4

前述のように、列車内で死んだ捕虜は、墓地への全員での見送りがあった。しかしその後は、そうした余裕は、捕虜たちにはなくなってしまった。

冬が厳しくなるとともに、火力発電所の溝掘り作業が始まった。火力発電所は、川から水を汲み、それを沸かしてタービンを回すのだが、水を循環させる取水溝と排水溝が凍ってしまう。水を回すためには、溝を掘り、氷を砕かなければならない。このため、第二四地区第二分所にいた約五〇〇名の捕虜のうち、約三〇〇名が動員され、一九四六年一月から三月にかけて野外作業に従事した。

「川べりの土地で、鉄の丸棒で氷をつつく。しかし土と砂利が混じって凍りついた状態で、コンクリートのように固く、いくら突いても一日に一〇センチくらいしか掘れない。零下四五度だと、湿気もないのに水蒸気が凍って、ダイヤモンドダストになる。吹きさらしの極寒の作業で、空腹と栄養失調と寒さと疲労のために、つぎつぎに死者が出た」

飢餓感のために、捕虜たちのあいだでは、わずかな雑炊に、どこからか手に入れた塩をかけて食べるのが流行った。少しでも食事を楽しみたい、食べた気になりたいと考え、濃い味にしようとしたからである。そのため、栄養失調と塩分のとりすぎで、むくみが出る者が現れた。

隊列を組んで屋外労働に出ると、チタの中心街にあるレストランの前を通りかかる。厨房からの排水溝に、パン屑が混じった状態で排水が凍結していた。そのパン屑めがけて隊列を離れ、監視兵に怒鳴られている捕虜仲間を見て、謙二はみじめに感じた。

こうした状況のなかでも、つらい思いをしたのは、排便だったという。兵舎内に便所がないので、夜中でも屋外に出なくてはならない。兵舎の出口から、便所まで五〇メートルくらいあった。野天の便所は、細く長く溝を掘ったものである。

「栄養失調になると小便が近くなる。もう少しひどくなると下痢になる。しまいには、便所に行くまでに垂らしながらやるようになる。夜中にみんな頻繁に起きて小便に行っていた。寝ているときに、背板を組んだ寝台の上段の隙間から、栄養失調になった者の小便が漏れ落ちてきたりもした」

「自分も夜中に一時間も間をあけずに便所に行ったこともある。兵舎には不寝番がいて、略奪を免れた時計を大隊本部からうけとってペーチカの傍に立っていたから、そいつに聞いて一時間たっていないとわかった」

「零下四〇度の夜中に外に出ると、寒いとは感じず、痛いと感じた。しかし便所で尻を出しても、尻は丸いから凍傷にはならない。凍傷になるのは、突出している鼻とか指だ。鼻が赤くなっていたら、気をつけてゆっくり暖めないと、鼻が落ちる」

「便所にたまった排泄物は、すぐに凍ってしまう。それがたまると、排泄物の凍った山が尻につかえるようになる。そうなると、便所の床にやるので、床が凍った便だらけになる。途中でもらした小便もすぐ凍る。体力のない者は、それですべって転ぶ。栄養失調になると鳥目(夜盲症)になって、暗いところを歩くと転ぶようになる」

排泄のあとも、拭くための紙などない。もっとも「ロシア人は食べ物が違うせいか、もともと紙などで拭かない。自分たちも、そのうち便が固くなって拭かなくなった。収容所に限らず当時のロシア人の便所はみな屋外だった」というが、「最初の冬はつらかった。下痢になった人は、手持ちの衣類やぼろきれで拭いていた」。

こうしたなか、栄養失調と疲労で死者が続出していった。

「朝起きたら死んでいた、ということもあった。しかし葬式があったのは最初に死んだ人だけだった。みんな自分が生きるのに精いっぱいで、他人にかまっている余裕はなかった」

一九四六(昭和二一)年一月一日、捕虜たちは収容所で正月を迎えた。戦後に結成された捕虜たちの同友会である「チタ会」の会報に屋内勤務の捕虜が書いた回想記によると、この日の朝に第二四地区第二分所の庭で、皇居の方向にむかって万歳三唱をしたとされている。

しかし謙二は、「そんなことは全然覚えていない」という。

「将校は屋外労働に出ても監督しかしなくてよかったから、そういう余裕もあったかもしれない。しかしそれも、深い考えではなく、日本がなつかしくて、戦前の習慣のままやっていただけだろう。初詣みたいなものだ。翌年以降は、そんなことはまったくなかった」

この正月で、謙二が鮮烈に覚えているのは、栄養失調になった捕虜仲間の「京坂君」を見舞いに行ったことである。京坂は、新京に駐屯していた第八航空通信連隊の初年兵で、謙二とおなじく東京から一九四四年一二月に入営し、そのまま満州に送られていた。年長の居留民出身者が多いなかで、年齢や境遇が近かったため、収容所に入ってから仲良くなったという。

謙二自身は、ほとんどシベリア時代の記録を書き残していない。ただ一つ書いているのが、京坂の思い出である。以下は、一九八〇年代になって、住んでいた新興住宅地の自治会誌に書いた文章である(「ある若者への追憶」『紫陽』第二号、一九八六年)。

昭和二十年八月。私は現役初年兵として、満州東部牡丹江の近郊に居り、ソ連に無条件降伏後捕虜として十月下旬、シベリヤ東部のチタの収容所に連行されました。

写真でよく見るアウシュビッツのユダヤ人収容所のような、三段重ねのかいこ棚に約五百人が、ぎっしりと詰め込まれたのです。

　これから先どうなるかわからない精神的不安。重労働にも拘らず飢餓に近い食料不足。日一日と冷気がまし、来るべき極寒を予告する、一言で言えば恐怖に近い寒さ。望郷、飢え、寒さ。ただいつかは帰れることもあるだろうという、希望のみが生命を支えている毎日でした。

　十一月下旬、もう何人もの死者と、何十人もの予定者が出ていました。同年兵の京坂君も栄養失調の症状が出始めました。夜盲になって、早朝の作業整列から雪道を歩いて現場に向う時、私は彼と手をつないでいました。明るくなるまでは、そうしていないと滑って転ぶのです。その内に足がむくんできた故か、靴に入らないと悲しそうに言うようになり、私は何回か押し込んで整列させました。ついに失禁が始まる様になった十二月中旬、労働免除となり医務室に入室しました。しかし勿論何の手当もありません。ただ寝ているだけです。

　年もあけた二十一年一月一日。この日はソ連でも休みで、私は午後から見舞に行きました。病室にはベッドが七、八台あったでしょうか。ペーチカには僅かに石炭が燃えていましたが、温度は上らず、床にはこぼれた水が凍りついて、三重ガラスの窓には、中央部分を除いて氷がビッシリ張りつめていました。私はそこから外を眺めました。ロシヤ人の親子が歩いてゆきます。家々の煙突から煙が上ってゆきます。今の私には遠い世界である、家庭というものが、そこにはありました。

彼の具合は、誰が見てもあと何日もないとわかる程、衰弱していました。何の話をしたか、ほとんど記憶していません。どうせ良い話は何も無いのですから、慰めのきまりきったことしか言わなかったでしょう。

ただ彼が、何か遠くを見つめる様な目をしながらつぶやいた、「今頃、内地でも正月をやっているだろうな」「餅を食べたいなあ」という二つの言葉。これが記憶の片隅に残ったのです。

何日後かに、彼は死にました。私自身、連日の重労働と、冷えのためか、四、五日下痢が続いて、やせ衰えていました。一月何日何時頃死んだのか。どういう形で知ったのか。誰から聞いたのか。全く記憶していません。例えてみれば、風の便りの様なものだったのでしょう。誰もが、他人の消息を気づかう様な、人間的感情が失せていたと思います。御通夜とか葬式がなかったのは勿論のことでした。当時の私達の生活は、人間としてのものではなかったのです。

ここに記されているように、謙二も栄養失調のため、下痢の症状が出始めた。一月から始まった発電所の溝掘り作業では、下着を汚した状態で収容所に帰りついたこともあった。汚した下着は、火力発電所の排水溝から出る温水で洗ったという。

二月になると、下痢がひどくなり、ソ連側軍医の判断で、屋外作業免除になった。まだ入院するほどではなかったため、収容所に居残っていると、同様に居残った捕虜仲間が、食料あさりを誘ってきた。作業に出た捕虜仲間で、朝に支給された黒パンを残しておいて、自分の雑嚢の下に隠していた者がおり、それを探し当てた。謙二は誘いに乗って盗み食いしたが、ひどい罪悪感が残ったという。

「ソ連側の食料や物資を盗むのは何とも思わなかったが、同じように飢えている捕虜が大事にとっておいたパンを盗んだのは後悔した。やってはいけないことだった。寒さと飢えと体調不良で、まともな感性ではなくなっていたと思う」

屋外作業免除は一時だけで、謙二はまた溝掘り作業に駆り出された。この状態が続けば、謙二も京坂と同じ運命をたどる可能性があった。

しかしここで、謙二に幸運が作用した。第二四地区第二分所では、体制の改善が早かったのである。

一九四五年一二月半ば、三代目の所長として、ソ連軍のアフマドリン上級中尉が赴任した。謙二はこう述べる。

「初代所長は一一月中旬、二代目の所長は一二月半ばに交代させられた。おそらく横流しをはじめ、管理体制の不備が発覚したからだと思う。捕虜仲間で、先の所長が手錠をはめられて連行されていくのを見たという者がいた。アフマドリンは、通訳を通じて捕虜に訓示を行なって、これまで不正があったが事態を改善する、と言った。たしかに、それから食料の事情はよくなった。これまでの不足分を割増しするといって、一時は規定量より多く食事が出た」

「自分が生き残れたのには、二つ理由がある。一つは、混成部隊に入れられて、収容所での階級差別がなかったこと。もう一つは、収容所の体制改善が早かったことだ。自分がいた収容所は、方面軍司令部があったチタの街中にあったから、改善が及ぶのが早かったと思う。はずれた地方にあった収容所は、もっと死者が多かったはずだ」

謙二は、自分が生き残ったのは、このような客観的条件が、偶然にもそろっていたからだという。彼自身は、自分の判断力や「心がけ」がよかったとか、精神力があったとか、神仏が守ってくれたといった見解をとっていない。

「この時期に死んだ人に、特徴や傾向などないと思う。精神的に弱かったとか、軍隊に入る前に何をしていたかとか、そういうことで生死が分かれたとは思わない。将校は労働がなかったから、兵隊のほうに死者が多いのは明らかだが、誰が死んでもおかしくなかった」

シベリア抑留者の手記には、若い時期が無為にすぎていくことに焦燥感を覚えたとか、みじめな運命で気が狂いそうになったといった回想を述べているものも多い。しかし謙二は、こう述べる。

「そういうことは思わなかった。ただ生きていくのに必死だった。そういう抽象的なことを考えたのは、もともとハイレベルの人か、屋外で重労働をせずにすんだ将校だろう」

シベリア抑留に限らず、戦争体験の記録は、学徒兵、予備士官、将校など、学歴や地位に恵まれた者によって書かれていることが多い。それらは貴重な記録だが、特定の立場からの記録でもある。生活に余裕がなく、識字能力などに劣る庶民は、自分からは歴史的記録を残さない。

第二四地区第二分所で、死亡した捕虜の数は判然としない。「チタ会」の会誌によると、一九四六年三月三一日までに「約四五名」とされている(前掲〔第二章〕「北陵から舞鶴まで」)。謙二は「もうすこし少ないと思う」と言うが、四五名なら収容者の一〇パーセント弱にあたる。

シベリア抑留者は、約六四万。そのうち死亡者は、約六万とされている。死亡率一〇パーセントは平均的な数字であり、謙二がいうほど、彼がいた収容所が恵まれていたわけではなかった。

一九四六年三月、冬の終わりとともに、発電所の作業は終わった。作業は鹵獲物資の整理や、ソ連軍将校家庭の排水整理といった、やや楽な作業に移り変わった。収容所の待遇もしだいに改善し、一九四六年夏には兵舎も捕虜の労働で増築され、カイコ棚も二段寝台になり、住環境がいくらかよくなった。ただし同時に、三重の鉄条網と、投光器のある望楼などができ、警戒も厳重になったが、以後はこの収容所から死者が出ることはなくなった。

多少の精神的余裕が出てくると、帰国についての希望的な観測と噂がとびかった。屋外作業中に捕虜を乗せたトラックを見た者がいるというだけで、何の根拠もなく、それが帰国のための移送ではないか、といった尾ひれのついた噂として広まった。しかし、実際に謙二が日本に帰るまでには、さらに二年以上の月日を要することになる。

第四章　民主運動

シベリアでの抑留生活の様子（毎日新聞社提供）

一九四六(昭和二一)年の春になると、チタ第二四地区第二分所の捕虜たちの待遇は改善された。この年の九月には、兵舎がもう一棟増築され、それにともなって三段重ねだった寝台も二段になり、食事も食堂でとるようになった。この夏には南京虫(シラミ)の発生に悩まされ、増築のために積まれていた材木のうえで寝たりもしたが、極寒と飢餓の時期はすぎさった。

捕虜たちにとりついていたシラミも、収容所に大きな釜が持ち込まれ、衣類をすべて煮沸しておさまった。朝夕の雑炊も、しだいに塩魚や、援助物資であるアメリカ製コンビーフを、穀類と一緒に煮るようになった。ソ連側から配給される砂糖を捕虜の炊事班がためておき、粟を甘く煮た甘粥を正月に特配する余裕もできた。

しかし、「最初の冬は飢えと寒さとの闘いだったが、二年目からは、少しずつ別の苦痛が始まった」。捕虜たちのあいだで、共産主義思想にもとづいてお互いを糾弾するという、「民主運動」がおこったのである。

1

捕虜たちの民主運動について説明する前に、謙二の目に映った、ソ連側の管理体制や人間たちの姿を描写しておく。これは、民主運動がなぜ、あのような形態になったのかを理解する前提となる。

日本の捕虜たちは、ソ連の内務省捕虜管理局が管轄する収容所と、軍(国防省)が管轄する労働大隊などに分けられていた。謙二がいた第二四地区第二分所は、内務省の管轄だった。内務省は国境警備隊と、重要地域や囚人の管理にあたる国内警備隊を持ち、これらは軍隊と同じ階級制組織である。内務省管轄の収容所は、国内警備隊の軍人たちの担当であった。

第二四地区第二分所には、所長をはじめとした一〇人ほどの将校と下士官が、収容所の外にある官舎から収容所に通勤していた。さらに警備隊兵舎が収容所の近くにあり、そこからやってくる兵士たちが、作業場へむかう捕虜たちの送迎を監視していた。

一九四五(昭和二〇)年一二月半ば、三代目の所長であるアフマドリン上級中尉が赴任した。物資の横流しなどに関与したらしい所長が、連続して交代させられたあとのことである。アフマドリンは、黒髪と丸顔の顔立ちをしており、中央アジア系だと思われた。

これについて謙二は、「アフマドリンが東洋系の顔立ちをしているからといって、特別にどうとも思わなかった。ソ連側も、とくに意味があって配置したわけではないと思う。そもそも、ソ連で人種差別を感じたことはない。彼ら自身がいろいろ混じっているからだろう」と述べている。ソ連で人種差別を感じなかったという記述は、ソ連の体制への賛否にかかわらず、各種のシベリア回想記類にほぼ共通している。

謙二がいた収容所で、実質的にソ連側との交渉実務にあたっていたのは、第五二大隊の副官だった隈部会大尉だった。隈部が帰国後に書いた回想記によると、アフマドリンは几帳面な性格で、横流しを一掃して捕虜の待遇を改善した一方、労働ノルマの指令は厳格だったという。

ソ連側将校で、捕虜たちに人気があったのは、警備将校のセスタコーフ中尉だった。隈部の回想記によると、セスタコーフは「独ソ戦線でドイツ軍の捕虜になったとかで苦しみも判ると言っていたが、それ以上にあらゆる処置は日本人に寛大であり、彼の服務日にはトラブルはまったくなかったし、決して無理難題を吹きかけてこなかった」(隈部会「アフマドリンとセスタコーフ」『チタ会会報』第二号、一九七六年)。

謙二は一九四六年の大晦日から一九四七年の正月にかけて、セスタコーフの指揮で材木を貨車に積み込む作業をやらされた経験がある。「収容所に帰る貨車で凍えそうになっていたとき、セスタコーフが「みんなで押しくらまんじゅうをやれ」と言い、彼も一緒に加わってやったのを覚えている」という。

第二次大戦で、ドイツ軍の捕虜になったソ連軍将兵は約五七〇〇万。そのうち約一〇〇〇万がドイツ軍に使役されるため解放されたが、前線での虐殺や収容所での悪待遇で二〇〇〇万から三〇〇〇万が死亡し、死亡率は約六割といわれる。

一方で、ソ連軍の捕虜になったドイツ軍将兵約三三〇〇万のうち、死亡者は約一〇〇〇万といわれ、死亡率は約三割である。シベリア抑留の日本軍捕虜の死亡は、抑留者約六四万のうち約六万といわれ、死亡率は約一割。日本軍の捕虜になった英米軍捕虜の死亡率は約二七パーセントである。

またドイツ軍の捕虜になったソ連軍の将兵は、生存した場合でも、ソ連から過酷な扱いをうけた。スターリンは独ソ開戦直後の一九四一年八月に、「捕虜になることは祖国への背信行為、裏切りであり、極刑に処さる」という命令を出していた(カルポフ前掲〔第三章〕『スターリンの捕虜たち』)。解放された元捕虜たちは、ドイツのために働いた対敵協力者であるといった嫌疑をかけられ、再教育収容所や懲罰大隊に送られたり、死亡した者も多数にのぼるとされる。その詳細は、いまだに解明されていない。

隈部の回想によると、セスタコーフは「ソ連軍のエリート将校だったのが捕虜になって運命は一変したらしく、多くを望んでいないしまた望めないとも言っていた」。謙二によると、セスタコーフは中尉だったが、警備隊内部で「マヨール」とよばれており、元は少佐だったらしい。そしてセスタコーフの妻も、収容所に一緒に勤めていた。

隈部はセスタコーフについて、「本当に人間味溢れる人でソ連にもこんな人がいるのかと思えた」と記している。謙二もまた、「三〇前後の中尉だったが、いつもにこにこしていて、とてもいい人だった。俺たち捕虜がすれちがうときに敬礼すると、微笑みながら軽く挙手して答礼してくれた」と回想している。他の捕虜たちも片言のロシア語で、セスタコーフを「ハラショー・レチナント(よい中尉さん)」とよんでいた。

そのほか経理の中尉、ノッポの軍医中尉、その夫人である軍医少佐、捕虜たちが「かまきり」というあだ名をつけた長身細面の下士官などを、謙二は覚えている。

「シベリアの収容所に配属などというのは、ソ連でもよい人事ではなかったはずだ。毎日のように会うから、言葉を交わさなくても、どんな人かはだいたいわかる。いい人もいたが、よくない人もいた。作業係の少尉は、出世のために捕虜を労働にせきたてるような人だった」

謙二がいた収容所では、捕虜たちはソ連側に敬礼したりする義務はなかった。セスタコーフは捕虜たちにも答礼するので、捕虜たちも彼とすれちがうときは敬礼していたが、これも義務的なものではなかった。捕虜に体罰や殴打をする者もいなかったという。

謙二自身は、「ソ連軍は日本軍よりましだと思った」と回想している。

「ソ連軍は、任務を離れたプライベートな関係のときは、将校と兵士が気楽に話しあってい る。メーデーなどの休日には、収容所に家族を連れてきて、一緒にダンスをしたりする。軍医の夫婦は、メーデーなんかによく手をつないで歩いていたが、奥さんのほうが階級が上で、「あそこはカカア天下だな」と俺たちは言っていた。上官は暴力をふるわないし、理由がちゃんとあれば兵士が抗弁することもできる」

「自分の経験をいえば、一九四六年の六月ごろに、こういうことがあった。小さな毛皮工場の作業に一〇人くらいで派遣されて、そのそばに羊革をなめす作業場があった。そこでロシア人の毛皮職人のじいさまに、帽子の上から叩かれた。自分が作業中に、そのじいさまを小ばかにして、鼻歌を歌っていたからだ。俺も悪かったんだが、出先で暴力をふるわれたら申告するようにということだったので報告したら、抗弁が通った。隈部大尉、通訳の本山さん、所長のアフマドリン、そして自分が作業場にもう一度行った。じいさまは何か主張していたが、最終的には彼が俺にあやまった。隈部さんはあとでアフマドリンに「あの捕虜の態度が悪いからだ」と怒られたそうだが、それにしても、日本軍の捕虜がこういうことをできたとは思えない」

「抑留中に、ソ連人に殴られたようなことは、自分の場合はほかにない。とはいえ一九四七年の春に、冬に凍らせて保存していたキャベツのうち、溶けて食べられなくなったものを選別する作業をやったとき、殴られそうになったことがある。そのときは、監視のすきをついて、捕虜仲間にキャベツを投げて盗んでいたからだ。監視役の男にみつかって殴られそうになったが、ひざまずいて手をあわせてとにかく謝ったら、見逃してくれた」

捕虜に抗弁が許された事例は、他のシベリア回想記でも記録されている。収容所における捕虜虐待を、中央からきた監視官などに訴えたところ、職員が異動になった事例などもあったという（若槻泰雄『シベリア捕虜収容所』サイマル出版会、一九七九年）。この点については「日本軍よりまし」という感想も、謙二だけのものではなかったようである。

とはいえソ連には、恐るべき秘密警察の存在があった。これはロシア革命後の国家保安局（ゲペウ、GPU）から始まり、スターリン死後の一九五四年には国家保安委員会（KGB）になるなど、名称や組織構成上の変遷がある。謙二が滞在した当時のソ連では、秘密警察は強制収容所などとともに、内務省の内務人民委員部（NKVD）に管轄されていた（一九四六年に国家保安省として独立）。

ソ連軍では、いわゆる「政治将校」が隠然たる力を持っていた。革命後のソ連では、旧帝政ロシアの将校たちを軍事力強化のために採用したが、彼らの忠誠心が疑われたため、国家保安局の政治委員が軍に配置された。これがいわゆる「政治将校」の起源である。とくにスターリン体制下の赤軍粛清後、政治将校は軍将校をしのぐ権威を持つようになり、作戦にも介入するなどして現場をしばしば混乱させた。

謙二たちがいた収容所にも、「政治将校」がしばしば現れた。とくに一九四七年暮れにやってきた「政治将校」は、その人相のため捕虜たちから「近藤勇」と通称されて恐れられた。こうした「政治将校」と収容所警備隊のあいだでは、相互の対立もあったようである。隈部大尉は回想記で、アフマドリンやセスタコーフは好意的に描きながら、「ゲペウの将校はどれもこれもいただけない人物ばかりだった」「陰険な手口には胸がふさがる思い」と記している。

ただし当然のことだが、捕虜たちは、ソ連側内部の組織系列などを詳しく知る機会はなかった。当時の収容所には、収容所の管理にあたる内務省の国内警備隊のほかに、国家保安省の将校、内務省捕虜管理局政治部の将校などが派遣ないし配属されていた。「近藤勇」が正確にはどの部署に所属していたのかなどは、今となっては確認できない。以下の記述も、そのような限られた視点からのものである(以下、仮名)。

2

謙二らのいた収容所で民主運動がおこってきたのは、一九四六年の後半だった。ただしそれ以前に、捕虜の自発的活動がなかったわけではない。

生活が最悪の状態を脱した一九四六年八月には、収容所の庭にやぐらを組んで、盆踊りやソーラン節が行なわれた。かくし芸や、福岡県出身者たちの博多仁輪加《にわか》踊りも披露されたという。これらを企画したのは、板金工出身でバケツなどを自作する技術を持っていた捕虜だった。前章に記したように、こうした特殊技術のある捕虜は屋内勤務が中心だったうえ、食料などの待遇も恵まれており、体力や時間に余裕があったのである。

この年の九月には、奉天を出発した一周年を記念して、「五十二会《いそじ》」という捕虜の親睦組織ができた。第二四地区第二分所では、このころには旧軍隊の階級関係が消えてゆき、お互いを階級名でよぶ習慣もなくなりつつあった。そのなかで、自発的な親睦組織ができたのである。

謙二によると、「五十二会」は「秋の夜長に郷愁を語りあってすごす集まりのようなもの」で、出身地別に名簿を作り、県別に集まって同郷者の親睦をはかるものだった。幹事は隈部大尉と、西田という大阪出身の四〇歳くらいの温和な居留民出身兵だった。

謙二自身は、東京の会に一度出たあと、二回目は本籍地の新潟の会に出た。しかし、あまりなじむことはできなかった。

「軍隊時代におじいさんからもらった手紙で、中野の家が強制疎開ですでにとり壊され、おじいさんたちも岡山に疎開させられたと知っていた。もう東京に帰るべき家はない。だったら、帰国したら本籍地のある新潟に帰ることになる。それなら帰郷したあとの人脈も大事だと思った。しかし新潟の会に行っても、新潟に住んだことはないから、話す思い出話もない」

すでに謙二は、故郷喪失者となっていたのである。

謙二によると「その五十二会は、二回ほどの会合のあと、とりやめになった。捕虜が自発的組織を作るのはまずい、というソ連側の圧力があったからだと思う」という。ソ連体制下では自主的組織の禁圧は激しかった。もっとも後述するように、民主運動では日本の捕虜たちが過剰に「自発的」ないし「自主規制的」に行動した部分も多く、「五十二会」中止の経緯も詳細は不明である。

さらに捕虜たちは、一九四六年から四七年の冬に、演芸団を組んだ。前章に記したように、二回目の冬である一九四六年一二月からは、朝六時に零下三五度以下になると屋外作業は中止になった。そのため、捕虜たちは屋内ですごす時間ができたのである。

当初はこの劇団は、「夜明け演芸団」と名付けられ、『瞼の母』などの大衆演劇を上演していた。中心になっていたのは、演芸好きの下士官、音楽好きの大学出の若い将校、若い初年兵の女形などだった。一九四七年に入ると、この劇団は「民衆座」と改名されたが、当初はそれほど上演の傾向は変わらなかった。

シベリア抑留者の民主運動の機関紙としては、『日本新聞』(のち『日本しんぶん』)が知られている。この新聞は、一九四五年九月一五日にソ連赤軍政治部の指導のもと発刊され、ハバロフスクに集められた日本捕虜たちが編集に参加した。一九四九年一二月の終刊まで六六二号(平均週三回)が発行され、最盛期の部数は八〇万に達したともいわれる。この新聞をソ連側が各収容所に配布し、読者グループを組織していったのが、民主運動の始まりとされている。

謙二が初めて『日本新聞』を読んだのは、シベリア移送中の一九四五年一〇月、中ソ国境の黒河でのことだった。身分を偽って一等兵を名乗っていた佐橋中尉が、新聞を抱えているソ連将校に、謙二の前で「アジンダワイ(一つくれ)」と声をかけ、それをうけとった。謙二は「そうか、物が欲しいときは「アジンダワイ」と言えばいいのか」と思った。捕虜たちは回し読みしたが、ソ連軍の大勝利の話が読みにくい日本文で書いてあるばかりで、ろくに読まずにすぐ捨ててしまった。

二回目に読んだのは、一九四六年一月だった。ソ連の将校が収容所に持ってきたので、みんなで回し読みしたという。「デマ新聞だ」と評して無視する者も多かったが、これ以外に日本の状況を知る手段がなかった。

謙二がこの新聞で最初に印象に残ったのは、一九四五年九月に東条英機陸軍大将が拳銃自殺に失敗して、占領軍に捕らわれたというニュースだった。東条英機は、「生きて虜囚の辱めを受けず」という有名な文句を含む「戦陣訓」を一九四一年一月に示達した陸軍大臣であり、日米開戦時の首相でもあった。

「そのニュースを回し読みして、非常に軽蔑した。自分たちは、捕虜になるくらいなら敵を道連れに自決しろと教えられていたし、そういう意識はまだ残っていた。天皇の命令で降伏して捕虜になったのだから、生きていてもいいのだと思っていた。ところが、捕虜になるなと命令していた大将が、自殺に失敗して捕虜になったと知ったのだから、ひどく軽蔑した。拳銃を口にくわえて撃てば確実に死ねたはずだ。ヒトラーは戦死したと聞いていたから、よけいにそう思った」

そのほかの記事で印象に残ったのは、皇族の梨本宮が収監された、というニュースだった。翌月の一九四六年二月に収容所にまわってきた『日本新聞』には、瀬戸内海にあった日本軍の飛行場が、平和利用で塩田になったというニュースが載っていた。これらはいずれも、戦前ではありえないことだった。

そもそも謙二は、「一九四六年までは民主化という言葉を知らなかったし、考えたこともない。「民主主義」という言葉は聞いたことはあったが、日本の国体にあいいれないと思っていた」。それでも、戦時中の新聞に懐疑的だった謙二は、上記のような記事を読んで「「世の中は変わった」と思った。この新聞は宣伝以外の情報も載っているのかもしれない、とも思った」。

その年の春の『日本新聞』には、日本国内はインフレがひどく、サケが一切れ数百円する、というニュースが載った。「北海道出身の捕虜は、「そんなバカなことがあるか。やっぱりデマ新聞だ」と言っていたが、自分は第一次大戦後のドイツのインフレの話を中学で聞いたことがあったから、よくわからないがありうることだと思った」。

一九四六年七月には、捕虜たちが壁新聞を作った。貴重品だった紙とインクが、捕虜の活動のために回されてきたのである。捕虜たちには紙などいっさい与えられておらず、排便時にも草やぼろきれで代用していたほどだったが、「おそらく政治将校系のルートから入ったのではないか」という。

もちろんこの新聞の編集は、ソ連側の検閲を受けていた。とはいえ、当初は捕虜の作った俳句など文芸的なものが中心で、それなりに自由な部分があった。七月に出た最初の壁新聞には、セスタコーフ中尉を「ハラショー・レチナント」と称賛した記事も載っていたが、これも捕虜たちが自発的に書いたものだった。「あとからセスタコーフが、「こういうことをされるとやっかまれて立場が悪くなるから、もうやらないでくれ」と隈部さんに言ってきたそうだ」という。傾向が変わってきたのは、一九四六年後半からである。英国首相のチャーチルが「鉄のカーテン」という言葉を演説で使ったのが一九四六年三月であり、米ソの対立が少しずつ深まっていた。

とはいえ、謙二のいた収容所では、まだ日常はそれほど変化していなかった。『日本新聞』のほうも、米軍の占領下で日本民衆が「反動吉田内閣」に抑圧されているとか、反米デモがおきたといった反米記事が目立つようになってはいた。しかしそうなると読む者が少なくなり、配られてもタバコの巻紙に使っていた。

二度目の冬からは、寒すぎて屋外作業中止の日は、文化講演会が催された。しかしそれも、北大助教授だった兵士が農業の話をしたり、ロシア語初級講座が開かれたりといったものだった。壁新聞は二回目からはプロパガンダ色が強くなったが、数回出たら止まってしまった。演芸会も、一九四七年春には『蟹工船』などを演じるようになったが、思想内容に関心を示さなくてもとがめられなかった。一九四七年初夏になると、日本語で書かれたマルクス・レーニン主義の入門書が配布されたが、「置いてある場所で読まなければならず、中隊に一冊くらいしかなかったから、ほとんど「置いてあるだけ」だった」。

謙二によると、「一九四六年の秋から、少しずつ民主運動は始まっていたが、それほどひどくはなかった。一九四六年夏から一九四七年の半ばまでは、五時に作業が終わり六時に夕食を食べたあとは自由時間で、自分たちで作った花札や囲碁、将棋などをやっていた。このころがいちばん、収容所生活の楽な時期だった」という。しかしこうした状況は、一九四七年秋になると、陰惨なものに変化していくことになる。

3

各種のシベリア回想記などを総合すると、捕虜たちの民主運動は、いくつかの要素が入り混じって始まったようである。その一つはもちろんソ連側の働きかけだったが、捕虜側にも呼応する条件があった。

捕虜側の要因となったのは、旧日本軍の階級制度や私的制裁が、収容所にも持ち込まれていたことだった。食料配給や作業割振りに不公平があったり、将校が「当番兵」(将校の身辺を世話する兵士)を随伴していたりといった事例が、各地の収容所にみられた。民主運動の初期に、「アクチブ」(捕虜の民主運動活動家)が食料分配の平等をうたう演説を行なったところ、大喝采を浴びた事例があったという。

こうした事情については、個別の収容所の違いが大きく、一般化はしにくい。謙二がいた第二四地区第二分所では、収容当初から階級差別がなく、一九四六年夏には階級呼称も消えていた。しかしウランバートルの収容所でおきた「「暁に祈る」事件」(労働ノルマをこなせなかった捕虜を日本側上官がリンチ死させた事件)をおこした「吉村隊」の場合は、一九四七年一一月に帰国のためにナホトカに到着した時点でも、「ピカピカの革長靴」をはいた将校たちが、「痩せこけた兵士たち」に将校行李を担がせていた情景が目撃されている(江口前掲(第三章)「序にかえて」)。

そのため、初期の民主運動は、「反軍闘争」という形態をとることが多かった。具体的には、将校特権や敬礼の廃止、階級章のとりはずし、食料分配や作業の差別撤廃などだった。

さらに捕虜による民主運動は、不当な階級差別がないソ連軍の様子に触発された、という側面もあったようである。また軍国主義教育で純粋培養されていた若い学徒兵や青年将校、満蒙青年開拓団出身者などのなかには、民主運動によってはじめて共産主義に触れ、社会的知識欲を刺激されて熱心にとりくんだ、という事例もあったらしい。さらに一部には、戦前から共産主義運動に参加しており、自発的に参加したという者もいた。

こうした事情は、しばしば複合的に作用した。たとえば、『日本新聞』の編集にかかわった著名なアクチブだった浅原正基は、東京帝国大学在学時から共産主義運動にかかわって検挙された経緯があった。彼は抑留後は、食料分配の階級差別を告発する投書を『日本新聞』に送ったことから民主運動に参加した、と引揚げ後に公表した文章で主張している（浅原正基「デマ・中傷に抗して」『中央公論』一九五六年一〇月号）。

こうした事情があるため、民主運動がソ連の影響下で始まったものであっても、一定の自発性や必然性があったと位置づけている論者は少なくない。とくに浅原をはじめ、民主運動にとりくんだ元アクチブの回想記には、その傾向が強い。しかし謙二は、これに批判的である。

「生きるか死ぬかの状態だった最初の冬に、階級差別があった収容所は大変だった、というのは理解できる。しかし、そのときに反軍闘争をあの人たちが始めたのかといえば、そうではないだろう。ほんとうに反軍闘争が必要だった時期にそれをやったのなら立派だが、翌年にいくらか生活状態が楽になってから、ソ連側からの働きかけをうけて始めたのがほとんどであるはずだ」

「そういう人間が、弁明で書いていることは信用できない。浅原は最初の冬に、『日本新聞』に階級差別を告発する投書をしたというが、収容所にいた捕虜が郵便で投書できたはずがない。ソ連の政治将校に話をつけて、『日本新聞』の編集部に持っていってもらったとでもいうのでないかぎり、信じられない話だ。それじたい、特権階級でなければできないことだ」

実際に、民主運動によって「特権階級」になった者は多かったといわれる。それまでは、ハーグ陸戦条約によって労役が禁じられている将校、さらには大工・床屋・芸能といった技術を持つ者などが、食料分配に恵まれたり、屋外での重労働をせずにすむ「特権階級」だった。それは時には、生死を分ける意味さえ持った。そうした状況下で、民主運動に参加すれば、屋内勤務や食料増配にありつける、という期待を抱いた者もいたようだ。

このあたりの事情は、抑留者の回想をみても、立場によって記述が異なっている。民主運動に批判的な回想類では、アクチブたちは特権を行使し、ソ連の権威を借りて我が物顔にふるまい、活動するのを楽しんでいたと形容する。一方で民主運動に参加した者たちの回想類は、特権目当てで参入した不心得者もいたことは認めるが、新しい知識に触れて目を開かれ、熱心に活動に邁進した、といった経緯を述べているものが多い。おそらくこれは、両方とも事実の一側面なのだろう。

とはいえ多数派の回想類は、民主運動に批判的である。また民主運動のアクチブたちの回想類をみても、屋内で文化活動や新聞編集をしたり、ソ連側が設立した活動家養成学校に通ったりした経緯を述べているものが多い。厳寒の屋外労働に従事していた多数派の捕虜たちからみれば、それじたいが怨嗟《えんさ》の的になったことは想像に難くない。

また以下に述べるように、捕虜たちの民主運動は、ソ連側の意図をこえて暴走した傾向があった。そのことは、民主運動に批判的な回想も、肯定的な回想も、ほぼ一致して認めている。これから記述する謙二の回想は、以上のような背景のもとに行なわれたものだった。

謙二がいた第二四地区第二分所では、前述のように「自然のうちに民主化されていたようなものだった」。そのため、自然発生的な反軍闘争といった要素はなく、ほぼ完全にソ連側からの働きかけで民主運動が始まった。謙二の回想と、戦後に結成された第二四地区第二分所の同友会である「チタ会」が作成した年表を総合すると、以下のような経緯をたどったようである（前掲〔第二章〕「北陵より舞鶴まで」）。

まず一九四六年一〇月、ソ連側のイワノフ少佐が、毎日のように第二分所にやってきて、「日本新聞友の会」を結成するよう告げた。「友の会」とは、各収容所で結成されていた『日本新聞』の輪読会である。

第二分所では、西田、吉川、倉田の三名がそれに応じた。西田は前述した「五十二会」の幹事役だった、中年の居留民出身兵。倉田は一九二八（昭和三）年の三・一五事件で投獄された経歴があり、吉川は大学助教授だったという知識人で、いずれも兵卒だった。ソ連側はこの時期、知識層を中心に民主運動を進める方針を持っていたといわれる。

「一〇月になるともう寒い。西田さんはもともと屋内勤務で余裕があった。倉田と吉川がどういう経緯で参加したのかは知らないが、志願すれば屋内で活動していればいい。屋内勤務になるかどうかは、死活問題だった」

前後して一九四六年夏の終わりには、大隊長植苗大尉、副官隈部大尉などの旧幹部は、他の収容所に転属していった。送別会などなかったのはもちろん、「いつのまにか消えていた」という。

「俺たちが作業に出ている昼のあいだに、転属させられていったらしかった。作業から帰ってきても、すぐにはわからない。「そういえば、いないな」という感じだった。その後の転属も、そんな調子だった」

一一月、カミンダント（監察官）の土田という人物が、第二分所にやってきた。彼が捕虜の長になり、残っていた将校たちは、兵卒と一緒に働かされた。将校が働かされるのはハーグ陸戦条約違反だが、将校でも希望すれば軽作業に従事できるという規定があり、志願という形式をとって労働に就いた将校が多かった。

そもそも日本軍では、将校も兵士も、国際法や条約に無知だった。謙二自身も、将校の待遇が違うのは、不公平だと思っていた。若い将校には、そうした雰囲気のなかで、自発的に作業を「志願」した者もいたようである。

一九四七年に入ると、収容所内の秩序が変わっていった。まず一月に、「民主化」の一環として、軍隊的呼称である「大隊」「中隊」などをやめて「作業団」「分団」と改称し、西田が団長となった。

ほとんどの将校は、一九四七年前半までには転属になった。代わって夏から秋に、労働者・

農民出身の民主運動のアクチブが送り込まれてきた。上部レベルで民主運動の方針が変わり、知識層や青年将校を指導役とする方針から、労働者・農民出身の兵士を登用する方針に転換したらしかった。

そのためか、一九四六年秋に第二分所で「日本新聞友の会」を結成していた元共産主義者の倉田と大学助教授の吉川は、一九四七年初夏には失脚して屋外作業に出るようになっていた。前年にやってきていた監察官の土田も、他の収容所に転属していった。

一九四七年秋には、第二分所から、アクチブの養成学校に送られる者が出始めた。福島県出身の農民兵士が一人、チタ地区の地方学校へ送られ、三カ月ほどしてアクチブとして帰ってきた。もっとも謙二によると、「根が素朴なので、アジるのも板についていなかった。「闘士」になりきれないので、いつの間にか存在がかすんでいった」という。

転属は幹部だけではなかった。一九四七年四月、六六人もの大量転入者が第二分所にやってきた。彼らは、ソ連軍が掠奪して支給した「満服」(中国東北部の黒い防寒服)を着ていたため、謙二らは「カラス組」と俗称した。「転属が頻繁になり、最初にいた約五〇〇人の捕虜のうち、自分が一九四八年八月に帰国するまで残っていたのは、四分の一くらいだった」。

転出や転入が頻繁になると、収容所の雰囲気が変わった。「北陸から一緒に来た人たちは、居留民どうしの知り合いも多かった。お互いに苦労をともにしたという意味で、連帯感とはいわないまでも、一種の安心感があった。ところが転属してきた人たちには、それがない」。

そうした雰囲気で民主運動が強化されたことは、相互に疑心暗鬼をもたらした。

「一九四七年夏ごろ以降は、余計なことをいって反動分子扱いになるのを恐れて、しだいに自由にものがいえなくなった。収容所内の輪読会なども、以前は作業から戻ると疲れてしまい、寝ているほうが多かったのが、そうできなくなってきた」

「移動を頻繁にすると、収容されている人間が団結できない。帰国してからソルジェニーツィンの『収容所群島』などを読んで知ったが、俺たち捕虜の収容所に限らず、ソ連のラーゲリでは、これは管理の常套手段だったようだ」

知識人の捕虜を中心とした「日本新聞友の会」は、いつしか解消となった。そして、一九四七年一二月のソ連内務省の決定にもとづいて、一九四八年からは「反ファシスト委員会」が結成されるようになった。並行して、新しく転入してきたアクチブたちの主導で、収容所の管理者・幹部が全部解任され、交代となった。

「このときの人事で驚かれたのは、炊事班長の川村さんの解任だった。川村さんはハワイ出身の日系二世で、奉天の捕虜収容所で通訳をやっていた、二〇代後半くらいの下士官だった。衆目の一致する人格者で、不公平をせず公私の別をきちんとやると定評があり、二年も炊事班長を任されていた。炊事班長は役得が多いから、人格者の川村さんでないとだめだと言われていたのに、一般労働に回された」

「川村さんは人格者であるだけでなく、英語ができたから、ロシア語も早くにマスターした。そして糧秣《りょうまつ》受領などでソ連側と交渉し、横流しやごまかしがないように努力したり、こちらの立場を主張していた。しかし今から考えると、日系二世だったために、米ソ冷戦のあおりでソ連の政治将校筋から目をつけられていたのかもしれない。みな驚いて「川村さんを解任するなんて」と言っていたが、抗議するような勇気のある者はいなかった。アクチブたちに逆らうのは、ソ連に反抗することになり、帰国できなくなるのではないかと恐れたからだ」

4

当時の日課は、六時起床、食事後七時半整列、一二時に作業現場で昼食、五時作業終了、六時夕食、その後は自由時間だった。しかし一九四七年後半以後は、夕食後は一〇時ごろまで、班内で「反動摘発」と称する「吊るし上げ」が行なわれることになった。一九四八年になると、起床後の朝六時からそれが始まり、作業の昼休みにも及ぶようになった。

「反動摘発」は、だいたい以下のような形をとった。収容所内で一〇名弱ほどが車座になり、適当な口実をつけて「反動誰それ」を糾弾し、それがだんだん激しくなっていく。夕食後に二〜三時間ほどそれが続き、最後は「今日は反動に勝利する闘争を行なった」とリーダーが述べ、みなで革命歌を歌って終わる。

「反動摘発は初年兵へのいじめに似ている。旧軍の内務班では、夕食後の時間に、銃の掃除がなっていないとか、態度が生意気だとか、適当な理由をつけて「心得が悪い」と反省させられたり、殴られたりした。その行動様式が、そのまま民主運動の形で行なわれた」

「理由など何でもよかった。民主運動で歌わされた「コミュニストのマルセイエーズ」を、アクチブの連中が「共産党のマルセイエーズ」と言っていたのにたいし、外語大出の捕虜が「共産党ではなく共産主義者のマルセイエーズなんだけどな」とつぶやいたのを咎められ、反動摘発の対象となった。彼はアクチブたちを批判するとか、深い考えがあって言ったのではなかったはずだ」

シベリア回想記類では、労働者・農民出身のアクチブが、「徳川マクフ（幕府）」とか「タダモノ（唯物）史観」などと講演していた、などと記しているものもあるという（若槻前掲『シベリア捕虜収容所』）。それらを訂正すれば、「反動」とみなされかねなかった。

他の収容所の記録では、憲兵、将校、特務部隊、満州国警察官など、旧軍の特権層で以前から恨みを買っていた人々が摘発対象になった例も多い。しかしそうしたことは、謙二の収容所ではなかったようだ。これは、第二四地区第二分所がもとから混成で、民主運動以前に民主化されていたという経緯も作用していたと思われる。とはいえ「自分も富士通信機にいたから、「軍需産業で働いていた反動だ」と摘発される可能性はあった。口実は何でもよかった」というのが謙二の弁である。

これも他の収容所の例では、収容所内の食堂で集団的な反動摘発が行なわれたり、柱に縛りつけた「反動」に集団で「突撃」して死なせかけた例などがある。こうした体罰は、謙二のいた収容所ではなかったが、精神的な苦痛は大きかったという。

「民主運動では殴りはしないが、内務班のリンチより精神的にはきつかった。内務班では古兵が初年兵を殴るが、殴れば終わりだし、初年兵どうしなら安心だ。しかし民主運動では、反動分子という烙印を押されたら、それが生活すべてについてまわる。いつ誰に摘発されるかもわからない。誰がアクチブで、誰がそうでないかも、はっきりした境目がなかった」

「軍隊では、リンチする側もされる側も、ばからしいと思ってやっていた。ところが反動としてブラックリストに載ると帰国できないかもしれないとなると、ひたすら黙っているか、大賛成するかしかない。自分は積極的ではなく、「そうだ、そうだ」と群衆役で叫ぶくらいだったが、とにかく参加していないと自分が反動にされる」

「それでも、北陵から一緒だった人間どうしは、あるていど手心があった。しかし転出が多くなればなるほど、お互いに容赦がなくなった。一九四七年の四月ごろは、まだ所内が知人ばかりだったたから、パン工場の作業からパンを盗んで持ち帰り、収容所で分けあうのが当然という感じだった。ところがその年の暮れごろには、「労働者の祖国であるソ連邦の財産を盗む反動は誰だ」という雰囲気になってしまった」

民主グループの活動は、まったく無意味と思われるものがほとんどだった。一九四七年半ばには、「辻演説」とよばれた街頭演説を交代でやらされた。帰国してから、街頭に立って労働者や農民に訴えるための練習だということだった。

「やらないと反動扱いになるので、決まり文句を並べた演説をやったが、うまく話せるわけもない。日本に帰ったらやらないと思いながら、型通りにやっていた」

メーデーである一九四八年五月一日には、捕虜たちが収容所内でデモ行進をさせられた。収容所の塀のなかで、資本主義打倒や帝国主義打倒を掲げたデモをやるのだ。

「まるで、子どもの戦争ごっこだった。そのデモを、若いアクチブが横切った。デモ隊の連中は、偉い指導者が通るのだからと、よけて道を開けた。すると年長のアクチブが、デモを横切らせるようなことをしてはいけない、と訓戒した。どちらのいうことを聞いたらいいのか、まったく基準がないから、右往左往するだけだった」

謙二は一九四七年冬に、反動摘発にあいそうになったことがある。寝言で「民主運動なんてシベリアだけだよな」と言ったのを、近くにいた民主グループの下級アクチブに聞かれてしまった。翌日、「ちょっときてくれ」と呼びだされ、「熊さん、あんなことを言って、聞いたのが俺だったからいいが、気をつけろよ。そんな根性じゃだめだ」と言われたという。

「彼は東京出身の、素朴な工場労働者で、自分の境遇から素直にマルクス主義を信じていた。貧農や労働者出身のアクチブには、どうして自分が働いても働いても貧乏だったのか、やっとわかったという者もいた。彼はそういうタイプで、ふだんから人間的なつきあいはあったから、その程度で済んだ。俺を反動として摘発すれば、彼は点を稼げたはずだが、そうはしなかった。彼の配慮はうれしかったが、もっとたちの悪いアクチブに聞かれていたらと思い、ぞっとした」

「民主運動を積極的にやっていた人間には、いくつかのタイプがある。まず農民や労働者出身で、性格が素直なため、自分の境遇を解き明かしてくれるものとして、マルクス主義をそのまま受け入れた人。これは若い人が多かった。若い青年将校や、満蒙青年開拓団出身の青年などにも、このタイプがいたという話を読んだことがある」

「自分も『日本新聞』の連載で、帝国主義論を読んだのは印象に残った。金融の寡頭支配、資本の輸出、世界分割など、これまで知らなかった言葉を学び、世界のちがう見方を知った気がした。戦前からマルクス主義を学んでいた知識人の捕虜が書いたのだと思う。収容所のアクチブの講義はまったく退屈で、一応聞いているふりをしても関心がなかったが、なかには学ぶこともあったということだ。それで熱心に活動した人もいただろう」

「しかし、そうでないタイプも多かった。アクチブになると、労働が免除されるし、いろいろ役得もつく。炊事場に彼らの息のかかった人間を配置すれば、食料だって左右できる。収容所から出て、養成学校に行くという、一般の捕虜からすれば夢のようなことが認められることもある。だから、チャンスをうかがったり、闘争心があるタイプで、民主運動を機にのしあがろうとした者がいた。それから、単にいじめが好きな者。まったくいろいろだったが、その人間の本性が、こういう場面で出てくる」

ソ連側は、どこまでこうした運動に関与したのか。結論からいうと、ソ連側の働きかけがあったことは事実だったが、日本の捕虜たちが過剰適応した部分も大きかったようである。ソ連側は民主運動での体罰を禁じていたといわれ、運動がゆきすぎて作業能率が落ちるのは避けようとしていた。

「自分の収容所でいえば、ソ連側はこうした運動に「我関せず」だったと思う。あまり遅くまで反動摘発をやっていると、明日の作業に差し支えるといってやめさせられた。政治将校はともかく、収容所の行政管理部門にとっては、関心のないことだったはずだ」

「一九四八年春、アクチブたちが再開した収容所の壁新聞をめぐって、収容所側と民主運動側でもめごとがおきた。壁新聞に、パンを作業場から盗み、帽子のなかに隠して収容所に持ち込もうとして摘発される戯画が載った。「労働者の祖国を裏切る反動」というやつだ。その背後にソ連軍将校が立っているのが描かれていたので、アフマドリンが問題にした。壁新聞を作った連中は、「袴田さん（チタ方面の指導的アクチブとして知られた袴田陸奥男《むつお》）の許可をとってある」と主張して、アフマドリンに抗弁した。アフマドリンは怒り、「クト・ハジャイン（ここの主人は誰だ）」と彼らに迫っていた」

じつは、民主運動の参加度が帰国の人選に影響するというのも、少なくとも謙二のいた収容所では、噂話のレベルだった。一九四八年四月に第二四地区第二分所での帰国が始まると、「反動」で知られた者が帰国の人選に入った。

「実際に帰国が始まってみると、どうも関係がないらしい、とみんなも薄々わかってきた。それでも万が一のことがあるかもしれないから、疑心暗鬼で、あいかわらず民主運動や反動摘発をやっていた」

「自分は言われたことはないが、ソ連側はこちらの労働態度が悪いと、「日本に帰さないぞ」くらいのことは言っただろう。むこうにしてみれば、ハッパをかけるくらいのことだったろうが、こちらはやはり恐ろしい。そういう雰囲気に、アクチブの連中がつけいって、ソ連の権威を借りていばっていた」

「アクチブだった人が、戦後に「チタ会」に出てきたことは一度もない。彼らが帰国してから共産主義運動をしたという話も聞いたことがない。彼らのやったことは、ひどいことだった。自分でも恥ずかしいから、アクチブのなかには帰国したあとに、階級差別の撤廃だったとか、反軍闘争だったとか書いた人がいるのだろう」

シベリア抑留に限ったことではないが、個別の収容所の相違は大きく、一つの収容所の例を一般化することはできない。たとえば他の収容所の回想記では、ソ連側が労働ノルマと食事量を連動させたために苦しめられた、という記述が少なくない。ところが謙二がいた第二四地区第二分所では、この制度は一九四七年の初めに導入されたが、制度としてうまく機能せず、一カ月ほどでなし崩しになった。

「本数や体積で作業量が正確に測れる伐採とかはともかく、雑役のたぐいは労働ノルマなんか形式だけで測りようがない。また大工とか電気工とか、技能職はばかに達成度があがってしまう。そんなものを食事量に反映しようとすると、生命に直結することでもあるし、あまりの不公平さにみんな反発した。炊事班員はこちらの人間だから、ソ連側の人間が来たときだけノルマ超過分を増配し、帰ったら元にもどすことにした。自分がいた収容所では、ソ連側も上から命令があったらしくて形だけやったが、本気ではなかったと思う」

民主運動の参加度が帰国人選に影響したのかも、不明の部分が多い。アクチブたちが人選の草案を作っていた収容所もあったともいわれるが、真相は不明確な部分が多い。しかし、ソ連側の意図以上に、日本の捕虜たちが過剰に運動した側面があったという点は、どの回想記にも共通した見方のようである。

そうした時期の一九四七年一一月、「呉橋秀剛」という捕虜が、第二四地区第二分所に、たった一人で転属してきた。噂では、彼は朝鮮人の日本兵で、ロシア語がうまいという話だった。そのときは、謙二は彼とたまに顔をあわせる程度だった。それから五〇年後に、その人物と再会するとは、当時の謙二は想像すらしていなかった。

5

捕虜たちにとって、帰国は何よりもの夢だった。第二四地区第二分所では、帰国の情報は、一九四七年春の『日本新聞』に帰国が始まったという記事が掲載されたことから広まった。またほぼ同じ時期から、日本へハガキを書くことが許され、その年の後半から返事が戻ってきた。捕虜たちにとっては、故郷からの手紙は、『日本新聞』以外のルートからの、ほとんど唯一の情報源だった。

ある捕虜は、返事のハガキの住所から「小石川区が文京区になっているぞ」と驚いた。またある捕虜は、「夏祭りの準備を盛大にやっている」という返事をもらい、アメリカ帝国主義の圧政下で呻吟している日本人民という『日本新聞』の記述と異なることにとまどった。そして彼らは、それらの返事から、南方戦線や中国戦線にいた同郷の元兵士たちのほとんどが、すでに帰国していることを知った。

謙二自身は、二回ほど伊七と雄次のもとにハガキを書いたが、返事は来なかった。そもそも郵便は検閲があり、封書は許されず、ソ連側の検閲官に読めるようカタカナしか使用できなかった。到着率も、半分ほどといわれていた。当時の回想記類では、検閲と民主運動のため、「母上様お元気ですか。私もしごく元気で、スターリン大元帥の温かいご配慮のもと、何不自由ない毎日を過ごしています」といった内容の手紙を書くほかなかった、などと記しているものもある(若槻前掲『シベリア捕虜収容所』)。

謙二はこれについて、「自分も紋切り型のことしか書かなかったと思う。収容所の雰囲気もあったが、それ以前に軍隊にいたころから、そういう手紙しか書かなかった」と述べている。彼らは日本軍に徴兵された時いらい、何年にもわたって、検閲のない手紙を書いたことがなかったのである。

「手紙をうけとった側も、カタカナ書きでそういう手紙がくれば事情を察する。だから返事も、検閲を通りそうな書き方しかしない。軍隊にいた昭和二〇年三月に、早実時代の友人から「近頃は東京も艦載機が舞っています」というハガキをうけとったが、米軍の空襲だとは書けないからそういう書き方をする。みんなそういうことには慣れっこだった」

謙二は一九四七年秋、炊事班に勤務となった。前年の冬にも炊事班に配属され、炊事場や食堂の清掃といった雑役をやったが、そのときは屋外作業不適とソ連側軍医に診断されたためだった。こんどはそうした理由ではなく、「政治的に無色で、真面目に陰ひなたなく働くところが、アクチブたちに評価されたのではと思う」。炊事班の仕事は、屋外より楽なうえ、一般兵より食べ物には事欠かないので、高い評価がないと配属されない。

炊事班は二交代制の二四時間勤務で、朝食を作る夜勤の場合は、翌日の昼は寝ている。大釜へ穀物を洗って入れ、火を焚いて蓋をし、肉や野菜に味付けしたものを加えて、さらに煮込んで終わりというような一品料理だった。「要するに炊き込みご飯」である。

そのほか、昼食用のパンを切って並べておき、朝食と一緒に渡した。一九四七年後半になると、夕食にはスープや一品料理がついた。しかし料理の腕をふるうような余地は、材料が限られていることからいっても、また大人数分を一度で調理する点からいってもなかった。

一九四八年四月には、第二分所から第一陣の帰国人選があった。一九四八年六月には、こんどは第二陣の帰国がはじまった。謙二は激しさを増していく民主運動に辟易しながら、ひたすら選ばれるのを待ち続けた。

「第二陣のときは、約一〇〇人が選ばれた。収容所の中庭で、ソ連人と日本人が二人組で帰国者の名前をよんで確認し、グループ分けする。炊事班の夜勤明けで朝飯を食べたあと、誰が何の勘違いをしたのか、「お前は入っているぞ」と言われて並んで待っていた。しかし最後まで名前がよばれず、がっかりしたことがある。そのとき炊事場の誰かに、「夢でも見たんだろ」と冷やかされて怒ったことを覚えている。やけになってしまい、まじめに仕事をしなくなり、炊事班長に怒られた。それから間もなく炊事班を解任されて、一般作業にまわされた」

一九四八年七月下旬、第三陣の帰国人選があった。選抜発表の日、所内の庭で、みなが雑然と集まって、名前がよばれるのを待った。

「自分の名前がソ連の将校からよばれた。帰国できるとわかったときは、こみ上げてくるような喜びだった。残される者への遠慮があるから、飛び上がって喜ぶような者はいなかったが、みなうれしかったはずだ」

「その後はすべてうわの空で、あまり記憶が残っていない」と謙二はいう。収容所に当初からいた者はもうあまり残っておらず、あまり打ち割った話もしなかったし、家族への伝言を頼まれるようなこともなかった。

出発の支度は簡単だった。ソ連の通貨は持出し禁止だったたし、たいした持ち物もなかった。

「ソ連のものを記念として持ち帰るといった発想もなかった。ただし飯盒と、おばあさんからもらった裁縫袋は、生き残るために必須だから、新潟の家に着くまで手放さなかった」

前述のように、民主運動の参加度と、帰国の人選は関係がないらしかった。ただし、日系二世の飯塚と川村は、三回とも人選からはずされていた。捕虜たちは、彼らは帰国したら米軍に協力するだろうという嫌疑で、残されているのだと感じていた。

出発の日は、人選発表の数日後だった。列を組んで出発するとき、収容所の出口に、ソ連側の人々が並んで見送っていた。

「彼らも、一緒にすごした日本人が、うれしがってシベリアから帰れるのは、喜ばしいことだと感じていたと思う。「かまきり」は、もう転属していなかった。アフマドリンはまだ所長だったが、たまたま不在だった。セスタコーフは、一度転属になったあと一九四八年初めに戻ってきていたが、自分たちが帰る直前に、何かの罪で逮捕されたという噂を聞いた。セスタコーフの奥さんが出口のあたりにいて、俺たちを見送ってくれていた」

収容所を出たあと、例によって列車の時刻編成の都合で、チタの操車場で二日ほど待たされた。どこからともなく、帰国列車を飾りつけろという通達がきて、捕虜たちは板に「ソ同盟と日本国民の友好万歳」といった文字をペンキで書き、貨車の横にとりつけた。

帰りの列車は、順調にナホトカにむかった。移動中、共産党に誓いを立て、革命歌を歌った。

「インターナショナル」「赤旗」などのほか、「コミュニストのマルセイエーズ」「憎しみのるつぼ」などを歌った。チタ方面の民主運動のリーダーだった袴田陸奥男が作詞した歌（「たて農民、労働者、奴隷にしたるヒロヒトを……」という歌詞だったという）も歌ったという。

「とにかく無事に帰りたかった。革命歌を歌わないと帰れない、とまでは深く考えなかったが、帰れるなら歌でも万歳でも、何でもやるつもりだった」

ナホトカに着くと、順番待ちで、収容所を三つほど転々とした。最後の収容所で出国手続きし、港にむかったところ、第二陣で出発した捕虜たちが波止場作業をしていた。そのなかには、身分を偽っていた佐橋中尉や、伐採でペアを組んだ初年兵もいた。「どうしたんだ」と聞くと、「作業を命じられて止められた」という答えが返ってきた。彼らは翌年六月までの一年間、ナホトカで足止めされ、作業に使役された。

第三陣の謙二たちは、ナホトカの港から、無事に帰国船の「大郁丸」に乗り込んだ。日本の船をみた最初の印象を、謙二はこう述べている。

「船員を見て「（日本人は）小さいなあ」と思った。捕虜以外の人間はみな大柄という環境にいたので、捕虜でない通常人が、あんなに小さいのがおかしくみえた」

船が掲げていた「日の丸」を見て泣いたとか、感慨がわいたといったことは、なかったという。

「自分は一九四五年から、日の丸を風呂敷にしていた。生きるのに精いっぱいだったからだ。それに帰国を告げられたあと、収容所から徐々に移動していたので、船を見ていきなり感動したというような記憶はない。また、あまりに帰国を夢のように考えていたので、現実になると反応できなかった。自分だけでなく、みんなそんなものだったと思う。現実は、映画や小説とはちがう」

船に乗ったあとも、捕虜たちはまだ環境の変化に適応できなかった。彼らがなかなか帰国できないのは、日本が船を送ってこないためであるという、ソ連側の宣伝を信じさせられていたからだった。

「乗船後、船員から「そんなことはありません」と聞かされたが、みんな「あんなことを言っているぞ」と半信半疑だった。船員の言うことはみんなデマだ、と言う者もいた」

「それでも、自分たちはまだその程度だった。翌年まで抑留された人々は、船員と険悪になったり、船員を相手に「階級闘争」を行なった例もある。特別列車で集団で舞鶴から京都に着いたとき、警官隊と乱闘になった事件もあった(一九四七年七月四日の「京都事件」)。そういう報道を読むたびに、胸が痛んだ。しばらく日本ですごせば落ち着くのだから、日本の人々も余裕をもって迎えてあげればいいのに、と思っていた」

二日ほどの船旅のあと、八月二〇日に舞鶴港に到着した。舞鶴の湾内には、戦争で沈没した何隻かの船が、マストや舳先だけを海上に出して、みじめな姿をさらしていた。「日本が見えたときは、うれしかったが、景色は箱庭みたいに見えた。大陸の風景とちがって、ちまちましていた」という。

舞鶴の臨時収容施設には、四日ほど滞在した。そこで米軍の調査があり、日系二世の将校にチタの航空地図をみせられ、収容所の場所やチタのソ連軍施設のことなどを聞かれた。謙二は率直に、覚えていることを答えた。

舞鶴から解放されると、各自が帰郷先までの無料乗車券と、当面のお金として何千円かを渡された。日本の物価がどうなっているか知らないので、多いのか少ないのかわからなかった。

謙二は舞鶴から京都にむかい、そこから北陸本線で、父の雄次がいる新潟に帰った。シベリアで「命の綱」だった飯盒は、まだ持参していた。四年ぶりの日本で右も左もわからなかったが、沿線では駅員や、在外同胞帰国援護会の学生ボランティアが案内してくれた。列車から見る景色はやはり、非常に「ちまちま」して見えた。

北陸本線から信越本線に入り、荻川駅に着いた。駅には、父の雄次と妹の秀子が、迎えに来ていた。しかし、とくに感慨はわかなかった。お互いに、一緒に暮らしたことなどなかったためだろうという。

「父や妹とは小学一年のときに別れたきり。父は東京でたまに会っていたが、妹や、父の後妻だった義母は、一九三九年に中学生のとき佐呂間に帰郷して一回会っただけだった。通いあうものがなく、お互いがとまどっていた。帰ったのが中野の家で、おじいさんとおばあさんに会ったのならまた違っただろうが、もう自分には故郷がなくなっていた」

涙の出迎えといった劇的なものは、何もなかった。荻川駅から三〇分ほど歩いて、父の故郷の村へ行ったが、新潟にきたのは徴兵前には一度きりで、道行く村人もみんな知らない人だった。

父の自宅に着いて夕食が出た。「出てきたのは、ごく普通の食事だった。これにも失望した。田舎だからごちそうが出るとは思わなかったが、出てきたのは、何の工夫もない食事だった。夢にまでみた帰国はこんなものかと思った」。シベリアから帰郷した喜びも束の間、謙二は戦後の生活難に巻き込まれていくことになる。

第五章　流転生活

1956年，結核療養所の退所祝い．晴れ着で記念写真を撮った

一九四八(昭和二三)年八月、二三歳になっていた謙二は帰国した。新潟にいた父の雄次の自宅へ帰ったものの、涙の出迎えといった劇的なものは何もなかった。

この後、謙二は敗戦後の日本で、職業を転々とする生活に巻き込まれていく。

1

謙二の父である雄次の故郷は、新潟県中蒲原郡両川《りょうかわ》村(一九五七年に新潟市に合併)にある、割野という集落だった。最寄り駅は信越本線荻川駅で、越後平野にある平坦な農村である。

割野集落は、信濃川と阿賀野川を結ぶ運河である小阿賀野川のそばにあった。荻川駅に出るには、小阿賀野川にかかっている鉄道橋を越えて、三〇分ほど歩かねばならない。鉄橋を汽車が通るときには、歩行者たちは橋の両側のたもとで、汽車が通り過ぎるのを待った。

一九〇一(明治三四)年に割野から北海道へ移民した雄次が、新潟に帰郷したのは、一九四二(昭和一七)年のことだった。割野に建てられた雄次の家は、北海道の家を解体して運んできた材木などでできていた。寝室・居間・炊事場のみの小さな平屋で、壁は藁と土がまじった荒壁のまま。貧しい暮らしであることは、一目でわかった。

謙二が父の自宅に着いた日の夕食は、「まったく普通のもの」で、とくに特別な歓待などは感じられなかった。しかしそもそも、当時の農村の食生活は貧しかった。そして雄次は、北海道で財をなし、老後を過ごす貯金を持って新潟に帰郷したものの、戦中から戦後のすさまじいインフレで、貯金が目減りするばかりの状態だった。謙二は、雄次の経済状態についてはとても聞けなかった。

「割野での食事といえば、肉はほとんど食べない。魚は行商人が売りに来るが、金持ちの家にしか寄らないから、これもめったに食べない。毎日が漬物と味噌汁と野菜とコメ、たまに干物だ。農村なので、敗戦直後でも飢えはしなかったが、シベリアの捕虜生活よりもよくないと思った。シベリアで夢見たしるこが食べたかったが、そんなことはとても言い出せなかった。おじいさんやおばあさんが相手だったら、言えたかもしれないが」

近くには小熊家の本家があり、雄次の妹である叔母が継いでいた。しかし彼女は隠居していて、その長男が当主であり、雄次たちとの関係は強くなかった。雄次は一八歳で新潟を出たまま、六〇歳になって帰郷した身だったからである。その叔母は、たまに長男の嫁の目を盗んで、食料などを運んできてくれたりしたが、それ以上の援助はなかった。

謙二が帰郷したとき、雄次はすでに六五歳だった。雄次は産業組合の仕事から引退して帰郷したが、すでに戦中からインフレで生活が苦しくなり、北海道から薬草を内地へ移入して、漢方薬局の津村順天堂に卸す仕事をしていた。しかし敗戦後は、その仕事もなくなっていた。

仕事がない雄次は、のちには自宅の玄関先で「漫画堂」という貸本屋を開き、近所の子どもに漫画を貸したりもした。紙くず業者が一貫目(約三・七キロ)単位で買いとった漫画本を、たとえば一冊五円で買いとり、一回二円で貸し出せば、それなりの儲けになる。しかし雄次の貸本業はほんの副業で、たいした稼ぎにはならなかった。

生活の大変さがわかったので、謙二はすぐに「俺働くよ」と雄次に言った。そして八月のうちに、近所の大工の口利きで、新津にあった土建屋の現場監督見習いになった。親方と大工など、総勢五人ほどの、小さな土建屋だった。

「新津までは、紹介してくれた大工と一緒に通勤した。鉄道橋を越えて荻川駅まで歩いたが、なにしろ遠いしバスもない。「遠すぎる」と父にこぼしたら、「このあたりの人はみんな歩いている」と言われた。田舎の人はがまん強いなとも思ったが、そもそも通勤している「勤め人」はあまりおらず、ほとんどの人は村のなかで暮らしていた。農家とか、役場の職員とか、床屋とかだ」

当時の日本は、都市部人口が減少していた時期だった。日本政府の統計によると、全人口に占める市部人口の比率は、一九三〇年に二四パーセント、一九三五年に三三パーセント、一九四〇年に三八パーセントと急上昇したあと、一九四七年にはふたたび三三パーセントに低下している。

謙二が北海道から東京に移動した一九三二年は、市場経済の浸透に続いて恐慌がおこり、農村部が窮迫した時期である。その後に総力戦にともなう重化学工業の発展があり、都市部への人口移動が続いた。しかし戦中の空襲による産業基盤の破壊、そして疎開と食糧難によって、敗戦後の市部人口比率は一九三五年の水準に逆戻りしていた。

謙二が新潟に帰郷した一九四八年は、そうした時期にあたっていた。この時期の農村部は、帰郷した疎開者や引揚者を吸収するだけの産業基盤もなく、労働人口が過剰になっていた。謙二がいた割野集落にも、定常的な収入が得られる職はあまりなかった。

この過剰労働人口と、この時期に生まれたベビーブーム世代は、一九五〇年代以降には都市部に流出して、高度成長を支える労働力供給プールとなる。しかしそれはまだ先のことで、当時の謙二は、とにかく仕事を探して生きていかねばならなかった。

謙二は当時二三歳。シベリアで建設労働をしたことはあったが、現場監督の経験などはない。現場監督見習いといっても、ただ見回るだけだった。

ところが一週間ほどたったところで、岡山に疎開していた伊七から手紙がきた。舞鶴から新潟に帰ったところで、伊七には帰郷を手紙で知らせていたのである。

「自分は日本を離れてしばらく経ち、頭がぼけていたが、あっと思った。祖父母の顔が見たい、自分の顔も見せなければいけない、すぐ行こうと思った」

手紙が来たことを親方に告げ、ただちに岡山に行った。小さな土建屋でもあり、「長期休暇などというしゃれたもの」などなく、そこで退職となった。もちろん、一週間の見習い勤務などに給料は出なかった。

帰郷したばかりの謙二には、金がなかった。復員時に手渡された数千円は、帰郷してすぐに雄次にまとめて預けてあったが、岡山への旅費には足らない。旅費は結局、雄次が援助してくれた。「父は祖父母と自分の関係を理解していたから、自分がそのまま岡山に居ついてしまうことも覚悟していたようだが、行かせてくれた」。

荻川駅から一昼夜かけて、京都経由で岡山へむかい、伊七らの疎開先まで行った。京都をすぎ、大阪や神戸を通ると、空襲のあとの焼け野原が広がっていた。これまで通った新潟や京都は空襲を受けていなかったので、空襲の跡をみるのは初めてだった。

「阪神の重工業地帯が完全に破壊され、ねじまがった鉄骨だけが残っているのをみて、これはひどいと思った。しかしシベリアでも、日本の都市は焼け野原になったと『日本新聞』で読んでいた。だから、戦争だったのだからこんなものだろう、くらいにしか思わない感覚になっていた」

山陽本線の瀬戸駅に着き、二時間ほど歩いて、小千代の実家である吉田家にたどりついた。一九四〇（昭和一五）年に、小千代と一緒に帰郷したことがあったので、そのときの記憶を頼りに歩いたのである。

岡山出身の伊七と小千代は、最初は伊七の実家に疎開した。ところが、実家の当主だった伊七の甥が生活に困窮していたため、小千代の実家に移ったのである。政府は都市部からの強制疎開を命じたが、疎開先は個々人が自己責任で探したのだった。

吉田家の家屋は、中型の農家だった。しかしそこには、夫を戦争で亡くし四人の子どもを抱えた女性をはじめ、東京、京都、横浜などから疎開してきた三世帯一〇人もの親族が住んでいた。伊七と小千代は、母屋には住めず、庭先の離れに住んでいた。八畳一間ほどの、木造の納戸部屋だった。

四年ぶりに会う謙二を、伊七と小千代はあたたかく出迎えた。九月初旬に到着したあと、その後の一カ月間ほどを、謙二は伊七らとその納戸部屋で暮らした。伊七と小千代は、あいかわらず「謙よ」と言ってくれた。新潟にいるより、謙二は心が安らいだ。

しかし生活は厳しかった。その離れには、謙二にとっても懐かしい食器戸棚や仏壇が中野から運ばれていたが、そのほかは何もない。それらわずかな家具も、一九四五年三月の東京大空襲のあとに強制疎開させられたため、政府から輸送力割当があったので、運ぶことができたものだった。

　伊七はすでに七二歳、小千代は七一歳。しかも伊七は半身不随だった。インフレでわずかな貯金も目減りし、雄次からの援助も期待できない。現金支出を極力減らすため、履物がだめになっても買えない。謙二は伊七と一緒に、藁を叩いて柔らかくし、わらじを編んだ。

　食生活は、コメと野菜のほかは、たまに佃煮を食べる程度。農家の炊事場はかまどで、ガスや水道はない。電灯だけは納戸部屋にもあったが、その他は「文明の器具は何もない」という状態である。五右衛門風呂は戸外の井戸から何十回もかけてバケツで水を汲み、拾い集めてきた藁や落ち葉を燃やした火で沸かす。謙二をふくめて一一人が入るので、後半にはお湯がよどんでいた。

「官僚や高級軍人は、戦争に負けても、講和条約のあとには恩給が出た。しかし庶民は、働けるときに蓄えた貯金も、すべて戦後のインフレでなくなった。ばかな戦争を始めて多くの人を死なせ、父や祖父母をこんなひどい生活に追い込んだ連中は、責任をとるべきだと思った」

　また小千代は、次女の美登里と連絡がとれないことを嘆いていた。謙二の母だった長女の芳江は、すでに結核で死亡しており、小千代にとっては美登里が残された唯一の子だった。美登里は一九三〇（昭和五）年ごろ、夫と二人の子どもとともに、ブラジルに移民していた。

一九三六年のベルリン・オリンピックの時期には、一九四〇年に予定されていた東京オリンピックのときに東京を訪ねる、と手紙を送ってきていた。しかしその後は戦争で連絡がとだえ、戦後はいくら手紙を出しても、まったく音信不通となっていた。

「戦前におじいさんが美登里さん宛てに書いた手紙を、早実で習いたてのアルファベットで、ポルトガル語の宛名書きしたのを覚えている。パラナは州、サンタ・カタリナ　パラナ　ブラジル」と書いた。パラナは州、サンタ・カタリナは鉄道線の名前で、アサイは日系移民の多い町で「朝日」からきた名前だと聞いた」

吉田家の長男や次男は、美登里のことを、「両親がこんな状態なのに、手紙もよこさないなんて」と批判していた。吉田家の長男は家の当主だったが、次男はその近所でラジオ屋を営んで成功し、次男の一人息子は岡山の日銀支店に勤めていた。謙二はその息子を訪ねて岡山にも行ったが、そこも一九四五年五月の空襲から復興中だった。

ひと月ほど祖父母と暮らしながら、謙二は今後のことを考えた。岡山の伊七と小千代、新潟の雄次の、どちらのもとで暮らすべきか。老いた彼らにとって、働き手は謙二しかいない。前述のように雄次は、謙二が岡山に居ついてしまうことを危惧していたようだった。

謙二自身は、新潟に帰るべきか、岡山にいるべきか、迷っていた。そうした謙二に決心をさせたのは、ふだんは寡黙な伊七の、一見なにげない言葉だった。

「おじいさんに「いいんだよ」と言われて、新潟に戻るのが筋だと思った。おじいさんたちは、とにもかくにも、親戚と同居している。しかし父には、自分しかいない。また当時は、たとえ一緒に暮らしたことがなくとも、子どもが親の面倒をみるのが当然だといった感覚だった」

一〇月のはじめ、謙二は岡山を離れた。納戸部屋の前で、伊七と小千代は、別れを惜しんだ。そして結果からいえば、これが伊七と会った最後の機会となった。

とはいえ、新潟にもどっても、割野ではろくな職がない。岡山を出た謙二は、そのまま東京にむかった。軍隊入営前に勤めていた富士通信機には、出征兵士に対する義務として、復員まで籍が保障されていた。また留守中の給与も、インフレを換算しない入営前の給与基準ではあるが、雄次のもとへ送られていた。

当時は、食糧難などのため東京への流入制限があり、職籍がないと米穀通帳が発給されなかった。公式の米穀通帳がないと、配給のコメが買えず、高値のヤミ米を買うしかない。当時の米穀通帳は、事実上の身分証明書だった。富士通信機に復職できれば、米穀通帳が手に入る。謙二はそうした期待を抱いて、山陽本線に乗った。

空襲をうけた神戸、大阪、名古屋の焼け野原を見ながら、やはり廃墟となっていた東京に着いた。東京に着くと、中野にあった伊七の姪の家に泊まった。伊七が事前に手紙を出し、話をつけてあったのである。家は高円寺時代の長屋と似た二階建てで、二階の部屋を空けてくれた。姪の夫は、気のいい感じの電気工事屋で、復興需要でわりあい収入がありそうだった。

その家では、二週間ほど世話になった。遠縁であるのによく待遇してくれたが、まとめてふかしてあった芋を、謙二は夜中に飢餓感から盗み食いしてしまった。シベリアから帰ってまだ二カ月もたっておらず、食料をみると食べるのを抑えられない習慣がぬけていなかったのである。

まずは、徴兵前に住んでいた中野の家に行ってみた。しかし、謙二が住んでいた一帯は、空襲ですべて廃墟になっていた。

「まだ片づけも進んでおらず、生々しいありさまだった。焼け残った材木など、使えるものはみんな持っていってしまうから、使えないものだけが散在していた。あの大きな中野の公設市場も、まったく跡形もなく焼け野原になっていた。俺の故郷はもう完全になくなったな、と感無量だった」

「それでも、戦前にいつも通っていた床屋が、バラックで営業を始めていた。なつかしくて、何となくうれしかった。シベリアでもそうだったが、床屋や電気工といった、生活に必須の仕事の技術を持っている人は強いと思った」

次には、小学校のころに住んでいた、高円寺に行ってみた。その一帯は戦災にあわず、なつかしい商店などもそのまま残っていた。

「隣の仕立屋を訪ねたら、そこの娘さんがすっかり成長して美しくなっているのに驚いた。もう高円寺を離れてから、一〇年以上がたっていたから」

伊七の姪は、四〇歳すぎぐらいのよい人だったが、感覚のずれもあった。ある日、姪から「謙ちゃん、天皇陛下のことどう思う」と聞かれ、謙二は「ここで一度退位したほうがいいと思う」と述べた。すると姪は感情的になって、「そんなこと言う謙ちゃんは嫌いだよ」と言った。

「自分は兵隊だったから、開戦の詔勅を書いた大元帥は、戦争に負けたら責任をとるのが当然だという感覚だった。戦争に負けて、何もかも変わったとも思っていたし、当時は退位すべきだという議論も世に出ていた」

「しかし年配者の感覚はちがった。当時は「シベリア帰り」という言葉も出ていて、「シベリア帰りは共産主義教育を受けてアカになっている」とか言われ始めていた。相手によっては、うかつなことを言うと、とんでもない目にあいかねないと思った」

「田舎では戦後もご先祖の写真と一緒に「御真影」があったし、年長の人間は天皇を素朴に尊敬していた。しかし祭日でも、日の丸はみな出してはいなかった。普通の人間は、生活が大変だったし、そんなものはどうでもいいと思っていただろう」

ちなみに天皇に対する謙二の感覚は、元軍人のあいだでは、それほど珍しいものではなかった。とくに若い兵士や下級将校たちは、「生きて虜囚の辱めを受けず」という戦陣訓や、艦長は艦と一緒に沈むべきだといった価値観を、軍隊で教え込まれていた。そうした彼らにとっては、自決に失敗して捕虜になった東条英機を軽蔑するのも、開戦の詔勅を書いた天皇が何らかの責任をとるのも、不自然なことではなかった。

例をあげると、ルソン島で戦った元陸軍少尉の神島二郎や、戦艦「武蔵」に乗艦していた水兵の渡辺清などは、昭和天皇は敗戦の責任をとって自決すると思っていた、と戦後の文章で書いている（小熊英二『〈民主〉と〈愛国〉』新曜社、二〇〇二年）。一九七四（昭和四九）年にルバング島から「発見」され、のちには右翼的な言動が目立った元陸軍少尉の小野田寛郎も、帰国翌年のインタビューでは「天皇は自ら責任をとるべきだった」と述べている（菊地育三「ブラジルの小野田寛郎日本国無責任論を語る」『朝日ジャーナル』一九七五年一〇月三日号）。

さらに謙二は、東京にきた目的を達するため、新丸子にあった富士通信機の職場にむかった。この工場は空襲をうけておらず、昔の同僚や上司と会うことができた。

しかし結局、富士通信機には復職できなかった。かつて勤務していた経理部の係長が、「人事か労務の課長」になっており、彼と面談した。その課長は、「シベリアでは「教育」されたそうだが、どうだったたい」などと、それとなく探りを入れる世間話をした。そのあと、復員者が多いのですぐには復職できない、これまで通り給料は送るからということで、自宅待機を命じられた。

じつは謙二は、その課長とは、戦前に言い争いをしたことがあった。

「当時そいつは経理の係長だったが、上司にごまをするタイプだった。定時のあとに、課長より先に帰る課員をチェックしていた。課長が帰ったあとに帰れ、というわけだ。自分は仕事ができるほうだったから、さっさとすませて帰ろうとすると、そいつが終業時間の三〇分くらいまえに、どさっと経理の仕事を持ってくる。自分も若かったから、あるとき部屋の外で、その係長に抗議した。『キミみたいな優秀な課員にもっと仕事をやってもらおうと思ってね』とか適当に受け流されたが、うるさい奴だと思っただろう」

「シベリアから帰ってきたら、そいつが復職希望者に面接をする役だった。復員したら受けいれるのが制度的な義務だったから、他の戦線から先に帰った者は受けいれていたはずだ。人生は何がどうなるかわからんものだ。これまで通り給料を送るといっても、入営前の金額のままで、インフレで価値が下がっていたから、生活の足しにもならなかった」

シベリア抑留者には、「シベリア帰り」だったために警察に監視された、地域社会で差別された、職業を得るのに不利をこうむった、といった経験を語っている例が少なくない。謙二はここで、日本の大手企業に職を得る道を、事実上絶たれた。それからは、まさに転がる石のような人生が始まった。

2

やむなく謙二は、東京で職探しを始めた。すると泊めてもらっていた電気工事屋が、井戸掘りの掘削会社の事務員の仕事を紹介してくれた。中学を出ていたこと、富士通信機で経理をやって簿記がこなせたこと、そこの社長の息子がシベリア帰りで同情されたことなどが、雇われた理由らしかった。

掘削会社は、社員三〇名くらいの小企業だった。事務をやるはずだったが、入ってみると、山形県米沢の近郊で井戸を掘れと命じられた。

この当時、奥羽本線で、福島－山形間の電化工事が進められていた。汽車を廃止して、電車を導入するためである。その一環として、福島と米沢のあいだにあった、奥羽山脈の県境トンネルの電化が始まった。しかしそこは山頂に近く、工事用水がないため、井戸掘りを受注したとのことだった。

謙二が現場にむかうと、そこは山の頂上に近い、トンネルの出入口の脇だった。謙二は一〇月から一二月まで三カ月ほど、現場チーフ夫妻と三人で、現場近くの飯場に住んだ。燃料で動く掘削ピットを動かし、その機械が動いているのを見張るなどの仕事だった。

ところがそこへ、新潟の雄次から、もどってこいという手紙がきた。

「その仕事をみつけたあと、新潟の父に、所在を知らせる手紙を出して、何回かやりとりした。こちらは東京の会社に事務員の職をみつけたつもりでいたが、父のほうは事情がよくわからないから、各地をまわって井戸掘りをする人足になったのかと思ったらしかった。それくらいなら新潟に戻ってこい、と便りがきた。実質的に何をやっているのかわからない仕事でもあったし、一二月末に給料を貰って辞めた。いったん中野の祖父の姪の家に荷物をとりに戻り、それから新潟に帰った」

一九四九(昭和二四)年の正月は、新潟の実家で、とくにたいした祝いもなく迎えた。仕事を探さなければならないので、一月に新聞広告をみて、新潟市内の「今枝ハム」という会社に応募し、やはり事務員として就職した。

この会社は、ウインナー、ハム、フランクフルトなどを作り、新潟にあった米軍軍政部に納入していた会社だった。謙二はそこで、経理を担当した。

割野から新潟へは通勤できないので、新潟市内にいた、父の最初の妻の娘である義姉に連絡をつけた。義姉の夫は、新潟にあった日本軽金属の社宅に住んでおり、謙二はそこに住まわせてもらって通勤した。義姉一家は四畳半二つ、三畳一つの社宅に、夫婦二人と子ども四人で住んでいたのだが、一九歳の長女が使っていた三畳間を謙二のために空けてくれた。

その会社は、当時の新興会社らしい、奇妙なものだった。会社は二〇名くらいの小企業で、そのうち事務と営業関係が七名ほど、残りは工場でハムを作っていた。社長は六日町にいるとかで、その戦友という元陸軍大佐が会社を仕切っていた。

謙二が勤めた事務部門は、新潟市内の目抜き通りに会社が借りた、二階建て店舗にあった。一階はハムの販売店舗、二階が事務所だったが、事務員のほとんどは中高年だった。満州引揚者や、銀行のＯＢだったという者などが、たいして忙しそうな様子もなく、お茶を飲んで世間話をしていた。どうやら、公職追放になった元軍人や元銀行員などが、人脈を頼って集まっているらしかった。

「彼らの話題の中心は、引揚げの苦労話とか、戦後の生活の愚痴だった。いちど満州引揚者の経理の人の家に、会社の用事があって訪ねたことがある。小さなぼろの二階家の二階を借りていて、一間に奥さんと子ども三人とで住んでいた。かつては奉天にいたそうだが、確かに貧しそうだった。戦前にいい暮らしをしていた人たちにとっては、敗戦後の生活など、まったくやりきれないものだったろう」

「当時はみんな生活の余裕がなく、戦争の話などはしなかった。三〇歳すぎの工場長が、重巡洋艦の「那智」に乗っていた人で、工場で雑談のあいまに彼の体験を聞いたのは覚えている。大勝利の誤報があった台湾沖航空戦のあと、「残敵の追撃」を命じられて「那智」が出撃したものの、実際の形勢はまったく逆で、あやうく逃げ戻ってきたという話だった。しかし彼にしても、その後のレイテ沖海戦のことや、そのあとマニラ湾の空襲で「那智」が沈んだときのような、ほんとうに深刻な話はしなかった。みんな記憶が生々しいので、暗い話は避け、面白おかしい話としてしか戦争の体験を話せなかった時代だった」

「父も敗戦まぎわの時期に、北海道から薬草を移入する仕事で青函連絡船に乗っていたとき、米軍機の機銃掃射で生死の境をさまよったそうだ。しかし、そんな話は雑談のついでに出るだけだった。自分も、シベリアでどういう体験をしたかなど、ほとんど話したことはない。それにどう話しても、あまり理解はしてもらえないことが、帰国したらすぐわかった」

今枝ハムは事務所兼店舗とは別に、新潟市のはずれにあった三〇メートル四方くらいの敷地に、小さな工場を持っていた。米軍に納入するので衛生管理もきちんとしており、床はコンクリート製で設備も近代的だった。スモークハムを作るスモーク室もあり、工場監督らは白衣を着ていた。

工場の現場で働いていたのは新潟の地元の人で、男も女も忙しくしていた。戦前の日本ではハムなど食べたことがない人が大部分だったこと、高度成長期になっても当初は魚肉ソーセージしか普及しなかったことを考えれば、本格的なハム製造は先進的な試みだった。米軍の需要と戦後の食生活の変化をみこした、一種のベンチャー企業だったともいえる。

事務仕事をしていると、たまに見本品のフランクフルト・ソーセージが回ってきた。謙二もそんなものは食べたことがなかったが、違和感はなく、食べるとうまかった。これらは当時は高級品で、謙二の給料では買えなかった。しかし売行きはよかったらしく、工場は大車輪で生産していた。

工場の忙しさとは対照的に、事務員たちの仕事は怪しげなものだった。謙二はいう。

「自分の仕事は、税金逃れのために、二重帳簿を作ることだった。事務所に勤務していた銀行ＯＢは、一〇時半ごろに出勤し、夕方に顔を出して帰っていた。彼の役目は、Ａ銀行から当座預金を下ろしてＢ銀行に入金し、またＢ銀行から下ろしてＡ銀行に預けるといったものだった。そうすると取引実績が増すので、お金を多く融資してもらえる。とはいえ、借金ばかりして経営をよくみせかけていたわけだ」

あまり働かないホワイトカラーと、それを支えるブルーカラーという組合せは、戦前日本の身分差別の反映でもあった。江戸時代においては、農民の労働時間が夜明けから日暮れまでの一〇時間から一三時間（夏と冬で異なる）だったのに対し、薩摩藩庁に勤める武士の勤務時間は三時間ほどだった。明治以後もこの「武士の勤務時間」は尾をひき、廃藩置県後の官庁は一日六時間勤務で、一八八六(明治一九)年に八時間制が採用されたあとも夏季の午後は休みだった(鈴木淳「二つの時刻、三つの労働時間」、橋本毅彦・栗山茂久編著『遅刻の誕生』三元社、二〇〇一年)。

こうした慣行のため、短い勤務で高給をうけとる「官員さま」の生活は、庶民の羨望の的となった。官庁型勤務形態をうけついだ戦前の大手企業でも、ホワイトカラーとブルーカラーは、待遇や勤務形態のみならず、会社の門まで異なっているケースが多かった。こうした「差別」の解消が、戦後の労働運動の目標になったことは、謙二の富士通信機時代の記述で言及した通りである。

もっともこの時期は、とくに技能もないまま秩序に依存していたホワイトカラーが、地位の没落を経験した時期でもあった。敗戦後に地位が没落したと記している回想記は、おもに都市中産層とその子弟によって書かれている。

そうしたなか、一九四九年三月に、「ドッジライン」とよばれた緊縮財政策が採用された。日本は不況に突入し、大量の復員者を雇い入れていた企業は余剰人員の整理にのりだした。

謙二のもとにも、富士通信機から、退職してもらいたいという趣旨の手紙がきた。自宅待機のまま放置されていた謙二は、「どうせ戻れそうもないと思った」ので、退職に応じた。退職金も一応出たが、入営前の月給を基礎に計算した金額だったので、生活の足しにもならなかった。

四月になると、今枝ハムのほうも、会社がたちゆかなくなってきた。放漫経営で、ろくに仕事もしない事務員を雇い、ずさんな経理しかしていなかったからだった。

「工場はフル回転で、ハムは売れているのに、給料の遅配が起きた。自転車で工場をまわると、その度に「こんなに品物が売れて、自分たちは懸命に働いているのに、どうして遅配になるんですか」と工員たちに愚痴をこぼされた」

あまりにいい加減な会社で、長続きしそうにないうえ、給料もまともに払われなくなったので、謙二は次の職を探した。一九四九年五月ごろ、工場の中間管理職の奥さんから、新潟市内の証券会社を紹介してもらい、事務員として就職した。彼女も、満州からの引揚者だったという。

ただし「証券会社」といっても、戦前の「株屋」が衣替えをしたものだった。新潟は米相場を扱う証券取引所があり、そこを相手にしていた株屋たちがいたのである。

会社の社屋は、株屋だった「社長」の個人の家だった。座敷に病気の社長がおり、座敷の前には縁側をはさんで土間があって、そこに「番頭」、「場立ち」、連絡係、そして事務員の謙二などが机をならべる。相場を読むのは「番頭」で、証券所に派遣した「場立ち」に指令を出して取引をするのである。謙二に職を紹介してくれた、今枝ハムの工場の中間管理職夫人も、事務員としてそこに勤めていた。

その会社は、八月ごろに社長と喧嘩してやめた。「理由は覚えていない」という。一つの会社に長く勤め、年功賃金をうけとるなどという慣習は、当時はごく一部の大企業の事務員と、官庁にしかなかった。長くいても給料が上がらない中小企業の従業員にとって、不愉快なことがあれば辞めるのは自然だったし、そもそも会社のほうが長続きしないことも多かったのである。

次の職は、また今枝ハムの工場ルートで探した。当時の謙二は、義姉の家で朝食を食べ、弁当を持たせてもらって、職を探して歩いていた。ハム工場の人たちとは気が合っていて、会社を辞めてからも工場に出入りしていた。そこには納入や買付けの業者が出入りしており、情報の交換所のようになっていた。

そこで謙二は、工場に豚を納めている博労と仲良くなり、その仕事を手伝うようになった。博労は牛や豚を買い付ける仲買人で、農村で牛や豚を買い付け、と場に運んで処理し、肉屋や工場に納入するのである。

謙二は博労と一緒に、農村やと場についてまわった。博労は農民の隙をみて、重さを測る分銅に牛糞をなすりつけ、牛の重量を軽くみせかけて買い叩いていた。と場の前の池で、解体したあとの内臓を、水で洗う仕事もやった。今枝ハムでは、内臓を裏返してきれいに洗い、ハムやソーセージを作るので、納入時点からざっと洗っておくのである。

博労について農村を回るあいまに、闇屋の助手として、ヤミ米も運んだ。他の物資は自由販売が許されるようになっても、あいかわらずコメは、政府が流通を統制していたからである。

「闇屋といっても、荻川の農村で農家から買い付け、今枝ハムの工場で売る程度だった。新潟駅のプラットホームには、経済警察がいて見張っていたが、リュックが重そうにみえないように、軽そうに装って運んでいた。もっともそんな小規模なヤミ米は、いちいちまじめに摘発しなかった。配給だけでは生きていけないのだから、警察も民衆の苦労はわかっていただろう」

一九四九年一〇月ごろには、博労からの斡旋で、「豚の上乗り」をやった。国鉄の貨車に豚を二〇頭ほど載せ、夜行列車で東京まで輸送する仕事である。貨車の片側を板で上下に仕切り、その上段に乗って、下段にいる豚の番をするため、「豚の上乗り」とよばれたのである。

「豚の具合が悪くなって死にそうになったら、すぐに頸動脈を切って血を抜けといわれて、ナイフを持たされた。死んで内臓が腐敗したら、豚が台無しになるからだ。それが一番の任務だった。シベリアいらい、貨車の旅には慣らされていたが、臭いうえ豚が鳴いてうるさいのでよく眠れなかった」

豚を載せた貨車は、明け方に東京に着く。夜行でうとうとしていると、連結器の「ガチャン」という音で目覚める。芝浦の引込み線に入って、豚を降ろしたあと、東京側の仲買人とその部下に渡した。それから豚たちは、仲買人の手で芝浦のと場に運ばれた。

「芝浦では仲買人の家に休ませてもらった。風呂に入って朝食を出してもらい、豚の受取書をもらう。と場の近くにある家だったが、風呂一つとっても豪勢なので驚いた。戦中から戦後にかけて、ずっと貧困生活だったので、「あるところにはあるものだ」と思った。そして新潟に帰り、受取書を博労に渡して、一回の仕事になるわけだ」

食料不足と物資統制のもとで、流通業の一部ではビジネスチャンスが発生していた。そうしたなかで、「闇屋」から昇格した「戦後成金」も生まれていたのである。

もっとも謙二は、こうした業界に深入りはしなかった。「「豚の上乗り」は何回かやったが、もともと臨時に博労から頼まれた仕事だったので、そのうち立ち消えになった」という。

この時期の謙二は、ただただ生きるのに必死だった。「当時の服装は、ジャンパーなどを手当たりしだい着ていたと思うが、覚えていない。少なくとも背広はほとんど着なかった。面接をうけて就職するような仕事に就いたこともなかったから、そういう場に着ていった記憶もない。好きだったはずの映画も、生活面でも心理面でも余裕がなくて、ほとんど見なかった。休日に何をしていたかもまったく記憶がない」という。

ほとんどその日暮らしで明け暮れていた謙二だったが、一九五〇(昭和二五)年の正月に家に戻ったとき、父の雄次に仕事を紹介された。「いつまでも博労の手伝いでもまずいと思ったのだろう」と謙二はいう。これまでの仕事は、ほとんど自分の人脈や偶然で探していたので、父の紹介は初めてだった。

ところがその職は、雄次の甥が亀田で餅菓子屋をやっているので、そこに修業に入ってはどうか、というものだった。「父は小学校しか出ていないし、学歴で就職するという発想もない。戦前から「食い物屋は食いっぱぐれない」と言われていた。自分もおじいさんからそう聞いて育ったから、そうすることにした」。

亀田には、雄次の妹の息子(甥)が四人、娘(姪)が一人いた。四人の甥のうち、長男は戦争で死に、次男はすでに結婚して餅菓子屋をやっていた。三男は戦地からもどってきて、長男の未亡人と結婚して家を継ぎ、自転車屋を営んでいた。まだ独立していない四男と、末子の長女は、三男の一家と同居していた。

謙二の妹の秀子は、新発田の師範学校を一九四九年三月に卒業して、新制中学教師として亀田に赴任していた。彼女は、雄次の甥にあたる、その三男一家のもとに住まわせてもらっていた。謙二もまた、そこに同居しながら、次男の餅菓子屋に通うことになった。

「その三男の家に、三男夫婦と子どもが二人、四男と長女、それに自分と秀子が一緒に住んだ。旧家で部屋数が多かったが、八人住まいだ。三男が長男の未亡人と結婚するというのは、家の存続のためで、昔はこういうことがよくあった。この地方では、こういうのを「なおる」といっていた」

その餅菓子屋の甥は、餡を自分で作っていた。当時は砂糖が高価で、人工甘味料のズルチンなどを混ぜていたが、その混ぜ方と比率がうまかったため、近郊の店から仕入れにくるほどの評判だった。そこで人手を求めていたため、謙二の就職となったのである。とはいえ、「「就職」なんてしゃれたものじゃない。二四歳にして菓子職人の「奉公」だ」と謙二はいう。

謙二はそこで、半年くらい餡や饅頭皮をこねて修業を積んだ。ところがその職も、長く続かなかった。

「その甥は酒乱で、毎日飲んでいた。飲む量がしだいにふえ、最後は昼から飲んで酔っぱらう。そして泥酔が一定程度までくると、一日中寝てしまう。そこでアルコールが抜けて酔いがさめると、また同じことをくりかえす。だんだん仕事ができなくなり、しまいには俺が彼の細君と「いい仲」になっていると妄想を言い出したので、割野から父が叱りにきた。当時のことなので、年長者の権威が高く、甥はこそこそとあやまった。しかしそんなこんなで嫌になり、五月に父の了解をとって辞めた」

やむなく謙二は、こんどは職業安定所に行き、小さな製版会社に就職した。当時は出版業の復興期で、製版会社は景気がよかった。その製版会社は三人くらいの職人がいて、謙二は事務員になった。こんどもまた、社長とあわせて総勢五人の小さな会社だった。

謙二はその製版会社の二階に引っ越したが、毎日自炊した。製版のために、薬品と火を使うので、水道とガス台と流しがあったのである。

「家財道具は布団、少しばかりの服、鍋とわずかな食器くらい。これを部屋のすみのミカン箱か何かに入れていた。自炊といっても、味噌汁を作るくらいだった」

しかしここでも、事務員に専心などできなかった。社長は燃料業に仕事を拡大し、事務員をやるよりもその手伝いをしろということになった。そこで謙二は、薪炭《しんたん》の配達をしたり、燃料納入の営業をした。原付免許をとり、小さなオートバイで、炭を一俵ないし二俵積んで配達した。

謙二がこの時期に就職したような三〇人以下の小企業では、経理に専心して毎日をすごすほどの事務作業もなければ、その仕事だけで給料が出る余裕もなかった。一日中事務をやっている職など、大企業だけのものだったのである。

また帰国後の過程で、謙二が政府統計上の「失業者」になった期間は、事実上なかった。ほとんど間をおかずに職業をみつけているし、職業安定所に行ったのは、一九五〇年に製版会社に就職したときだけである。

戦争が終わったとき、日本の総人口は約七七〇〇万人。そのうち一般労働力は約三三〇〇万人、軍隊は約四〇〇万人であった。敗戦直後の時期に復員した軍人・軍属、国外からの引揚者、軍需工場からの大量解雇者は、約一〇〇〇万人におよんだ。にもかかわらず、失業者があふれるという事態にはならなかった。一九四六年四月の時点で、一カ月間完全に失業していた者は、統計上では一五九万人にすぎない。

日本の失業率が他の先進国より低いのは、自営業や中小企業、あるいは「家事手伝い」といったセクターが大きく、そこが過剰な労働力を吸収しているためだといわれる。雇用保険などにカバーされていないため、臨時職を綱渡りしたり、家族の扶養に頼ったりしながら、生活せざるを得ない人口が多い状態ともいえる。

経済学者の東畑精一や野村正實は、この状態を先進国型の「完全雇用」とは区別して、「全部雇用」とよぶべきだと唱えた(野村正實『雇用不安』岩波書店、一九九八年)。日本の失業率は、謙二が生活に悪戦苦闘していた一九四八年から一九四九年でも、一パーセントに満たなかったことになっている。

3

謙二だけでなく、彼の周囲の人々は生活に追われ、政治状況について話すことはほとんどなかった。とはいえ、そんな謙二でも、それなりに政治状況との関係がなかったわけではない。

謙二が今枝ハムに勤務中の一九四九年二月、占領軍から呼出しの手紙がきた。シベリアからもどった舞鶴では、米軍からチタ周辺のソ連軍事施設について尋問をうけたが、引揚者のなかでも記憶が確かで話の聞けそうな者を再度集めたらしかった。帰国してからも何回か、手紙には占領軍に検閲された跡があったという。

呼出しの手紙には、占領軍発行の乗車通行証が同封されていた。敗戦直後は輸送力不足で、国鉄車両は買出しなどで満員であり、切符を手に入れるのも大変な時期だった。しかし、列車には占領軍専用の客車が連結されていることが多く、その車両だけはたいていがら空きだった。謙二がうけとった乗車通行証は、通常の三等の切符だったが、それでも東京へのフリーパスだった。

その切符で東京に行き、占領軍が接収していた、丸の内の郵船ビルに出頭した。日本郵船が、第一次大戦後の好況期に建てた大型ビルである。

部屋に案内されると、日系二世の係官から尋問をうけた。チタの建物の航空写真や、ソ連軍の服装のイラストをみせられ、どういう服装の者がどの建物に出入りしていたかを聞かれた。口調はソフトで、とくに怖いとは思わなかった。いろいろな収容所にいた人が集められていたが、偶然チタで一緒だった者がいて、少し話をした。

この上京のおり、早実時代の友人の家を訪ねた。富士通信機に一緒に入った同期だったが、占領軍関係の仕事に転職していた。当時はインフレがひどく、ホワイトカラーよりは闇屋のほうが儲かるといわれた時代だった。

彼とは年齢が同じだったが、すでに結婚して小さな女の子を抱いており、年月を感じた。それほど深い話もせずに別れ、主要な駅に占領軍が設置したＲＴＯ（鉄道輸送事務所）の案内で、汽車に座れる状態で新潟にもどった。

帰国後、新聞はときどき見た。雄次の自宅でとっていたのは『読売新聞』だったが、家にはあまりいなかったし、たいてい仕事の出先で読んでいた。新潟市内や亀田に出たあとも、自分で新聞を購読するほどの余裕はなく、職場などで読んでいた。

とはいえ、新聞をゆっくり読む時間など、当時の謙二にはなかった。下山事件や松川事件など時事的な事件の報道には一定の関心があったが、それ以上のことはなかった。「中学時代から国際情勢に関心があったので、内政よりそちらを読んだ。戦前に比べれば、新聞紙面が自由になり、外電が増えたのはよいと思った」という。

この時期、選挙でどこに投票したか、謙二は覚えていない。「たぶん共産党、あるいは社会党に投票したと思う。政治に関心がなかったわけではないが、とにかく余裕がなかった。内閣がどう交代しようと、まったく上のほうの話で、自分の生活に関係ないと思っていた」という。

選挙区は新潟一区だったが、自由党、社会党、共産党などの選挙運動は、いずれもほとんど覚えていない。すでに教員となっていた妹の秀子が、教員組合に動員されて、選挙応援のために亀田の街を教員たちと歩いていたのを見たが、とくにどうとも思わなかった。ただし、共産党や社会党に投票していたとはいえ、それは「保守政党の足を引っ張るため」だった。謙二はこう述べる。

「社会主義だの共産主義だのには、まったく夢は抱いていなかった。自分はソ連にいて、共産主義社会の現実を見ていたからだ。ソ連よりもアメリカのほうがよいと思っていた」

「しかし、戦前日本の軍国主義はもっとまっぴらだった。戦争の責任も考えない保守勢力は、論外だと思っていた。だから社会党でも共産党でもいいから、保守政党でないところに入れていた。入れたところで、どうせ政権をとるわけでもないと思っていた。一九四九年一月の総選挙で、共産党が「躍進」して三五議席とったが、その程度の議席をとったからといって、大勢が変わるわけでもないと思っていた」

また謙二は、日本国憲法には、あまり関心がなかったという。「憲法が発布されたときに日本にいなかったこともあるだろうが、印象に残っていない。憲法は読まなかったし、はっきり覚えてもいない。憲法について周りの人間と話したこともない。だからどうだといった感じだった。飯の種にはならないからな」。

じつをいえば、これは当時としては一般的な反応でもあった。日本共産党が主導した一九四六年五月の「食糧メーデー」のなかで、著名になったプラカードは、「憲法よりメシだ」というものであった。

そもそも共産党は、天皇を残し資本主義を容認している憲法に反対していた。また社会党も、福祉規定が不十分だから改正すべしという意見の議員が少なくなかった。いわゆる「革新陣営」が「護憲」を掲げ、それが広範な関心をよぶようになるのは、一九五〇年代に入ってからのことである。

それよりも当時の謙二が関心を持っていたのは、自分が体験した戦争の問題だった。「国内政治だの、何とか疑獄だのには関心がなかったが、新聞に出ていた東京裁判の判決はよく見ていた」という。

「A級戦犯の人たちが、裁判であああいう目にあうのは当たり前だと思った。戦争をおこして、父や祖父母の生活をめちゃくちゃにした奴らだから許せない。広田弘毅はほかの戦犯とは違って文官であるとか、そういうことは問題ではないと思っていた。しかし天皇が訴追されなかったのは、腑に落ちないことだった」

生活に追われ、戦争体験を話し合う機会もなかったが、自分が経験した戦争の事実については、謙二は一貫して関心を抱いていた。シベリアから帰って最初に買って読んだ本は、J・A・フィールドというアメリカ人の海軍史家の書いた『レイテ湾の日本艦隊』(日本弘報社、一九四九年)だったという。

「生活に余裕はなく、本などを買うことはなかった。しかし、自分や祖父母、そして父をここまで追い込んだ戦争の真実は、どうしても知りたいと思っていた。戦争中は嘘ばかりの発表で何も真実を知ることができなかったから、よけいにそう思った」

「レイテ沖の海戦は、自分が徴兵される直前の、いちばん印象が深かった戦いで、提灯行列までやって勝ったといわれていた戦いだ。日本人が書いた英雄物語は読む気がせず、客観的に事実を書いている本が読みたいと思ったから、フィールドの本を買った。それからあとも、立ち読みででも本は読んでいた」

吉田満の『戦艦大和ノ最期』を読んだのも、この時期であったという。ただし謙二が読んだのは、雑誌『サロン』一九四九年六月号に掲載された、新かなづかいの『軍艦大和』というバージョンだった。

『戦艦大和ノ最期』は、「大和」乗組みの少尉だった吉田が、自身の体験を記したものである。もとは文語体で書かれ、一九四六年に雑誌『創元』に掲載される予定だったが、GHQの検閲で全文削除となっていた。この文語体版は、占領終了後の一九五二(昭和二七)年に創元社から単行本で出版された。その前に、検閲にひっかかりそうな箇所を削除して世に出した改訂版が、謙二が読んだバージョンだったのである。

「自分が中学校にいたころ、日本には「大和」と「武蔵」という巨大戦艦があると噂になっていた。しかし存在そのものが機密だったので、どこでどう沈んだのかも知らなかった。その「大和」の最期が書いてあるというので読んだ。載っていたのがいわゆる「カストリ雑誌」で、こんな娯楽雑誌にこんな記録が載っているのかと驚いた」

「著者が当時のありのままの自分の見方を出しながら、同時に戦後の立場から客観的に考えるという視点に価値があると思った。「大和」が沈む前に、艦の傾斜を少しでも直そうとして、避難通告なしに機関室に注水して機関員を死なせた記述がある。そうやって兵隊を死なせたことに、呵責の念が何も書いていないという批判が、その後にあったらしい。しかしそれは、艦橋にいた士官としては当然の感覚だ。軍隊とはそういうものだ」

この時期、ソ連やシベリアへの関心はあっても、深く考える余裕はなかった。しかし中国共産党が国民党との内戦に勝ち、一九四九年一〇月に中華人民共和国が成立したことは、「なるようになったな」と思った。というのも、シベリア時代に見た『日本新聞』の漫画が、印象に残っていたからだった。その漫画は、蔣介石政権がアメリカから援助されたドルをいくら食べても、下半身がなくて消化できず、札束が胴を抜けて落ちていくというものだった。

一九五〇(昭和二五)年になると、日本共産党は地下活動に転じ、方針をめぐって分裂した。一九五〇年一月に、コミンフォルムが日本共産党の平和革命路線を批判したためである。

「自分はソ連関係のことは関心があったから、コミンフォルムの批判文は当時から読んだ。野坂参三を名指しして、人に対して使うべきではない汚い言葉で批判し、まったくひどいと思った。シベリアの民主運動のことも思い出して、いやな気持ちになった」

一九五〇年六月、朝鮮戦争が勃発した。「大変なことが起きたと思った。七月くらいに、アメリカ人記者が書いた配信記事が新聞に載っていた。米軍の先遣部隊が北朝鮮軍のＴ34戦車をバズーカ砲などで迎え撃ったが、全然歯が立たないという記事だった。それを読んで、ソ連で見たＴ34を思い出した」。

九月になると米軍が仁川に上陸し、朝鮮戦争に本格的に介入した。北朝鮮軍は総崩れとなり、すぐに決着がつくかと思われたが、一〇月には鴨緑江から中国軍が介入した。このとき新潟では、「米軍が撤退させられる」との流言が飛んだ。「朝鮮特需」で経済が好転したと騒がれたが、謙二の実感としては「景気がよくなったとはまったく思えなかった」。

日本に駐留していた米軍が朝鮮半島に出動する穴埋めとして、八月にはＧＨＱが政令を出し、警察予備隊（のちの自衛隊）の募集が始まった。「警察予備隊は、誰がどうみても軍隊だと思っていた。軍隊と戦争でひどい目にあって、軍隊がないのはいいことだと思っていたから、警察予備隊ができるのは嫌だった」。謙二の生活は厳しいものだったが、「予備隊に入りたいなどとはまったく思わなかった。いまさら戦争に行くなんてとんでもない、二度とごめんだと思った」。

朝鮮戦争が始まると、占領軍の方針が大きく転換したようにみえた。それまでは、軍国主義者や戦前支配層が公職追放の対象だったが、こんどは共産党員やそのシンパが公務員やマスコミ、労組などから追われるレッドパージが始まった。しかし謙二は、「シベリア時代のことを思えば、共産党があるというだけでも、アメリカは寛容で民主主義の国だと感じていた。そのアメリカがレッドパージを指令したことは、好ましくはないが、占領軍が命令したら逆らいようがないと思っていた」という。

そんな一九五〇年の秋、謙二は新潟市内で共産党員に会い、親交を持った。「どういうきっかけで会ったか覚えていないが、労組の活動家か何かだったと思う。新潟市で労組があるような大きい企業といえば、新潟鐵工所か日本軽金属くらいだ。そのあたりの活動家だったかもしれない」という。

「四歳か五歳上の、三〇歳くらいの個人的にはいい人で、兄貴分という感じだった。シベリアで帝国主義論のさわりを読んだことがあると言ったら、自宅に本があるから貸してあげようと言われた。行ってみたら留守で、奥さんが相手をしてくれたが、見ず知らずの人が本を借りに来たので警戒していた。借りて一応読んだが、むずかしくてわからなかった」

「彼とは気は合ったが、とくに活動に勧誘もされなかった。政治運動には、民主運動で懲りていて、かかわる気はなかった。もう上の命令にしたがうのはごめんだと思っていた」

謙二はソ連も、共産主義社会も嫌いだった。そうである以上、中国軍の朝鮮半島介入という冷戦の現実をみれば、再軍備はやむを得ないという発想になりそうだが、そうは考えなかった。

「頭で考えて割り切る人は、そういう考えになるのだろう。しかし現実の世の中の問題は、二者択一ではない。そんな考え方は、現実の社会から遠い人間の発想だ」

共産主義は嫌いだが、戦争や再軍備はまっぴらだ、と謙二は考えていた。これはおそらく、結果的には、当時の日本に多い意見と一致していたと思われる。

一九五一年に入り、二五歳の謙二に、一つの転機が訪れた。謙二は製版会社の営業回りを続けていたが、一九五〇年の冬から何回も風邪をひき、微熱を出しては下がることをくりかえしていた。一九五一年一月、治りが悪いので仕事を休み、町医者に診察してもらったところ、新潟大学病院に行くように紹介された。そこで謙二は、肺結核と診断された。

「告知を受けたときはショックで目の前が真っ暗になった。兄や姉が結核でつぎつぎに死んでいたから、「ああ、自分もとうとう結核になったんだ」と思った。ろくなものを食べずに働いていたからな、とも思った」

新潟の製版会社の仕事は、そこで休職となった。謙二は割野の雄次の家に戻り、約三カ月間の自宅療養を経て、六月に新潟県内野町(一九六〇年に新潟市に合併)にあった、国立内野療養所に入った。この後、謙二は一九五六年までの約五年間を、この療養所で費やすことになる。

第六章　結核療養所

療養所でギターを弾く．壁にあるのは当時の歌手や映画女優の写真

一九五一（昭和二六）年一月、謙二は結核の診断をうけた。もとからの体質もあったろうが、戦中から戦後にかけての、栄養不良や過労が大きな要因だった。

「人生でいちばん落ち込んだ」というこの診断を二五歳でうけたあと、謙二は三〇歳までを、結核療養所ですごすことになる。

1

結核罹患を告げられた謙二は、新潟市の製版会社を休職し、割野の雄次の家にもどった。そして国立の結核療養所に入所申請し、三カ月間ほどは自宅療養ですごした。

「昔の人は寡黙で打たれ強い。父に事の次第を告げたが、「そうか」と言うだけで、あとは何も言わなかった」

岡山に住んでいた伊七と小千代には、手紙を送った。後日に聞いた話では、その手紙を同居していた母屋の人々にみせ、「これはどう考えたらいいのだろう」と言っていたという。

「あずかった孫をすべて病気で亡くし、最後の一人も戦争からようやく帰ってきたと思ったら、結核になってしまった。どう受け止めたらいいのか、わからなかったようだ」

割野では、近所の医師のもとへ二週間に一度ほど通い、気胸を行なった。気胸療法とは、体表から針を刺し、結核菌に冒された肺と肋膜のあいだに空気を入れて、病巣ごと肺胞をつぶそうという治療法である。まだ結核の特効薬が普及していない時代であり、治療手段は限られていた。栄養と安静、そして転地のほかは、こうした外科的手法しか、謙二の周辺にはなかったのである。

病状が落ち着いているときは、近所を散歩するなどして、体を動かしていた。しかし当時、とくに地方では、結核は「死病」として恐れられていた。近所の農民たちは、感染を怖がって謙二に近寄らない。しかたないので、家の前の土手や、川沿いを歩いていた。

「土手を歩いていて近所の人が集まっている脇を通ったら、あとで父に「あまりそうしたところへ行くな」と注意された。近所のおばさんから、「謙ちゃんが青い顔をしていてぞっとした」と言われたそうだ」

一九五一年六月、謙二は新潟県内野町にあった、国立内野療養所に入った。新潟にはクリスチャン系などの民間療養所もあったが、内野と柏崎には国立療養所があった。

そのうち柏崎の療養所は、一九三九年に傷痍軍人新潟療養所として設立され、一九四五年一二月に厚生省移管で結核療養所になっていた。そして内野療養所は、一九四一年に新潟県立結核療養所として設立され、一九四七年に厚生省に移管されたものだった。いわば、総力戦のなかで整えられた医療施設が、戦後の結核療養所の起源をなしたのである。

内野も柏崎も、これといった産業がない土地だった。このうち柏崎は、青森県の下北半島とならんで、その後に原子力発電所と自衛隊基地が誘致されている。

「結核療養所は一種の「迷惑施設」だから、人里には建てられない。内野療養所は、日本海の海岸近くにあった。農村のはずれで、砂浜とチューリップ畑が見渡せるようなところだった」

「近所の農民は、誰も療養所に近寄ってこない。たまに漁民が魚を売りに来たが、人にみつからないように、鼻をつまむようにして、収入のため結核患者に売りに来るという感じだった。患者たちは、窓から鍋などを出して、そこに魚を入れてもらって取引していた」

入所のさいは、父と二人で、越後線の内野駅から一〇分ほど歩いた。療養所に入るとき、謙二は「行ってくるよ」と言い、雄次は「そうか」と答えた。

謙二は「療養中の医療費は、どうしていたか覚えていない」という。しかし、一九五〇年五月の生活保護法改正と、一九五一年三月の結核予防法改正が、謙二の境遇に影響していた。

結核予防法は一九一九(大正八)年に制定されていたが、一九五一年の改正により、結核患者の従業禁止と療養所入所が基本方針となった。周囲への感染予防のため、都道府県知事は結核患者の就業を禁止し、指定の結核療養所に入所命令を出せることとなったのである。

入所後は、医師から結核が完治したと認められるまで、療養所から出ることはできない。その代わり、療養所に入った患者の診察や治療の費用は、保護者から申請があれば都道府県が負担することとされた。

このコンセプトは、患者の隔離収容と扶養を基本原則としており、一九五三(昭和二八)年制定の「らい予防法」とほぼ同じであった。治療費が自己負担だった戦前の結核患者の状況と比べれば、患者の経済状況は改善された。しかし一方で、社会から隔離された患者は、いわば「飼い殺し」の状態となり、何年にもおよぶ長期収容で社会性を喪失しかねない。療養所内での人権状況なども問題になり、「らい予防法」は一九九六年に、結核予防法は二〇〇七年に廃止された。

また謙二は、療養所内の生活費のために、生活保護を受けていたことは覚えている。一九五〇年に改正された生活保護法は、新たに国籍要件などを設けて日本国籍所持者に保護を限定したが、同時に素行不良者などへの保護欠格要件を廃止し、広範囲な救済に方針転換した。この改正が行なわれた一九五〇年には、厚生省の予算の四六パーセントが生活保護に費やされたという。

しかし、謙二がうけとっていた生活保護による生活費は、当時の規定による月額六〇〇円であった。岡山療養所の結核患者だった朝日茂が、この金額は憲法二五条の規定である「健康で文化的な最低限度の生活を営む権利」を侵害しているとして、一九五七年に訴訟を起こしたことはよく知られる。

この訴訟での原告側主張によると、月額六〇〇円では補助栄養食である生卵の購入にも事欠き、一年に一枚のパンツや、二年に一枚の肌着も買えなかったという。「朝日訴訟」とよばれたこの裁判は、一九六〇年の一審では被告側勝訴、一九六三年の二審では請求棄却となった。そして一九六四年の原告の死亡を経て、一九六七年に最高裁で訴訟終了となっている。

謙二は、「朝日訴訟のことは、自分が一九五六年に退所してから新聞で知った。訴訟するのも当然だと思った。自分も療養所にいたあいだ、衣類はまったく捨てなかった」と述べている。生活保護を利用した経緯については、「どうして制度を知ったのか覚えていない。医者はそこまで言わないし、結核の診断をした新潟大学病院の窓口などが、紹介したのかもしれない。あるいは、地域の民生委員あたりに言われたのかもしれない」という。

療養所には、四〇〇名ほどの患者がいた。病棟は六つあり、縁起の悪い「第四病棟」はなく、第一から第五が古い病棟で、第六と第七が新しくできたばかりだった。おそらく、結核予防法改正で患者の隔離収容が増加したため、それに対応して新築されたのだと思われる。謙二は、新築の第六病棟に入った。

謙二は、戦前に兄の輝一が入った、江古田の結核病院に行ったことがあった。その当時は、身の回りの世話をする「付添婦」（おもに中年女性）を、患者が私費で雇う形式が一般的だった。制度が変わった内野療養所では、私費での付添婦は許されず、看護婦が病室を見回っていた。

病室は八人部屋だった謙二の同室患者は、教員が二名、警察官が二名、労働基準監督官が一名、その他が二名だった。ほかの病室も、第六と第七の新設病棟は、教員や公務員が多かった。療養患者は三〇～四〇代が多く、二五歳の謙二のような若者は少なかった。

日本の福祉行政は、個々人が申請することで初めて制度を利用できる「申請主義」をとっている。情報を入手して申請しない限りは、制度があっても利用できない。内野療養所に教員や公務員が多かったのは、公務員のほうが、できたばかりの制度にアクセスするのが早かったことが一因とも考えられる。公的機関にネットワークを持たない貧困者は、生活にも時間にも余裕がなく、制度があっても情報を得られないことが多い。

療養所に入った謙二は、まず一年ほど、パスとTb1という新しい治療薬を飲んで療養した。パスは胃腸障害などの副作用が出やすく、それが出ると一時飲むのをやめ、収まったらまた再開する。

謙二が療養所に入った当時は、結核治療の試行錯誤期だった。一九五〇年代半ばになると、特効薬として抗生物質のストレプトマイシンが出回るようになるが、当時はパスをはじめとした化学系治療薬だけだった。

ペニシリンを嚆矢《こうし》とする抗生物質は、第二次大戦において初めて本格的に使用された。これは当時、レーダーとならぶ連合諸国の新技術で、負傷兵の治療に絶大な効果を発揮した。ペニシリンは戦後になって民間でも使用されるようになり、戦争中の一九四三年に単離されたストレプトマイシンも、結核菌に効く抗生物質として戦後に出回るようになった。しかし一九五一年当時の日本では、まだ貴重な輸入薬で、「自分のような地方の貧乏患者には回ってこなかった」という。

謙二は一年ほど化学薬品を飲み、病気の進行を緩和したところで、一九五二年五月に胸郭成形の外科手術をうけた。この手術は、気胸と同じ原理によるものだった。結核菌をストレプトマイシンなどの内服薬で殺すという発想ではなく、結核菌に冒された病巣を外科的につぶしてしまおうというものである。

「気胸の延長なのだから、従来そういう手術の発想はあったはずだ。おそらく戦争中に外科手術が発達したのと、抗生物質ができて化膿を止めることができるようになって、大きな外科手術が結核にも可能になったのだろう」

当然ながら、結核菌に冒された部分をつぶしてしまえば、肺は小さくなって肺活量が落ちる。

その後の体力は、どうしても低下する。また外科手術で肋骨を切ることになるが、細枝のような骨が、肺がつぶれた形で再生するだけである。その結果、背中に大きな傷が残るうえ、体が歪んでしまう。

つまりこの手術を受ければ、片肺に近い状態になる。それでも、「死病」とよばれていた結核を治せるというわけである。

「手術をすればそうなるのはわかっていた。しかし医師に勧められ、前に進むにはそれしかないと決意して同意した。部分麻酔での手術で、肋骨七本を切って、右の肺をほとんどつぶした。肋骨をノコギリで切られ、痛くてたまらなかった」

「医師にとっては、新しい治療方法を試す、一種の実験という側面もあったと思う。部分麻酔なので、手術のときに医師たちが話しているのが聞こえた。先輩の医師が、施術をしたり見学をしたりしている後輩医師に、「どうもこれじゃまずいな」とか、いろいろ指導していた。気管支が結核菌に冒されていると、手術で病巣をつぶしても無意味なため、手術の前に気管支に金属の内視鏡をつっこまれて検査された。これも不器用な若い医師が、先輩の指導をうけながらやったので、とてもむせて痛かった」

ちなみに翌年からは、肋骨切除が少なくてすむ、肺葉切除が行なわれるようになった。その後は抗生物質が出回り、こうした手術はなくなった。いわば「あだ花のような治療法」であり、ほんの数年のあいだに施術された人々だけが、こうした治療を施された。そのなかでは、『男はつらいよ』の主演俳優だった渥美清が有名である。

「娑婆に出てからも、あの手術を受けた人間はすぐわかった。片肺がつぶれて、そちら側の肩が落ち、その反対側の肩が少し上がっている。自分がいた療養所では、ストレプトマイシン治療が始まったのは、自分が手術をした翌年からだった。一年早ければ、受けなくて済んだ手術だった」

手術後は、パスやストレプトマイシンを、気長に飲んでいた。療養所では、毎月定期的に患者の痰を培養して、結核菌が出ているかを調べる。検査で一年ほど結核菌が出なければ、退所のステップをふみだせる。

しかし菌が検出されれば、新しい結核予防法体制のもとでは、何年たっても退所できない。そして手術から半年ほどたって、謙二の痰から菌が出てしまった。

「肺をつぶしたにもかかわらず、菌が出たということは、手術は無駄だったということだ。医師は「気長にやりましょう」と言った。ひどく落ち込んだ。その後は、療養しながら薬を飲んで、菌が出なくなるのを待つしかなかった」

2

この後、一九五六年に退所するまでの約四年間は、謙二にとって「いちばんつらい時期」だった。単調すぎる生活だったためもあってか、「療養中のことは、あまり覚えていない。一生でどん底の時期だった」という。

「シベリアもつらかったが、「帰国すれば」という希望があった。しかし療養所では、結核が治ったところで、退院してからどう暮らしたらいいかの展望もない。退所できたとしても、技能もなく体力もないので、事務員くらいしかできないと思った」

「またシベリアでは、みなが同じ境遇だったから、捕虜どうしの連帯感みたいなものもあった。しかし療養所では、患者の病状がばらばらだし、公務員や教員とは社会的身分も違うから、連帯感もない。菌が出たときに、患者どうしで慰めの言葉をもらった覚えもない。退院後の社会復帰をどうしたらいいかという話も、したことがない。境遇がみんな違い、共通の話題にならないからだ。みんな深刻な話は避けていた。とくに親しい友人もいなかった」

療養所の生活は、起床から食事、ベッドでの安静、わずかな運動といった、決まりきったものだった。療養所からは出られないので、付近すら散歩できない。イベントめいたことといえば、ごくたまに、療養所で花火大会をやったことがある程度である。

「自由な時間はあったが、療養所の図書室にあったのは、俳句や人生訓といった本ばかり。自分で買おうにも、月に六〇〇円の生活保護では、買えなかった。安売りのゾッキ本の広告をみて、高杉一郎の『極光のかげに』というシベリア抑留体験記を手に入れて、読んだのが印象に残ったくらいだ」

「病院の給食は、病室の自分のベッドで食べた。治療の一環として無料で、栄養はいちおう整っているのだろうが、ろくに覚えていない。うまいものはなかったが、割野の自宅よりはまし、という感じだった。もう少し味気のあるものが食べたいということで、五時以降に医者や看護婦がいなくなってから、宿直看護婦の目を盗んで、療養所の中庭で魚を焼いて食べている人もいた。自費で漁師から買ったのだと思う。実家の農家から、作物を送ってもらっていた人もいたようだ」

新聞は、一般紙とスポーツ新聞を、病室八名の共同でとっていた。しかし、「同時代のニュースで覚えているものはあまりない。一九五三年の朝鮮戦争休戦くらいだ」という。

手術より前の一九五一年九月には、サンフランシスコ講和会議が行なわれ、日米安保条約が結ばれた。しかし、これも印象が薄かったという。

「全面講和を唱える人たちの心情はよくわかったが、講和会議の結果は「こんな線だろう」と思った。安保条約は、自分も周囲のほとんどの人も、何のことかピンときていなかった。しかし朝鮮戦争があって、米ソが全面戦争になりかねない情勢では、弱小国だった日本がどうあがいても仕方がないと、多くの人が思っていただろう」

病室には自分用の鉱石ラジオがあり、病室で音を出さないよう、イヤフォンで聞いていた。聞いたのはたいていＮＨＫで、落語が多かった。中野にいたころに「末広亭」に行ったこともあり、落語は好きだった。

「戦争中に行方不明になった親族を探す、『尋ね人』という番組も聞いた。しかし、深刻に考えたくなかったので、もっぱら『話の泉』や『二十の扉』といった、娯楽番組を聞いていた」

「『Ｓ盤アワー』という番組では、一〇年ぶりに娯楽音楽を聞いた。戦争から戦後まで一〇年ほど、まったく娯楽だの音楽だのに接していなかったから、戦後はアメリカの影響を受けて軽音楽も変わったなと思った」

当時の謙二の写真には、病室でギターを弾いているものがある。弾いたのは、戦前の流行歌だった、古賀政男作曲の『影を慕いて』などだった。

「療養所にあったギターを、自己流で覚えて弾いたら、ほかの患者から「退所したら『流し』をやって食っていったらいい」と言われたことがある。もちろん真面目な話としてではない。

そのくらい、みんな展望がなかったということだ」

父の雄次は、二カ月に一度くらい、謙二に栄養をつけさせるため、卵などを持参して見舞いに来てくれた。しかし、「とくに深い話をするようなことはなかった。お互いにいい話は何もないからだ」。そしてこの時期、雄次の生活も大変だった。

「ちょうど手術中に、妹の秀子が、ある事情で教師をやめて東京に出てしまい、消息不明になってしまった。半年ほどたってから、父は「今だから言うが」と伝えてくれた。手術中だから気を遣ったのだろうが、よほどつらかったのだろう。しかし父は、戦後に全財産をなくし、ようやく帰ってきた息子が二年間ふらふらしたあげく結核になっても、愚痴るようなことは何も言わなかった。とにかく耐えていたと思う」

一九五三年半ば、療養所で見た『新潟日報』に、ブラジル移民から一時帰国した人の記事が載っていた。そこで初めて謙二は、叔母の美登里の消息を知る機会を得た。

前章で述べたように、美登里は小千代の次女であり、謙二の母の妹だった。そして美登里は、戦前に夫と子ども二人とともにブラジルに移民したまま、戦後にはいくら手紙を出しても、返事が返ってこない状態となっていた。

「その記事によると、そのブラジル移民の人は、日本に帰って初めて本当に戦争に負けたことがわかった、ブラジルにはまだ敗戦を信じていない人がいる、といったことを述べていた。

そこで新聞社気付で手紙をだし、叔母の消息についてわかることがあったら教えてくれ、と頼んだ。そうしたら、その人が病院を訪ねてきてくれた」

この当時、ブラジルの日系移民は、敗戦を認めない「勝ち組」と、それを認める「負け組」に分かれて対立していた。戦前の「神国日本」の教育が浸透していたこと、ポルトガル語が読めないため情報源が限られていたことなどが一因だった。ブラジルでは、両者の対立の激化で、暗殺や襲撃事件までおきていた。

「その人の話では、美登里さんの夫は「勝ち組」のリーダー格で、日本から来た手紙は、アメリカの謀略だといって読まずに焼き捨てているということだった。「勝ち組」の人は、日本から戦争が終わったことを知らせる手紙が届いても、信じようとしないという話だった」

「そこで初めて、美登里さんが何の便りもくれない理由がわかった。その人に、美登里さんへの伝言を頼んだが、その後も音信はなかった。これも広い意味では、戦争が人の心を引き裂いた一例だ」

一九五四(昭和二九)年三月、岡山にいた伊七が、脳梗塞で死去した。同居していた岡山の親戚が、謙二にも手紙で知らせてきた。

「帰国後すぐに訪ねたのが、最後の別れとなった。あれからあとは、こちらも生きていくのに精いっぱいで、何もできなかった。しかしおじいさんも七八歳で、戦前から脳梗塞で体がきかなくなっていたから、天寿だとも思った。ただ、美登里さんと最後まで連絡がとれなかったのは、心残りだったと思う」

そのほか療養所時代で謙二が印象に残っている事件としては、内野療養所での患者運動がある。

結核患者の待遇改善を求める運動は、全国組織である日本患者同盟(日患同盟)の指導下で行なわれていた。それまで存在した患者団体を糾合し、一九四九年に結成された日患同盟は、前述の朝日訴訟を支援したことでも知られる。

内野療養所で運動を指導していたのは、第七病棟にいた佐藤勝巳という若い患者だった。一九二九年に新潟県に生まれた佐藤は、川崎汽船に勤めていた共産党系の労組活動家で、内野療養所を出たあとは、新潟県の在日韓国・朝鮮人の差別撤廃運動にかかわった。彼は北朝鮮への帰国運動に関係し、北朝鮮の実態に失望して日本共産党を脱党、北朝鮮拉致被害者の救済運動に転じたことで知られる。

佐藤は療養所時代には、日患同盟の新潟支部に属していた。はじめは目立たなかったが、独特の風貌で弁がたち、内野療養所の患者自治会長となった。「マイクで演説をしたり、流行歌だった田端義夫の「かえり船」という曲をギターで弾いていた佐藤を覚えている」と謙二はいう。佐藤たちは新聞を出したり、患者大会を開いたりしていた。

謙二がこの運動から受けた影響としては、身体障害者手帳を取得したことが挙げられる。謙二のほかにも、手術の結果、身体に影響が残った患者が少なからずいた。患者自治会は、彼らに障害者手帳を取ることを勧めていた。謙二も申請し、第五級(最下級は第六級)の障害者手帳を取得した。

もっとも謙二は、患者運動には参加しなかった。「狭い療養所でアジ演説をしたりしても、シベリアの収容所で民主運動をやっているようなものだ」と思ったことも一因だった。

療養生活のあいだ、父の雄次がたまに見舞いに来るほかは、見舞客もなかった。運動にも参加せず、療養所内にこれといった友人もおらず、将来の展望もなかった。都庁に勤めていた早実時代の友人が手紙をくれたことがあったが、そのほかには手紙をもらった記憶もない。天涯孤独で展望もなく、自殺したくなったことはないかと問うと、謙二はこう述べた。

「そういうことは考えなかった。どんな境遇になっても、人間はつねに希望を見出す。シベリアにいたときもそうだった。それに、そんなことをしたら、父に申し訳ないと思っていた」

そうした生活のなか、手術から約三年のあいだ、検査のたびに、痰から菌が出たり出なかったりをくりかえした。一九五五年から、ようやく安定的に菌が出なくなり、医師に退所を許される展望が出てきた。

そして一九五六(昭和三一)年五月、謙二はようやく退所することができた。退所後の展望はなかったが、「療養所を出たときはうれしかった」という。

退所者が門を出るときは、患者や医師、看護婦が集まり、刑務所でよく行なわれるように、みなで「もう帰ってくるなよ」と言って見送るのが恒例だった。一張羅の背広を着て、記念写真をとるのも恒例だった。出迎えはなく、謙二はとりあえず父の家にむかった。

謙二はすでに三〇歳になっていた。彼の二〇代の一〇年間は、戦争とシベリア、そして結核療養所で終わってしまっていた。

3

療養所からの退所が近くなると、新潟市への外出も許され、住居を探すなど、退院後の準備もできるようになった。しかし、片肺がなく、何の技能もなく、もはや若さにすら頼ることのできない三〇歳の謙二にとって、どう生きていけばいいのかの見通しはなかった。

結核患者のなかには、療養所を出ても、その後の貧困や栄養不足、体力低下と過労などによって、再発して療養所に「出戻り」になる例が多かった。展望がみえない貧困生活のなかで、アルコール摂取などの不摂生に陥り、その結果として再発に至る者もいた。

前述の渥美清も、療養所から社会復帰して以後は、酒・タバコ・コーヒーなどをすべてやめ、体調管理に気を遣っていたという。謙二もまた、「とにかく、再発だけは気をつけよう。万が一にも、再発したらアウトだ」と思っていた。

「だからその後は、健康に気をつけながら働いた。しかし、無理はせざるをえないことも多かった。肺活量は二〇〇〇ccそこそこで、少しきつい労働をすると息が切れた」

障害者手帳は持っていたが、等級が軽度であるため、「国鉄の運賃が一定距離を超えると半額になる程度で、その他はほとんどメリットがなかった」。ちなみに、謙二の等級でも自動車取得税と自動車重量税は減免になるのだが、その情報を知ったのは二〇〇九年になってからで、それ以前は申請をしていなかったため制度が適用されなかったという。

退所後には、謙二はまず、小千代がいる岡山にむかった。東京と静岡を経由して、親戚などと再会する旅だった。

最初にむかった東京では、新潟から移り住んでいた妹の秀子に会った。秀子はすでに消息を父に知らせており、東京にあった学芸大学の事務職員になっていた。

北海道、新潟、東京を移り住み、いわば「流れ者」となっていた小熊家の人々にとって、もはや故郷はなかった。新潟の割野は、本家があるとはいえ、とくに関係が深いわけでもない。また新潟ではよい職もなく、雄次を扶養していくめども立たない。いずれは自分も東京で職を得て、雄次と義母の面倒くらいは見られるようになり、みんなで暮らそうといったプランを、謙二は妹と相談した。

七年ぶりに訪れた東京には、戦災の痕跡はなくなっていた。謙二が訪れた一九五六年には、「もはや戦後ではない」という言葉が流行語になり、日本はすでに高度成長に突入しつつあった。石原慎太郎の小説から名をとった「太陽族」が注目を集め、池袋には西武・東武・三越などのデパートが出店ラッシュとなっていた。

「五年も娑婆に出ていなかったので、まるで浦島太郎だった。東京が繁栄しているのにくらべて、自分は取り残されて落ちぶれていると思った」

東京では、療養所に手紙をくれた早実時代の友人とも会い、数日泊めてもらった。

「療養所に五年もいて社会的にぼけていたのか、土産も持っていかなかったのは悪かった。彼も徴兵されたが、千葉県で本土決戦用の壕を掘っていただけで、戦後はすぐ復員して都庁に勤めていた。それにくらべ、自分はシベリアで三年、療養所で五年と、収容所でばかり暮らしていたようなものだった」

東京の次は、静岡に立ち寄った。今枝ハムに勤務していた時代にお世話になった、日本軽金属に勤める夫を持つ異母姉を訪ねるためだった。日本軽金属が一九五二年に静岡県の清水に新工場を開き、姉たちは静岡に転居していた。姉のもとに数日滞在したあと、謙二は小千代が住む岡山に行った。

「おばあさんは、あいかわらず離れで暮らしていた。それから二カ月ほど、また一緒に狭い離れで暮らした。おばあさんは「謙や」とやさしかった。親戚たちは生活に大わらわだったが、自分が結核になったことはみんな知っていたから、祖父母を放っておいて今ごろなんだ、といった対応はなかった」

庭先の離れとはいえ、母屋は小千代の生家であり、そこには小千代の妹が住んでいた。敗戦直後の時期とちがって、生活もいくらか落ち着いており、八〇歳をすぎた小千代は妹と仲良くやっていた。

「そこで安定しているなら、もう歳だから動かさないほうがよいと思った。行ってみて安心したので、自分の生活と、父の面倒のほうを考えることにした」

新潟にもどった謙二は、入院前に勤めていた製版所で働き始めた。療養所からの退所準備の時期に訪ねたところ、勤務を再開してよいという返事をもらっていたからである。その会社はもう燃料販売はやめていて、製版だけで繁盛していた。しかし、ここでの勤務は、二カ月ほどしか続かなかった。

「また事務員として雇ってもらい、製版所の二階に住んだ。ところが、主人が酒乱で金遣いが荒く、酔って夜中に二階までやってくる。それで辞めた。酒飲みは苦手だ。だいたい自分は、体質で酒が飲めない」

とはいえ、会社を辞めると、住むところがない。製版所を出て、昔は水族館だったというアパートの二階の一部屋を借りた。家具は持っていなかったので、リヤカーに布団を積んで自分で引き、引っ越しはあっというまに終わった。

「このアパートでは、朝晩の食事は、大家のまかないだった。一〇畳くらいの広さの部屋だったが、アパートには新潟市内の得体のしれない人たちが入っていた。もっとも自分もはたからみれば「得体のしれない人」だっただろう。住人に学校の先生が一人いたが、それがいちばんいい部類だ」

製版所を辞めた直後の一九五六年一一月ごろ、新潟市の街角で、偶然に療養所時代の知り合いに会った。彼は原健一郎といい、作家志望の青年だった。この青年から、謙二は仕事を世話してもらうことになった。

原の父親は、旧制中学の英語教師だったが、広島で被爆し、彼が高校一年生のときに原爆後遺症で死んだ。原は父の弟の医師にひきとられ、将来は医師になることを期待されて、生活費を出してもらっていた。ところが彼は、文学を志して京都大学の文学部に入った。しかし経済的になりたたず、母親のいる新潟にやってきたあと、結核にかかったのである。療養所内では、彼は佐藤勝巳のもとで、患者運動の新聞を書いていた。

謙二に再会したころの原は、父の教え子が『新潟日報』の記者だった縁で、小さな出版社で働いていた。出版社といっても、新潟の地方政財界の名士たちを取材し、彼らの自慢話を掲載した数十ページの小冊子を作ることでなりたっていた。

「うまく褒めた文章を書くと、大量に買ってもらえたり、広告を出してもらえる。記事は、原がひとりで全部書いていた」

原は謙二に会うと、そんな広い部屋に住んでいるなら、一緒に住まわせてくれと頼んできた。謙二が応じると、布団をもってアパートに引っ越してきて、共同生活が始まった。

「原は住んでいたアパートを追われ、宿がなかった。一方で自分は、宿はあったが仕事がなかった。原と一緒に住み、原の紹介で、その出版社で働くことになった」

その出版社は、新潟市内にある、社長の自宅兼社屋で編集をしていた。社屋は二階建ての民家で、一階は商店に貸し出していた。二階の一室が編集室で、もう一室には、社長の娘が二人と、社長の姉が住んでいた。社長は五〇代くらいで、家賃と編集業で生活していた。彼も文学志向で、出版をやりたかったらしかった。

「自分もタクシー業界の話を書いたりした。しかし原ほどうまくはなく、向いていないと思った。名刺は偽名というか、ペンネームのものを作った。原と二人で、ある会社に広告掲載料をもらいに行ったときに、名刺の提出を求められて、「電話で聞いた名前と違うじゃないか」

と言われて怪しまれたので、お金をもらってすぐ退散したことがある」

「事務所には得体のしれない者たちが出入りしていた。選挙のときに、各陣営の事務所を回って、ご飯をごちそうになるような人間が、いろいろ裏話を聞かせてくれた。しかしやくざは出入りしていなかったし、出会ったこともない。まだ高度成長が本格化する前だったので、やくざはそれほどあちこちには利権を固めてはいなかったと思う」

この時期は、謙二の人生においては例外的なほど、多少は享楽的な時期だった。「原と職場も住居も一緒だったので、アパートに帰る前に、原と新潟市内で遊び歩いた」。

「映画をみたり、競馬で大穴を当てたりしたこともあった。そのときは、原におごって使ってしまった。新潟市の繁華街だった古町通りの「トリスバー」に行ったりもした。自分は酒は飲まないが、つきあいだ」

高度成長の波は新潟にもおよび、新潟市内のデパートに入ると、以前にはなかったエスカレーターがついていた。とはいえ、謙二の生活は貧しいままだった。

「デパートには行ったが、買い物といえば、新潟は寒いので晩秋にコートを買ったくらい。服は一張羅の背広はあったが、ふだん何を着ていたか覚えていない。おそらく大したものではなかったろう。洗濯は手洗いで、下着はあまり替えなかった。療養所時代のように、髪は伸び放題というわけにもいかないから、散髪くらいはした」

新潟市内には街頭テレビがあった。しかし電波の入りが悪いのか、映像が乱れてよく見えなかった。スポーツ中継に熱中したという覚えもないという。

一九五六年一〇月の日ソ国交回復には、あまり関心が持てなかった。一九五五年の自民党成立と社会党統一、鳩山政権と石橋政権の誕生などは、遠い世界の出来事に思えた。ただし「シベリア帰り」だったので、一九五六年のハンガリー動乱は新聞で読んで印象に残った。

「ソ連による鎮圧はひどいと思うと同時に、ソ連の体制に民衆が自然発生的に抵抗するなど、自分の体験からすれば考えられないことだと思った」

そうはいっても、謙二の選挙での投票先は、あいかわらず革新系だった。共産主義は嫌いだったが、日本の軍国主義と、日本の保守派はもっと嫌いだった。

「当時の新潟の政治家で覚えているのは、新潟四区の社会党議員だった猪俣浩三。人権問題や汚職問題の追及で知られ、一九七〇年にアムネスティ日本支部を創設した立派な人だ。一方で同じ選挙区の自民党議員だった田中彰治は、国有地払下げや土地転がしで、恐喝やら詐欺やらに問われ、マッチポンプとあだ名されていた。田中角栄は、名前は知っていたが、まだそれほど目立ってはいなかった」

アムネスティ・インターナショナルは、一九六一年にイギリスで発祥した人権団体であり、不当に逮捕・拘留されている「良心の囚人」の釈放を求める活動を行なっていることで知られる。冷戦期には、ソ連の強制収容所もそうした活動対象に入っていた。謙二は生活が安定した一九八〇年代に入会し、会報に付属している「良心の囚人」の釈放を求める手紙を書き送り続けたが、それはずっと後年の話である。

一九五七(昭和三二)年二月には、開戦時の商工大臣で、元A級戦犯だった岸信介が首相になった。しかし生活で精いっぱいの謙二は、「嫌なことだと思い、反動が大手をふって盛り返しているという感じだったが、しがない庶民の一人にはどうにもならない」という印象だったという。

一方で出版社のほうは、謙二が働きはじめて四〜五カ月もたつと、資金繰りに苦しむようになった。「いい加減な仕事だし、新潟は業界が小さいから、続くはずもない」。転職と倒産をくりかえす、中小企業労働者にありがちな人生行路だった。

一九五七年四月ごろに出版社を辞め、職業安定所からの紹介で、工具店に事務員として雇われた。高度成長で中小工場が多くなり、とくに自動車部品の工場が増えていた。その工具店は、そうした中小工場へ営業回りをして、スパナなどの工具の注文をとっていた。

工具店は社長と謙二、そして営業四人の会社で、資金繰りに苦労していた。店は一軒家で、一階が倉庫、二階が事務所だった。あいかわらず原と暮らしながら、そこで働いた。

しかし一九五七年一二月、謙二はその工具店を辞めた。退社した理由は、盗みが発覚したことだった。

「事務員だったので、会社の金を少し盗んでしまった。自分はまじめなほうだと思うが、誘惑に負けた。といっても百円札一枚をちょろまかしたくらいだったが、社長は感づいたらしく、それから態度が少し変わった。明確にとがめられはしなかったが、居づらくなって辞めた」

ある意味で、「潮時」だった。謙二はこれを機会に、東京へ出ることにした。そのころには、割野の雄次の家では、義母が老衰で長くない状態になっていた。

「これ以上、新潟にいてもらちがあかない。父と一つ屋根の下で住むためには、東京に出るしかないと思った。東京には秀子がいて、定職に就いている。あいつと二人の収入なら、何とか東京に拠点を築いて、父を迎えられると思った」

東京に職のあてはなかった。秀子に連絡して、間借りさせてくれと頼み、とりあえず住居だけは確保した。療養所を出る一九五六年五月まで生活保護だったため、その時点での貯金はゼロ。「療養所を退所してから上京まで一年あまり働いたが、手元にはわずかなお金しか持っていなかった」。

上京することになって、原との共同生活を解消した。東京へ行くと告げると、「お別れだね」と言われた。荷物はほとんどなく、手荷物だけを持ち、あとで原に布団を送ってもらった。

工具店を辞めてすぐ、一二月半ばの平日の夜に、謙二は新潟駅から、東京行の夜行列車に乗った。雄次はすでに老齢で、新潟まで見送りには来る力はなかった。工具店の同僚数人が、一杯飲んだついでに見送りにきた。すでに三二歳だった。

第七章　高度成長

1962年10月撮影．謙二36歳，寛子33歳，剛一5歳

1

一九五七(昭和三二)年一二月、謙二は手荷物を持っただけで、新潟から東京へむかった。すでに年齢は三二歳。これといった技能も職歴もなく、貯金もほとんどない。結核手術の後遺症で片肺に近く、肉体労働には就けない。

前年の一九五六年には、「もはや戦後ではない」という言葉が流行していた。しかし謙二は、「実感がわかなかった」という。

「映画が色つきになったり、テレビが売れているといった、どうでもいい変化は知っていた。しかし自分の生活が不安定だったから、そんなことを言われてもという感じだった。「太陽族」という言葉も聞いたが、自分には関係のない話だと思った」

とくに出迎えもなく上野駅に着いた謙二は、武蔵小金井駅の近くにある東京学芸大学にむかった。そこでは妹の秀子が、事務職員として勤めていた。

東京学芸大学は、東京にあった六つの師範学校(教員養成学校)を統合し、一九四九(昭和二四)年に設立された大学である。新潟の師範学校を卒業していた秀子は、五年前に新潟から東京へ出たあと、そこの職員として雇われていた。

謙二は学芸大学で秀子と会ったあと、五日市街道沿いの小平市喜平町にあった、彼女の住まいに転がり込んだ。そこに住みながら、東京で仕事を探すつもりだった。

「農家の庭先にある二階建ての貸家で、二階の真ん中に廊下があり、その両脇に三畳間が一〇あまりあった。そのうちの一つを秀子が借りていた。あとは一軒か二軒入っていたが、ほとんど空き室だった。一階には小さな汚い便所のほか、物置になっていて何もない。母屋は農家で、秀子が家賃を払っていた。大家の了解を得て、自分を迎えたと思う」

当時の小平は畑が多かったが、都市化が進みつつあった。ちょうど高度成長の初期で、周辺の地価がどんどん上がっていることを、謙二は噂として聞いた。

謙二は秀子と一緒に、三畳間に住み込んだ。家具といえば、窓際に置いた石油コンロのほか、小さな机があっただけ。水道もガスもない。生活用水は母屋の近くの井戸から水を汲んで運び上げ、部屋のカメに入れていた。調理は石油コンロを使って三畳間の室内で行ない、調理後の生活水は窓から捨てた。

部屋が狭いので、布団は一枚しか敷けない。敷くときは一人が外に出て、一枚の布団に二人で寝た。

「兄妹とはいえ、三〇代の男女が一つの布団に一緒に寝る生活を、それから四カ月ほどしていた。調理が七輪でなく石油コンロだったのが、戦前と違う唯一の点だった。調理はもっぱら秀子がやっていたが、大したものは食べた記憶はない。朝は忙しくて火を使う調理の暇がないから、食パンを食べるようになった」

「ゴミは調理後の野菜くずくらいしか出なかった。新聞もとらなかったし、当時は商品も包装していなかったからだ。ゴミは窓から外へ投げ捨てるか、外出するときに出先のゴミ捨て場で捨てていた」

「その年の四月に義母が死んだとき、新潟の葬式に秀子が出た。自分は縁が薄かったが、秀子にとっては育ての親だ。そこで秀子は、「水道もガスもないなんて、それで東京かいね」と言われたそうだ。当時の農村からみても、極貧の生活だったということだ」

敗戦後の日本では、貸家業は衰退していた。その背景にあったのは、戦時期に実施された、地代家賃統制令と借地法・借家法の改正だった。総力戦のため、工業地帯に流れ込んだ労働者むけに貸家を確保する必要があったからだった。そのため戦後のインフレで地代が上昇しても、家賃がそれに比してあがらず、貸家業が成り立ちにくくなったのである。

その後、敗戦後に実施されていた都市部への人口流入制限が撤廃された。さらに高度成長が始まると、大量の人口が東京に流入した。これにより、東京は人口過密となり、住宅不足で居住状況は悪化した。

高度成長の進展とともに、民間貸家の供給が増加したが、それでも一九六五年の調査では、東京の労働者の三六パーセントが一人当たり三畳未満の住居に住み、一七〜二四歳労働者の五割が工場主などの家に「住み込み」で働いていた（結城清吾『過密・過疎』三一書房、一九七〇年）。

いわば謙二が上京したのは、東京の賃貸住宅状況が最悪の時期だった。とはいえ彼らの居住状況は、そのなかでも劣悪だったといえる。

「おそらく、敗戦後に住宅事情が極度に悪かったときに、貸部屋として農家が建てたものだったろう。ガスも水道もなく、共同炊事場すらない貸家だったから、このころになると、そんなところに住む人は少なくなっていた。だから、ほとんど空き部屋だったわけだ」

謙二はとりあえず、つなぎの仕事として、学芸大学で二週間ほど書類整理のアルバイトをした。パンチで書類に穴をあけ、ひもに通すという単純作業である。「お役所仕事だから、ノルマもなく、のんきなものだった」という。

謙二にとって、大学などというものに足を踏み入れるのは、初めての経験だった。高度成長期以前の文章では、大学教授や大学生に対し、のんきな生活をしている特権層であると感じたとか、劣等感を抱いたといった記述が多い。しかし謙二は、「そういうことは何も感じなかった。まったく別の世界だからな。こちらは「下の下」だったから、比べてどうこうとかは考えなかった」という。

戦争とシベリア抑留で大企業の職を失い、若い時期を結核で失った謙二にとって、「下の下」から浮上するチャンスはないものと思われた。「日本の社会というのは、いちど外れてしまうと、ずっと外れっぱなしになってしまう」というのが、当時の彼の率直な印象だった。

しかし結果からいうと、高度成長の進展が、謙二に好作用した。日本社会全体の底上げのなかで、偶然にも新規ビジネスのチャンスをつかんだことが、謙二の後半生を決めることになる。

2

謙二がチャンスをつかんだ契機は、一九五八(昭和三三)年一月に、「株式会社立川ストア」という新興会社に雇われたことだった(以下、仮名)。その会社のスポーツ部門担当の高橋という人物が、東京学芸大学に出入りしており、謙二を採用したのである。

時代は高度成長の初期で、まず登山が、次にスキーが流行し始めていた。それ以前には、スポーツなどというものは、中産階級以上のものだった。専用のスポーツ用品もまた、大衆には無縁だった。

ところが高度成長のなかで、ある程度の収入を得た層は、戦前の中産階級の生活様式をとりいれ始めた。一般の労働者たちも、戦前から『少年倶楽部』などの雑誌によって、都市部中産層の生活を、極度に理想化された形で知っていた。

そうした少年少女雑誌の挿絵には、ピアノやシャンデリア、ソファーなどに囲まれた応接間、百科事典のつまった本棚、ゴルフやスキーを楽しむ姿などが描かれていた。そして、それ以外の生活モデルを持たなかった労働者たちは、高度成長によって収入を得ると、いっせいにそうした生活様式に必要な品々を購入し始めた。

謙二を採用した高橋は、立川ストアのレジャー・スポーツ用品販売担当だった。高橋の仕事は、安定した収入を得ている大学の教職員をターゲットに、スキー用品の展示会を大学構内で開き、購入を誘うことだった。

秀子は生地の佐呂間でスキーをやっていたので、高橋と話すようになった。そして秀子が謙二のことを高橋に話し、謙二の立川ストア採用につながったのである。

「高橋さんは法政大学卒で、当時四〇歳ぐらいだったが、昔はテニスの選手だったそうだ。テニスなんてものは、戦前は学生しかやらなかった。戦後はスポーツ用品店を経営していたそうだが、不渡りをだして夜逃げし、二〜三年ほど行方をくらましていたと聞いた。ほとぼりがさめたころに現れて、立川ストアに勤め、スポーツ部門を担当することになったそうだ。そのころは、数年行方をくらましていると、問屋などの取引先にたまった借金がうやむやになることはよくあった」

立川ストアの社屋は、東京都の立川駅南口から徒歩数分の一等地にあった。二階建てで、二階に社長一家が住み、一階が店舗だった。社員は一〇名ほどで、中心は文房具と事務用品の販売。女性店員は、社長の夫人と長女を含めて五名ほどで、店頭販売員と事務員を兼ねている。あとの男性社員は、外商へ行くという陣容だった。

「社長は渡瀬万里という人物で、五〇代半ばの、たたき上げの甲州商人だった。社員には甲州出身者が多く、社長の丁稚のような人も多かった。社長は甲州では成功者とみなされていて、地元の親族や知人を雇っていた。ただし、県人会などの仕事はしていなかった。社長は戦後に共産党員だったそうで、「ずいぶん暴れたものだ」とか言っていた」

立川ストアは、外商で文房具や事務用品を売るという、新しい商法で成功していた。それまでも文具店は多かったが、それらのほとんどは、店に買いに来た客に売るだけだった。ところが渡瀬社長は、市役所や学校、企業など、まとまった需要がありそうなところに営業員を巡回させ、大口受注を受けた場合は割引するという方法を採用した。これは伝統的な「御用聞き」の延長であると同時に、当時としては珍しい販売方法で、文具販売におけるベンチャー企業ともいうべきものだった。

立川ストアは、こうした手法で急成長していた。そして、文具のまとまった需要のあるところには、スポーツ用品の需要もある。また当時は、スポーツ用品の需要が伸びつつあった。そこで攻めの経営姿勢をとる社長は、スポーツ用品販売部門を創設した。そのために社長が雇ったのが、高橋だったのである。

謙二の採用は、まず高橋の判断で採用を決め、それを社長が了承するという形だったようだ。これは、人事部が採用を決める大企業の人事採用とは違う形態だが、中小企業では珍しくない。

また欧米系の企業では、旋盤工や経理といった専門職で人を雇う。そのため、まず工場の現場責任者が「旋盤工が一人必要だ」などと判断し、企業の人事部がそれを追認するといった形態をとることが多かった。その意味では、人事部が新卒者を一括採用して、その後に各部署を使いまわすという日本の大企業のやり方のほうが、むしろ珍しいといえる。

謙二が立川ストアに行ってみると、店頭にはスキーや野球グラブなどが並べてあった。しかし、おもな販売方法は外商だった。謙二は、急拡大していたスポーツ用品外商部門に、二人目として雇われたのである。月給は一万二〇〇〇円ほどで、当時の大卒初任給よりやや高い程度だった。

謙二は、セールスの経験はなかった。元スポーツ選手でもなく、スポーツに関心も知識もない。それなのに雇われた理由について、謙二はこう述べる。

「外商は、納入先からもらった金銭を扱うから、身元がしっかりしている者がよいということで採用されたのだと思う。もっとも社長は後日、「小熊さんの経歴をみたとき、これは続かないなと思った」と言っていた。実際にその後の立川ストアでは、外商に雇われても、辞めていく人は多かった」

しかし、謙二は必死に働いた。年齢その他を考えれば、これは最後のチャンスである可能性もあった。

立川ストアは、文具の納入先として、おもに学校や市役所を相手にしていた。スポーツ部門は、まず学校への売込みから始めることとなった。学校には体育の授業のために、スポーツ用品購入の公的予算があり、これに目をつけたのである。

高橋は、一橋大学や学芸大学など多摩地区の大学を巡回していた。謙二のほうは、中学や高校の開拓をまかされた。担当エリアは、立川市を中心に国立《くにたち》市、国分寺市、小平市、昭島市などである。

こうして謙二は、スポーツ用品のカタログを持参して、電話帳で調べた各地の学校を、手あたり次第にオートバイでまわった。最初に使ったのは、ヤマハの一二五ccの小型二輪だった。荷台が小さいので、その後は富士重工業のスクーターである「ラビット」に乗った。一九六一年ごろからは、富士重工業のバン型軽商用車「スバル・サンバー」を使うようになった。

「外商は、初めは慣れなかった。とにかく学校の体育の先生を訪ねて、雑談をするところから始めた。スポーツに関心がなく、話題もないので、「いい天気ですねえ」から始めていた。あるいは、部屋で目につくものを見つけて、「この植木はなんですか」とか。とにかく話をもたせていたが、相手も困っていたと思う。もちろん、門前払いも多かった。自分より年下の先生も多かったが、気にせず頭を下げていた」

「スポーツには関心がなく、売るスポーツ用品のことを学ぼうとも思わなかった。話題をあわせるために、新聞で試合結果などを少し見る程度。「食い扶持」だと思って売っていた。売れたのは野球用品やバレーボールなど。仲良くなると、体育の先生は、「それじゃバレーボール五個」などと、とにかく授業に必要なものを注文するようになる。それを事務室に報告して、納品したあとまとめて請求する」

「やがて問屋のほうも、一定の売上げがあがった店には、リベート(売上げ報奨金)を出すようになった。たとえばある問屋への注文が年商一〇〇〇万になれば、三パーセントか四パーセントは、卸値から値引きして回してくれる。それを原資にして、こちらも大口注文には割引で応じる。メーカーや問屋は一定の価格で卸してくるから、そこからどのくらいマージンをとるかは販売店の裁量なので、注文がたまったらその範囲で値引きを決めた」

もちろん、慣れないがゆえの失敗も多かった。「外商を始めた最初のころは、学校に入っていったら事務長に呼びとめられ、「出入りするときは挨拶するのが常識ではないかね」などと注意され、謝ったこともある」という。「学校側からみれば、得体のしれない人間としか映らなかったろう」。ほかにも、私立高校の野球部のキャプテンと話をつけて、生徒から継続的に注文をとったものの、生徒の支払いが焦げついてしまったこともあった。

こんなやり方だったが、それでも外商は成功した。要因の第一は、こうした商法がまだ珍しかったからだった。「当時はまだ、その地域ではどこの業者も外商を始めていなかった。学校から注文がくるのを、ただ待っていただけだったろう。学校を訪ねても、自分が初めてだというところが多かった」。

理由の第二は、謙二に観察力があったことだった。これまでの記述でもわかるように、謙二は地域社会にいても、収容所にいても、その社会関係を冷静に観察し、背景を分析する能力があった。謙二の場合、これは教育機関で学んだ能力ではなかったが、外商でも活かされた。

「学校のなかで体育用具の購入を決めるのは、体育の先生か、事務職員のどちらかだ。学校ごとに事情が違うので、その学校ではどちらに権限があるのか、見定めるのが重要だった。体育の先生に権限があるなら、その人と仲良くなって決めてもらう。事務に権限があるようなら、事務には商人に会う理由がないから、まず体育の先生と仲良くなり、「事務に話を通してくれませんか」と頼む。それから事務に行って「先生がこう言っていますから」と話して決定してもらう。一種の官僚組織だから、どちらにも嫌われないようにしないと仕事にならない」

もちろんこうしたことは、セールスの定石ではある。しかし頭でそれを理解できても、それぞれに事情が異なる現場で応用できるかは、当人の能力と適性がものをいう。

また外商という勤務形態は、謙二の健康状態にも幸いした。謙二は肺活量が通常の半分ほどしかなく、すぐ息が切れたが、外商ではノルマさえ達成すれば体力にあわせて働けた。のちには、外回りのあいまに昼寝をすることができ、これを健康維持の日課とした。

「四輪車に乗るようになってからは、自宅から持ってきた弁当を、魔法瓶に入れたお茶と一緒に出先で食べ、そのあと車のなかで昼寝した。肉体労働はもちろん、店員や事務員でも、そんなことはできなかったろう。食後に昼寝をするのは、結核療養所時代の日課で、その延長だった」

営業が軌道に乗ってくると、学校のほかに、企業にも進出した。小平にあった日立製作所武蔵工場では、トランジスタ（半導体）を生産しており、多数の従業員がいた。また小平にはブリヂストンのタイヤ工場、武蔵村山にはプリンス自動車（一九六六年に日産自動車と合併。二〇〇四年に工場閉鎖）の工場が建てられていた。

プリンス自動車は、立川に工場があった中島飛行機と立川飛行機の後身だった。日立製作所とともに、戦前は軍需産業だった企業である。日本の製造業は、この時期には民需転換によって高度成長の柱となり、あいついで工場を新増設していた。

これらの工場の構内には、会社が建てた体育館があった。工場側は、工員のストレス発散と福利厚生の一環として、スポーツを奨励していたのである。

「相手が会社の場合は、すでに関係を作っている立川ストアの文具部門の売込みと一緒に行って営業をした。こうした会社には野球部やバレー部があり、部長が部員から集めた部費や会社の補助金などで、用具やユニフォームを買う。部長から人事に話をつけてもらい、注文をもらった。工場の福利厚生課の人を訪ねて仲良くなり、スポーツ用品を受注したりもした」

「当時の会社などは、人間関係がいまより鷹揚だった。一般には、そんなにがつがつ夜遅くまで働かなかった。その後も営業していた経験からいって、大企業の労働時間が伸びたのは、一九七〇年代の後半からだと思う。自分も八時半くらいに家を出て、会社の車を使って二〇分くらいで通い、午後六時半か七時には帰宅していた」

これらの工場は、現地採用した低賃金の女性労働者たちに支えられていた。また日立製作所武蔵工場、日産プリンス自動車武蔵村山工場は、いずれも一九六〇年代に深刻な労働争議があったことで知られる。スポーツの奨励は、福利厚生であると同時に、労務管理の一環でもあった。

「工場の敷地外には男子社員寮があり、そこでスキー用品などの展示即売会もやった。大学卒が高級幹部の候補生、高校卒は中級幹部の候補生で、社員寮は別々だった。工場の従業員はというと、自動車工場は男が多いが、トランジスタ工場は地元で採用された女子が多く、周辺の農村地帯の自宅から通っていた」

「工場で働く女性も、「工員」とはよばれず、ホワイトカラーと同じく「社員」とよばれていた。しかし幹部候補のホワイトカラーは「事務職」、工員は「現場」といって、やはり区別していた」

「結婚して子どもがいる女性も工場で働いていて、「幼児園」という託児所も、日立の武蔵工場のすぐ脇にあった。会社がつくった託児所で、公的基準を満たしていないから、「幼稚園」ではなく「幼児園」と名付けてあるのだろうと思った。二〇代後半の独身女性が、保母さんをやっていた」

女性工員のあいだでは、バレーボールが盛んだった。日立製作所武蔵工場の女子バレー部は、職業人バレーのなかでも強豪として知られていた。日本の女性工場労働者たちのバレーボールが、一九六四(昭和三九)年の東京オリンピックで金メダルを獲得し、「東洋の魔女」の異名をとったことはよく知られる。それはちょうど、謙二がこれらの工場にスポーツ用品を売り込んでいた時期だった。

3

立川ストアに勤めて四カ月ほどたった一九五八年五月ごろ、謙二と秀子は転居した。きっかけは、謙二が営業でまわっていた立川市の私立高校の事務長に、家族と住宅の事情を聞かれたことだった。「正直に状況を答えたら、立川駅と国立駅のあいだにある平屋に、ただで住まないかともちかけられた」。

現地は、いまの立川駅と国立駅の中間の空き地で、単線の鉄道線が通っていた。その鉄道線は、戦時中に陸軍が駐屯していた立川飛行場に、中央線から貨物を運ぶ引込み線として使われていたものだった。戦後は、米軍と立川飛行機(のち立飛《たちひ》企業と改名し不動産業に転換)が、米軍基地となった立川基地への物資搬入に使っていた。

引込み線を通るのは、米軍のジェット機燃料を輸送するタンク車が多かった。一九六四年一月には、このタンク車が立川駅で火災事故を起こした。ベトナム戦争が激化した一九六七年八月には、新宿駅でも火災炎上事故が起きた。このためこれらの輸送車は、「米タン」とよばれて反戦運動の対象になった。

「そのころは、立川と国立のあいだに新駅を作る誘致運動があった。自分が借りた家が建っていたところは、鉄道ができれば高く売れるというので、空き家のまま放置してあった土地だったと思う。地主は家賃で儲ける気はなく、ただでもいいから住まわせて、家が朽ちるのを防ごうという考えだったらしい」

これまでの経緯をみると、謙二は、不動産屋を介して住居を探したことが一度もない。縁故を頼って同居するか、職場の二階に住み込むか、偶然まいこんだ話に乗るかである。これは高度成長以前の下層民としては、珍しいことではなかったろう。

「見にいってみると、戦時中に建てられたらしい四世帯用の棟割《むねわり》長屋だった。家屋はぼろで、扉に鍵が一応あったが、いくらでも侵入できてしまう。三軒目と四軒目は朽ちて半ば壊れ、雨漏りがして住める状態ではなかった」

「四軒続きの一軒目には、商社に勤務していた事務長の息子と、大学生の娘が住んでいた。事務長の家は青梅《おうめ》にあり、都心に通っていた二人は、遠すぎるというのでそこに住んでいた。ところが昼間は無人なので、無用心だから留守番がいたほうがいいということで、隣の二軒目に住まないかという話だった」

「当時の立川基地は、朝鮮戦争とベトナム戦争のあいまで、いちばん静かな時期だった。それでも、飛行機の離着陸の騒音は多く、やはり基地のそばだと思った。とくに、米軍の下請けの飛行機会社が、真夜中でもエンジンテストをやるのはうるさかった」

そういう状態ではあったが、無料であるうえ、三畳一間に二人で住むよりはるかにいい。四月に義母が死に、新潟に雄次が一人でとり残されていたので、受入れ態勢を整えるうえでも都合がよい。「渡りに船だと、すぐに引っ越した。秀子も「いい話だ」と賛成した。もちろん俺と秀子は働きに出るが、父は昼間は残るから、全体の留守番役をするという条件は果たせる」。

その年の一〇月には、新潟から雄次を呼んだ。「父は住居と土地を処分したが、田舎の土地だから、いくらにもならなかったと思う。いくらで売れたかは聞かなかった。ようやく家族三人で住めるようになったのはうれしかった。家には笠のついた裸電球はあったが、ガス、水道はなかった。あいかわらず戸外の井戸で水を汲み、石油コンロで調理していた。それでも広くなったから、ステップアップしたと思った」。

それに前後して、新潟から原健一郎が上京してきた。謙二と同様に、新潟にいても展望がなく、高度成長の波に乗る東京にやってきたのである。「彼も住むところがなく、俺のところに転がり込んできた。困ったときはお互い様だと思ったから、一週間ほど泊めてあげた」。

一方、立川ストアのスポーツ部門は、急成長していた。渡瀬社長は、謙二によれば「いけいけどんどんな性格」だった。起業家タイプである社長の信条は、「俺は柱を立てる。柱が立ったら建物はあとから建つ」というもので、当たりそうなアイデアをつぎつぎに出し、事業を拡大していった。

スポーツ部門には、高橋・謙二に次ぐ三人目として、一九五八年四月に大木が入社した。彼は謙二がまわっていたエリアの外側にあたる、府中市や調布市などを担当した。

「大木は俺より一〇歳ほど下で、三人兄弟の長男だった。敗戦のあと、早くに父親を亡くし、母親を助けるために雑貨問屋で働いていた。リヤカーに雑貨を積んで、府中から青梅まで、青梅街道沿いに売り歩いていたときに、高橋さんに出会ったそうだ。高橋さんはスポーツ用品店をたたんで夜逃げしていたさなかに、妻に小さな雑貨屋をやらせていたが、そこに大木が雑貨を売るため出入りしていたわけだ」

大木は働きながら夜間高校を出て、立川ストアに入ってきた当時は夜間の大学の経済学部に通っていた。スポーツに関心がない謙二と違い、登山が好きで、友人からスキーも教わっていた。謙二や大木は、東京西部の三多摩エリアをまわり、外商でスポーツ用品を売り込んだ。

ところが一九五九年に入るころから、しだいに他店との競争が始まった。

謙二らが立川から外側のエリアに外商を広げていくと、各地の業者の商圏を荒らすことになった。そうなると、それまで学校その他の注文がくるのを待っていた地元業者が、立川ストアの外商に注文をとられたことを悟り、防衛的に外商を始めた。そのうちに、各地の業者が地元で外商を始め、初期のようにどんどん進出していくことはできなくなった。

謙二らはやむなく、巡回の数を増やしたり、値下げ合戦をして注文をとろうとした。強気の高橋と社長は、さらにスポーツ部門に営業マンを雇い、業務を拡大して対抗した。

「大木よりあとに入ってきた外商社員は、さらに外側のエリアをまかされた。そのうち分業もやったりして、テニス専門の営業をしていた社員もいた。しかし高橋や自分が開拓したあとなので業績があがらず、他店との競争も激しくなって、成績が伸びない」

中小企業の常として、年功で自動的に賃金が上がるということはあまりない。立川ストアは月給制だったが、営業成績による出来高払いが加味されることで、経験者の賃金が上がっていくシステムだった。いわば「成果主義」だが、「社長の胸先三寸」でもある。「成績があがらなくとも、辞めさせられるということはないが、成績があがらないと展望がないから、自然と辞めていく者が多かった」。

謙二は外商で巡回しているうちに、東京西部の道路を知り尽くすようになった。このころ、立川の主要道路や幹線道路はアスファルトで舗装されるようになった。そのなかでも、横田基地や立川基地を結ぶ五日市街道と国道一六号は、講和条約後に米軍のために優先的に整備された通称「行政道路」で、舗装も格段によかった。

そして一九五九年の秋ごろ、甲州街道で謙二は交通事故を起こした。

「オートバイで右折するために止まっていたときに、車に追突された。当時はみんなそうだったが、ヘルメットをかぶっていなかった。地面で頭を打って意識不明になり、立川病院に担ぎ込まれた。転倒したまま、もう一人の自分が遠くにいて、「お前、そこで何してるんだ」といった声が聞こえたようだった。重大事故で死にかけると、そういうことが多いそうだ」

いわゆる「臨死体験」である。ここで後遺症でも残っていたら、謙二の人生はまたどん底に逆戻りだったろう。

幸いにして、病院の診断では、大きな問題はなかった。追突した側は、警察には届け出ず、自分で病院に担ぎ込み、支払いを済ませていた。「その後に見舞いの品物くらいは届いたと思う。明らかに相手が悪い事故だから、問題になったら大変だと思っていただろう。当時は自動車事故の保険などかけていない人が多かったし、事故処理もいい加減だった」。

このころになると、スキーがだんだん盛んになり、店にスキーを買いにくる人もいた。しかしそれらは、大企業や官庁に勤める、安定した「月給取り」の男性ばかりだった。家族連れや子どもなどは、まだスポーツ用品を購入する時代ではなかった。スポーツ部門は、やはり外商に頼るほかなかった。

競争が厳しくなってきたので、謙二たちは販売促進のため、スキーのバスツアーを計画した。当時は、旅行といえば団体旅行であり、箱根や熱海などにくりだす慰安旅行が中心だった。京都や奈良への旅行もまだ一般的ではなく、スキーの団体旅行はさらに少なかった。

そもそも、ツアーを企画する旅行会社もあまりなかった。日本の旅行会社には、高野山参詣やお伊勢参りの団体旅行を企画した一九〇五(明治三八)年創設の「日本旅行会」(日本旅行の前身)、外国人旅行客のために一九一二(明治四五)年に設立された「ジャパン・ツーリスト・ビューロー」(JTBの前身)などがあった。しかし、旅行会社の企画ツアーが一般化するのは、一九六〇年代後半以降のことである。

謙二自身は、それまでの生涯で、観光旅行などしたことがなかった。一九五九年ごろに、立川ストアの社員たちが共同で費用を積み立て、箱根に一泊の社員旅行をしたことが一回あるだけである。旅行会社などはもちろん使わず、経費節減のため、会社の車を連ねていったという。

当時はまだ、スキー旅行を組織する会社などは、見つけることができなかった。そのころはスキー客が増え、地方の「儲け仕事」として、スキー宿の新増設があいついでいた。そうした旅館と客のニーズはあったが、それらをつなげる仕事が発達していなかったのである。

企画のきっかけは、大木が立川市のスキー連盟から、スキー旅行の企画を望む声を聞いたことだった。それにヒントを得て、謙二らは旅館やバス会社に直接交渉し、団体旅行の手配をつけた。

一九六〇年一月の第一回ツアーでは、謙二ら社員二人の引率で、約四〇人が参加した。「スキー靴やその他一式をそろえると、各自が二～三万円は買うので、いい売上げになった。たいていは、仕事の同僚数人のグループ応募だった」。

当時はインターネットもなければ、旅館のカタログもない。旅館に下見に行く時間も金もなく、電話でやりとりしていただけだったので、実際に行くと話と違うことも多かった。

「自分たちは営業的な理由で、シーズン初めの一二月にツアーを企画しようとした。ところがスキー宿も新増設ブームのさなかで、一二月にはできている約束だった旅館の建物が、雪が降り込む状態だったこともある。おまけにそのときは、同行した若い社員がスキー中に足の骨を折り、ふもとの病院まで連れていくのが大変だった」

「立川ストアは小さな会社だったが、政府管掌の健康保険に入っていて、その若い社員の治療費はそれで出た。渡瀬社長が共産党員だったので、そういうことには配慮があった。とはいえ、それで病院から宿に帰ってきたら、客室に雪が降り込むと苦情が出ていて、ほとほと対応にまいった覚えがある」

「もっとも当時の客は、あまり贅沢も文句もいわなかった。食事に何が出たかなんてことは印象に残っていない。大したものではなかったろう。旅行ができて役得だったという印象はない。自分はスキーに関心などなく、ほとんど滑らなかった」

日本の健康保険制度は、総力戦体制期に拡充されたが、大手企業や公務員など経済力のあるセクターから保険組合を作る方法で始まった。政府管掌健康保険は、中小企業の社員が加入するものだったが、加入していない企業も多かった。一九五八（昭和三三）年に全面改正された国民健康保険法が施行され、まがりなりにも全国民を健康保険がカバーしたのは、一九六一年のことである。

ちなみに、こうしたスキー・バスツアーは、二年ほどでやめたという。高度成長の流れで、ツアーを企画しなくても、スキー用具を買ってくれるようになったからだった。「ツアーは大変で、五回か六回でやめた。店に個人で来る客も多くなったが、やはり会社や工場での展示会を開いて売り込むのが効いた」。

スキーのあとは、ゴルフのブームがきた。「会社をまわって、ゴルフ用品の受注をとる。まず課長を口説くと、課員が一緒にのってくるというようなこともよくあった。ゴルフを始めるとなると、クラブ、キャディーバッグ、靴が売れるから、これもいい商売になる」。

スキーもゴルフも、年に数回しか使わないのに、高価な道具を要した。「そんなものが売れる時代になったということだ。贅沢すぎるとか、そういった抵抗感はなかった。いい暮らしになったと思うし、商売になる。ただし、自分では買わなかったし、やりもしなかった」。

当時の立川は、敗戦直後の米軍基地の街から、三多摩一帯の人口増加にともなって、付近の中心的商業地になりつつあった。英語の看板を掲げた米軍専用のバーもまだあり、米兵のほか、いわゆる「街の女」もみかけた。とはいえ、謙二はそれらと接触はなかった。

「夜に歓楽街には出入りしなかった。そういう女性を見ても、ああいるな、というだけ。スポーツ用品とやくざは縁がないから、そういった人間には出会わなかった」

「米軍はスポーツ用品を売る相手だとも、出入りするところだとも思わなかった。そもそも自分たちが売るスポーツ用品は、全部日本サイズだった。たまに、子ども用の野球グローブとかを買いにくる家族がいたくらいだ。一回だけ、真夏の日よけのために、前と後ろの両方にツバのついた野球帽を三〇個くらい注文されたときは、「アメリカ人というのは実用一点張りだな」と思った」

この時期には、立川に農地はもう少なくなり、砂川地区にあるだけだった。謙二が立川ストアで働いていた時期は、立川の米軍基地拡張に反対する「砂川闘争」によって、米軍が基地拡張をあきらめ、闘争が一段落していた時期だった。そのため、謙二も基地拡張闘争については、ほとんど見た記憶がない。「飛行機の音はうるさかったが、当たり前だと思って気にもしなかった」という。

4

一九五九(昭和三四)年九月、謙二はまた転居した。東京都昭島市にある、低家賃の第二種都営住宅に応募し、抽選で入居資格が当たったのである。これにより、謙二は住宅難から解放されることになった。

当時は、公営住宅の拡充期だった。日本の住宅政策は、厚生省ではなく建設省が管轄していた。そのため福利厚生政策としてよりは、景気刺激策として活用される傾向があった。その傾向は、公営住宅の拡充よりも、民間投資による新築住宅建設に誘導する政策となって表れた。

しかし一九五〇年代では、民間にはまだ住宅建設の経済力が十分になかった。そのため建設省は、住宅着工件数の実績増大のために、公営住宅の建設も促進していた。そこに、高度成長にともなう都市部の住宅不足、そして一九六一年の国民皆保険制度導入に象徴される社会保障政策志向などが加わった。

つまり、謙二が都営住宅に入居した一九五〇年代後半は、公営住宅の一時的な拡充期だった。一九六〇年代に高度成長が本格化すると、個人負担による新築住宅誘導政策が本格化し、公営住宅は縮小にむかってしまう。

当時の都営住宅は、所得によって種類がわかれており、謙二が応募したのは低所得層むけの第二種都営住宅だった。謙二がこれに入居できたのは、公営住宅の拡充期に、偶然一致していたことが好作用していた。

また謙二がスポーツ用品の外商で成功できたのも、それがまだ新規ビジネスだった、一九五〇年代後半だから可能なことだった。謙二の上京がもう五年ほど早いか遅いかだったなら、こうした社会的上昇のチャンスを得られたかはわからない。

謙二の勤務形態も、都営住宅入居のチャンス獲得に役だった。謙二によれば、「外商で官庁に出入りしていたりしたので、都営住宅募集の情報を、雑談のなかで偶然に知った。それで新聞をよく見ると、当選が発表されたりしていた」という。

前章にも記したように、日本の福祉行政は、個々人が申請して初めて制度が利用できる「申請主義」をとっている。生活や時間に余裕がない貧困者は、情報が入手できず、申請に至らないことが多い。外商で官公庁に出入りしていたことが、謙二に好作用したのである。

謙二は第二種都営住宅に応募と落選をくりかえし、三度目の応募で一九五九年三月に当選した。しかし当選した住宅が建設途中だったため、実際に入居できたのはその年の九月だった。

「建設中の五月ごろに見にいったが、もとは農地だったらしい草ぼうぼうの土地で、周りに農地がまだあった。木造ではなく、ブロック建築で建てていたのが印象に残った」。

おりしも一九五九年三月に、当時住んでいた住居を紹介してくれた、私立高校の事務長が急死した。「彼が急死したということは、残された青梅の妻と娘が、兄姉のいる西国立に移ってくるだろう。だから、自分たちは引っ越さなければならないという話になると考えた。事務長の葬式に行って、都営住宅にもう当選しているから、つなぎの住宅に引っ越すので、それまで待ってほしいと伝えた」。

一九五九年五月ごろ、国立駅前の中通り沿いにあった、アパートの二階に引っ越した。八畳の部屋には何も設備がなく、流しとガス台二つほどの共同炊事場と、共同トイレがあった。引っ越しは会社の部下が手配したオート三輪で行ない、謙二・秀子・雄次の三人で三カ月あまり暮らした。

これはシベリアから帰国していらい、九度めの転居だった。療養所の五年間をのぞけば、一カ所の平均滞在期間は九カ月に満たない。数え方にもよるが、転職は一〇回を超え、平均在職期間は半年あまりである。

一九五九年九月、謙二はようやく、昭島市にあった第六都営住宅に転居した。「引っ越しは、立川ストアの若い人たちに手伝ってもらった。若手社員がつぎつぎ入って、自分は入社三年でもう古株だった」。

翌一九六〇年の四月から六月には、日米安保条約改定反対闘争で、新聞の紙面は騒然としていた。謙二にとっては、共感はしたが、遠い世界のことだった。

「デモに参加するのは労組員や学生だと思っていた。仕事に追われて休みなどとれなかったし、立川からわざわざ国会まで行こうとも思わなかった。もっとも、岸信介は嫌いだったし、日米安保条約はどうみても平和主義とは反対のものだ。道端でデモ隊に出くわしたなら、自分も入ったと思う」

皮肉なことに第六都営住宅は、日米安保条約で駐留が規定されていた、アメリカ第五空軍の駐屯地である横田基地のすぐそばにあった。都営住宅は米軍機の離着陸ルートの真下で、すぐ脇には国鉄青梅線も通り、騒音はひどかった。新設の第二種都営住宅だったので、あまりよい用地がなかったものと思われる。

第六都営住宅は、イギリスの労働者階級むけ公営住宅に似て、同規格で造られた四世帯続きの家を連ねていた。二〇〇世帯ほどの住宅が区画状の道に沿って並び、周囲は畑が多かった。

謙二が転居した四軒続きの隣人は、自衛隊員、警察官、バス運転手の家だった。下級の公務員か、それに準じる堅実な職業の人々が入居に当選していたようだった。謙二によれば、「入居者は実直で善良な感じの人が多かった。バス運転手は、バスガイドだった人と結婚していた。端のほうの家の男性は、頭が少し弱かったが、雪が降ると通りをずっと雪かきをしてくれる善良な人だった」という。

一九六〇年前後までは、個人宅は「資産家」でないと電話を持っておらず、一般人は直接の往来か、電報や速達を急用に利用していた。第六都営住宅の場合は、入居していた東京都庁職員の家に電話があり、それを住民たちが共同使用していた。そうした都庁職員は、第六都営住宅の三カ所ほどに配置されるように住んでおり、住民に緊急の電話があったときは、呼び出しをして取りついでいた。

「おそらくそうした職員は、全体の世話役をするということで都から選抜され、手当が出ていたのではないかと思う。彼らが世話役となり、行政からの通達などを広めるために自治会が作られ、都営住宅の空き地で盆踊りをやったりもした。自分は多忙だから、そういう世話役はできなかった。急ごしらえの自治会だったから、選挙の票のとりまとめをやっていたというようなことは、なかったと思う」

間取りは四畳半と六畳の二間だけだったが、台所には水道と流し、調理台があり、ボンベ式のプロパンガス台があった。汲取り式のトイレも各世帯についていた。のちには薪《まき》や石炭で焚く風呂も増設し、小さな庭もあった。ささやかな低階層むけ都営住宅だったが、ようやく生活の安定を感じ、謙二はうれしかった。

「やっと終《つい》の棲家《すみか》がみつかったと思った。借家であるにしても、大家の都合で追い立てられない場所に初めて住めた。長屋型の集合住宅でも、隣とはコンクリートのブロックで仕切られている。板塀だけの長屋とちがって、音が筒抜けにならない。そのうえに前後に間があるから、「一軒家」みたいなものだ」

「父と家族三人で住めたし、やっとガスと水道のあるところに住めた。父も喜んでいた。やっと「下の下」から「下の中」まで上がることができた。基地と鉄道のすぐそばで、音はうるさかったが、ぜいたくは言えないと思っていた」

謙二は戦前には、借家とはいえ、ガスと水道のある暮らしをしていた。謙二にとっての戦後復興は、ようやく一九五九年に一つの段階を終えた。

転居してから、魚肉とはいえ、ハムやソーセージも食べるようになった。謙二は会社の軽ライトバンを都営住宅の空き地に止め、その車で二〇分くらい走って立川ストアに通勤した。

「当時は周辺に耕作放棄地などの空き地がたくさんあり、駐車場を借りることなど考えもしなかった。そもそも、自家用車を持っている者は、第六都営には一人もいなかったはずだ。自分の自動車も会社のものだった。そういう社用車を持っている人が、少しはいたかもしれないが、第六都営では自分の車以外は見たことがない」

転居の直後、白黒テレビを買った。そのすぐあとに、脱水機のない一層式の洗濯機と、電気釜も購入した。「立川ストア近くの電気店で現金で買った。自分は月賦では物は買わない」。

ほかに家具といえば、タンスとちゃぶ台、木製の小さな本箱くらいだった。とはいえ謙二の印象は、「昭島にきて、最低限とはいえ、ようやく家具らしい家具を持った。それまでは転居が多くて、すぐに移れるように、手荷物と布団くらいしかない生活をずっとしていた」というものだった。

家賃は二五〇〇円で、入居当時の月給は一万八〇〇〇円ほどに上がっていた。青梅線の昭島駅前には、昔ながらの市場があり、秀子が買い物をしていた。新聞もとるようになり、戦前に『東京日日新聞』をとっていた延長で、その後身である『毎日新聞』を購読した。

停電はあまりなかったが、食事の皿に半球状の網をかぶせずに置いておくと、ハエがよくたかった。ゴミの収集が不完全だったことと、下水道がなかったことが一因である。

当時の東京は人口が急増し、ゴミ処理が追いつかず、湾岸の埋立て地である「夢の島」に投棄していた。第六都営住宅では、各戸外にコンクリートのゴミ箱があり、そこから回収するシステムになっていたが、分別もせず回収も遅れがちだった。下水道がないため、汲取り式トイレから糞尿を回収するバキュームカーが、定期的にやってきた。もっとも、「冷蔵庫がないから食い物は全部食べてしまうし、包装紙なんてものもなく、ほとんどゴミを出さない生活だったので、たいして不便とも思わなかった」という。

5

生活が一段落つくと、次の問題は、秀子の結婚だった。「三〇歳をすぎて独身の秀子に、自分たちの料理をさせていたが、秀子は早く独立したがっていた」。そのためには、謙二が結婚して妻をもらうことが望ましかったため、一九五八年から二回の見合いをしていた。しかし、結果はかんばしくなかった。

「一人はあまり気が合わず、自分が断った。もう一人は、相手方の親族の医師の知恵で、俺の肺のレントゲン写真を送るように言われ、送ったところ断られた。そのときはショックだった。自分にはハンデがあるんだと、あらためて痛感した」

だが、ふとしたことから縁ができた。一九六一年春、秀子が第六都営住宅にお客を連れてきた。秀子が佐呂間にいたときの小学校の同級生だった熊岡寛子である。そして謙二は、彼女と結婚することになった。

当時、謙二は三七歳、寛子は三二歳。寛子は佐呂間の小学校長の次女だった。彼女は一度結婚していたが、離婚して剛一という当時五歳の男児がいた。寛子の実家は戦後に広島に転居しており、剛一はそこに預けられ、寛子は東京で働いて自活していた。ところが、寛子の父親が一九六〇年一〇月に急死したのである。

「寛子の母は、剛一が小学校に上がる前に、結婚相手を探せと厳命したそうだ。自分も結婚相手を探しており、秀子は家を出たがっていた。三者お互いの利害が一致したわけだ」

謙二は結婚対象としては、条件がよいとはいえなかった。第二種都営住宅に住み、父親と同居しており、職歴も不安定。事実上の片肺で、健康面でも不安が残る。しかし、「むこうの親族は、とにかく母親が急かせていたから、俺たちの結婚に賛成だった」。

とはいえ、寛子も結婚後、風呂からあがってきた謙二の背中の手術痕をみて、「ぞっとした」という。「説明はしていたが、これほどひどいとは思っていなかったようだ。結婚前に知られていたら、話が成立しなかったかもしれない」。

一九六一年一一月、謙二と寛子は結婚した。同じ月に、秀子は第六都営住宅を出て、翌六二年六月に結婚した。相手はかねてから交際のあった大学職員の同僚で、秀子はその後も職員を続けた。

謙二と寛子の結婚式は、新宿生活館という東京都の施設で挙げた。謙二はそこを、外商で出入りしていた立川渉外労働管理所の監督官の紹介で知った。この立川渉外労働管理所は、立川基地で働く日本側基地労働者のために設けられていた、東京都労働局の施設だった。

「人が出入りするところには、どこでもセールスで出向いていた。それでときどき通っていた労働管理所の人に、結婚式を安く挙げるならそこがいいと言われた。こちらの媒酌人は渡瀬社長で、式には早実のときの友人、静岡の姉など若干の親戚、それに父と秀子をよんだ。寛子の側の親戚は、どことなく自分たちより階級がよいと思った。こちらの招待客は少なかったので、原健一郎も呼んだ」

結婚式は、無宗教で挙げた。二人が「誓いの言葉」を読み上げ、生活館長が祝辞を述べる形式である。公共結婚施設での無宗教結婚式は、敗戦後には一時盛んになっていたものだった。

もともと日本における結婚は、両家が会合を開くだけで、宗教儀式はない。現在行なわれている神道式の「神前結婚式」は、一九〇〇（明治三三）年に当時の皇太子（のちの大正天皇）が結婚したさい、宗教儀式として「創出」されたものが起源である。高度成長で庶民の購買力が上昇すると、神道式やキリスト教式の儀式を提供する結婚式場が台頭し、謙二が行なったような公共施設での無宗教結婚式は姿を消していった。

新婚旅行は、伊豆に三泊ほど行った。謙二は北海道から東京、満州、シベリア、新潟、また東京と流れ歩いてきたが、立川ストアの社員旅行のほかは、個人旅行など初めてだった。「旅行から帰ってくると、秀子は家を出ており、主婦が入れ替わった形になった」。

結婚後の一九六二（昭和三七）年五月、広島から剛一が祖母に連れられてきて、寛子が羽田空港まで迎えにいった。六歳の剛一は、母親と長く離れていたせいか、年齢以上にしっかりした、利発な子どもだった。

すべては順風にみえたが、「世の中というのはうまくいかないものだ」。寛子は結婚後まもなく妊娠したが、精神的に不安定な状態になった。住居の狭さもあり、雄次の世話は、静岡の異母姉に頼むことになった。

その姉はかつて、夫の勤務先だった新潟の日本軽金属の社宅に住んでおり、謙二は新潟時代に同居させてもらったことがあった。その後に姉一家は、日本軽金属の静岡県清水工場の開業とともに、静岡の社宅に家族五人で移り住んでいた。

異母姉は雄次をひきとることを了承したが、社宅は狭かった。そのため、雄次のために家を借りて、場所を用意することになった。それまでのあいだは、山形にいたもう一人の異母姉が、一時雄次を預かることとなった。その山形の異母姉は、乳飲み子の時点で里子に出されていたのだが、当時は親を大事にする結びつきは強かった。

一九六二年七月、雄次は秀子につきそわれ、第六都営住宅を離れて山形にむかった。一〇月、雄次はいったん異母姉の長男につきそわれて第六都営住宅にもどり、三泊ほどしたあと静岡に移った。雄次は前年から心因性の高血圧で体調不良を訴えており、付添いなしでは旅行できなかった。

静岡の姉は、小さな一軒家を雄次のために借りて世話をした。一九六四(昭和三九)年五月、雄次は七九歳で脳梗塞により死んだ。「高血圧が続いているとは知っていたが、静岡の姉から電話があり、具合が悪いとのことで、急いでむかったところ、着いたときには死んでいた。とにかく呆然とした」。当時は東京オリンピックの時期だったが、謙二は「全然印象に残っていない」という。

とはいえ、雄次が去ったことで、寛子は精神的に安定した。一九六二年九月、謙二にとっては唯一の子となった男児が誕生する。すでに寛子が連れてきた剛一がいるため、英二と命名した。謙二は翌年夏に英二を連れて岡山に行き、小千代は「謙の子か」と喜んだ。

校長の娘だった寛子は教育に熱心で、剛一や英二に図鑑や絵本などを買い与え、『小学一年生』などの教育雑誌を購読させた。結婚前に、寛子の母から送られてきた寛子宛ての手紙には、子どもたちの大学進学費用を貯めておくようにと書かれている。こうした文化は、謙二にはないものだった。謙二は伊七や雄次がそうであったように、子どもの教育は寛子にまかせていた。

剛一は昭島市の小学校に入学し、しだいに優秀な成績を修めていった。英二は、近所にできはじめていた私立の幼稚園に通った。保育園はまだ付近にはなく、寛子は家事と育児に専念した。謙二はたまに英二の世話を引き受け、外商に同行させたことなどもあったが、それは寛子にやむを得ない用事があったときに限られた。

一九六五年ごろからは、子どもたちの誕生日に、ケーキに蠟燭をともして食べるようになった。謙二にとっては、なじみのない習慣だった。「戦前の庶民は、数え年で正月にみんな一年ずつ歳をとる。インテリや上層階級だけが誕生日を祝っていた。寛子の家はインテリだったから、誕生日を祝う習慣があったようだ」。

謙二は仕事に忙しく、給料をそのまま寛子にわたし、使い道には干渉しなかった。家計簿は寛子がつけ、公営住宅を出て家を買う購入資金を貯めていった。

寛子がつけていた家計簿をみると、一九六二年の謙二の月給は三万円あまりである。ただし金額は一定せず、一週間ほど遅配になることも多かった。遅配になると、残金数十円という事態もあった。「渡瀬社長は、少し会社に余裕ができると、すぐに事業を拡大した。そのたびに、社員の給料は遅配になった。英二が生まれたときには会社から四万円を借りた」。

一九六二年当時の、小熊家の一日の食費は、だいたい三〇〇円から四〇〇円。床屋は一三〇円、家賃が月額二五〇〇円。電気代が月額五〇〇円から八〇〇円、牛乳が配達込みで一カ月一四八〇円だった。この年の目立った支出は、掃除機一万一二〇〇円、扇風機一万円、カメラ六〇〇〇円、剛一の教育費が二万三七一三円、英二の出生費用が二万一八〇〇円など。それでもこの年は、郵便貯金に五万二一八五円、生命保険に一万円をまわしている。

一九六二年の小熊家の総収入は、謙二の給与が四〇万八四七七円のほか、謙二が大型商談をまとめたリベートが四万円、株の配当金が五〇六一円など、総計五〇万六七五七円。家計支出は四三万二四一六円、株の買増しが一万一一〇〇円だった。

「大型商談をまとめると、問屋が報奨金としてリベートをくれた。立川ストアの儲けは確保したうえで、それを副収入にした。株は寛子が、証券会社に勤めていた弟さんの影響でやっていた」

高度成長が軌道に乗るにつれ、しだいに生活に余裕が出た。一九六一年には、「レジャーブーム」が騒がれた。しかし謙二によれば、「レジャーといっても、英二が生まれた翌年に、使っていた社用車のサンバーで羽村の土堤へ家族四人で花火を見にいった程度だ。その翌年は、神代《じんだい》の植物園で花見をした。要するに金がかからない行楽だ。その他は記憶にない」という。

高度成長が訪れても、庶民の生活は慎ましかった。一九六八（昭和四三）年には、「過去三カ月で体験したレジャー・娯楽」という調査が行なわれている。それによれば、一位は読書、二位は一泊以上の旅行、三位は手芸・裁縫（女性のみ高率）、四位は自宅での飲酒、五位は映画・演劇鑑賞だった（上村忠『変貌する社会』誠文堂新光社、一九六九年）。

一九六〇年代には戦後世代の風俗が話題となっていたが、社会全体としては、まだ謙二のような戦前世代が主軸の時代だった。高度成長期の経済循環の名称が「神武景気」「岩戸景気」「いざなぎ景気」だったこと、冷蔵庫・洗濯機・白黒テレビが「三種の神器」とよばれたことは、この時代のマジョリティが戦前教育世代だったことを物語っている。

一九六八年、岡山にいた祖母の小千代が、九一歳で亡くなった。謙二が小千代に会ったのは、一九六五年に英二を連れて、寝台急行で岡山を訪ねたのが最後となった。明治一〇〇年を迎え、謙二の親世代はすでに鬼籍に入りつつあった。

謙二にとって、七歳から二〇歳という精神形成期をともに過ごした小千代は、実質上の母だった。葬儀は、土地の風習によって、土葬で行なわれた。後年、伊七が戦前に購入していた東京の多磨霊園に移すため、祖父母の遺体を掘り出して火葬しなおした。伊七と小千代の体は地中で朽ち、ただ小千代の化繊の死装束だけが、腐食せずにきれいに残っていた。

6

謙二の生活が安定する一方、立川ストアの経営は、徐々に傾き始めていた。他店との競争が激化したこと、外商による商売の拡張が行きづまったこと、そして渡瀬社長の拡張方針のためである。

経営危機の兆候は、一九六一年に、立川にできた「髙島屋東京ストアー」に出店したことから現れた。当時の立川には伊勢丹しかデパートはなかったが、髙島屋が地元店との共同で五階建てのビルを建てた。攻めの経営姿勢をとる渡瀬社長は、権利金を出して新店舗を二つ出し、スポーツ用品とアクセサリーを販売した。そのうちアクセサリー売場は、社長の夫人が担当した。

しかし、そのために資金繰りが苦しくなった。そして小熊家の家計簿にも現れていたように、給料の遅配が始まった。

「外商だったら、売れるあてがある商品だけを仕入れるから、一カ月か二カ月のうちにはマージンを生んで現金化できる。ところが店売りをするとなると、お金をかけて店頭に商品を並べても、実際に売れるまでは資金が回収できない。だから、出店なんかしたら苦しくなることは、自分にはすぐわかった。しかし、社長はとにかく「いけいけどんどん」だった」

そうしたなか、スポーツ部門の長だった高橋が、立川ストアに見切りをつけて、独立開業していった。年功賃金がない中小企業の世界では、長く勤め続けることは意味をなさない。就業してスキルを身につければ、独立を考えるのは当然の流れでもあった。

「高橋さんは個性の強い、プライドが高い人だった。自分が立川ストアのスポーツ部門を大きくした、という自負があったようだ。だんだん社長とそりが合わなくなっていたが、給料の遅配がおきた一九六一年に、社長と喧嘩して辞めた。二人とも酒飲みで、酒の場で言い合いになったらしい」

「高橋さんは、自分と大木に、独立するから一緒にやらないかと誘ってきた。彼は、俺たちが当然ついてくるものと思っていたらしい。しかし自分としては、そのままついていったら、ずっと子分扱いになりそうだと思った。そこで大木に、「どう思うかい。俺はいま独立してもむずかしいと思う」と言った。大木も「私もそう思っていました」と応じ、そのときは残ることにした」

「その後、高橋さんは小金井で三年ぐらいスポーツ店をやっていたが、結局は失敗した。奥さんと子どもが二人いたが、その後のことは知らない。知り合いが多い人だったから、なんとかなっただろう」

立川ストアの経営危機は、新しい出店が軌道に乗るにしたがって、いったんは収まった。しかし一九六五(昭和四〇)年、山一證券が経営危機に陥り、「証券恐慌」ともよばれた不況がやってきた。そしてこの年の一二月、立川ストアは倒産した。

倒産の直接の原因になったのは、渡瀬社長が一九六三年秋に、立川駅南口にあった社屋とは別に、鉄筋コンクリートの三階建てビルを造ったことだった。一階と二階が倉庫と事務室、三階が社長の家というビルだったが、これが資金繰りを一気に苦しくした。そして再び、給料の遅配が激しくなった。

「ビルを建てるとき、自分は社長に成算があるのだろうと思っていた。しかし取引先の問屋からは、「大丈夫だろうか」と言われた。このころは、高度成長で少し調子のよくなった小店舗が、新しく立派な社屋を建てたりすると、資金繰りが回らなくなって倒れる例があった。そういうことを、その問屋は知っていたのだろう」

「それも含めて、倒産の根本的な原因は、社長の拡大一本やりの経営だ。文房具の外商が当たったので、次はスポーツ用品、その次は事務機器、その次は楽器と、同じ路線をとり続けた。ある分野で競争相手が増え、外商の効率が悪くなると、他の分野に拡大することをくりかえした。次は楽器だといった目の付け所は、ある意味で先見の明があったが、自分の足元をよくみていなかった」

ベンチャービジネスの攻めの経営は、当たり外れが大きい。大企業なら、ある部門で失敗しても、他の部門の収益でしのげる。しかし中小企業なら、一度はずれれば倒産である。

「借金をしては事業を拡大するという路線をくりかえしていたから、つねに手元資金がない状態だった。そのうえビルを建てたから、東京オリンピックのころには、給料がしょっちゅう一カ月くらい遅配するようになっていた。社員も自分が入ったときの一〇人くらいから、最後は三〇人くらいになり、人件費が増えていた。たまたま不況と倒産が重なったが、そのうちどこかで行き詰っていただろう」

倒産の直前には、謙二は立川ストアの「ナンバー・ツー」になっていた。高橋が去ってスポーツ部門の長になっていたことと、経理の経験があったために資金繰りも担当したからだった。「一九六〇年ごろに雇われた経理担当が、六五年にクビになった。社屋を建てるさいに、建設会社からリベートをもらったのが、社長にばれたからだった。その後は社長と、社長の長女が経理をやっていたが、会社の最後の半年は、見ていられずに自分が経理をやった」

謙二は会社が不渡りを出すのを避けるため、都心の大口問屋などの債権者に「ジャンプ」を頼んでまわった。立川ストアが問屋への支払いに切った手形の決済分を、次の決済に「飛ばす」というやり方である。

「ある月の決済日に、願いを聞いてくれそうな問屋を何社かまわって、そういうお願いをする。「長年のつきあいだから」と頼み込み、何とか聞いてもらったが、聞いてくれないところもある。そしてその次の決済日には、またほかの何社かをまわった。それを二回やったが、ほんとうに修羅場だった。ある問屋の担当者はベテランだったので、「こうなったら、そんな苦労をせずに不渡りを出したほうがいい」と言われた」

そのうちに、社員も給料遅配に不満を抱くようになった。社員の一人は、立川の地区労働組合に状況を直訴した。そして一九六五年夏、渡瀬社長が朝礼の訓示を行なっているところに、地区労の活動家が談判にやってきた。

「朝礼のときは、いつも社長が経営報告や精神訓話をしていた。社長は共産党の活動経験があり、労働運動に理解があったから、地区労の活動家の言う通り、立川ストアの労働組合結成を受け入れた。しかし、労組をつくったところで、会社は無い袖は振れなかった」

とうとう一九六五年一二月、謙二は倒産の処理を行なった。「銀行がこれ以上の融資返済は待てないと伝えてきて、問屋も入金を待たないと言ってきたからだ」という。

「最後は、メインの銀行と最大手の問屋が主導権をとった。彼らはすでに、立川駅前の社屋の土地を担保にとっていた。他の小さな担保をとっていた債権者がそれに続き、残りは取立てをあきらめてもらうしかなかった。最後の債権者会議が開かれたときは、大手債権者で話がついていて、もう筋書きは決まっていた」

「都心の問屋の担当者などは、少額の取立てのために立川まで来るのもめんどうだからということで、それ以上追及しなかった。当時の中小企業の倒産などは、一カ月もたつと「ひどいめにあいましたね」と言い合うくらいで、次の儲けを出す仕事に精を出したほうがいいという感じだった」

「債務を優先的に払う対象は、まず社員の給与、二番目に税金関係、三番目に銀行。これはだいたい、こういう場合の決まりらしかった。銀行は、「国民のお金を預かる銀行は、税金に次ぐ社会的責任がある」という言い分を、「錦の御旗」にしていた。銀行には損はさせず、他の債権者も収まったから、銀行の担当者からは「きれいな倒産でしたね」と言われた」

謙二は社長一家に、「髙島屋東京ストアー」の店舗の出店権を残してあげた。そこに出店権を持っていたことは、債権者たちには伝えなかったのである。知っている問屋もあったが、たいした担保にならないので、「お目こぼし」になったらしかった。

「自分としては、その店で社長たちは家族経営をするのがいちばん良いと思った。家族経営なら、給料は払わなくていい。甲州の人たちをはじめ、社員は女性店員二人か三人をのぞいて、ほとんど解雇された。いわば、社長一家だけをロケットの先頭にして、あとは全部切り離したようなものだ」

社長は謙二に、店に残って働いてくれと誘ってきた。しかし謙二はそれを断り、大木と二人で独立することにした。こうして、一九六六(昭和四一)年一月、謙二は「立川スポーツ株式会社」を創立した。

「立川ストアも立川スポーツも、株式会社とはいえ、名ばかりだった。ただ箔づけに、新会社は「株式会社」と後ろに付けた。立川ストアの倒産のときにすっきりやったから、銀行や大手問屋に信用ができていて、取引には支障がなかった」

「昭和三〇年代後半になると秩序が安定して、敗戦直後とはちがい、肩書きがものをいう時代になってきていた。つまりは、名刺を出して自己紹介する時代になった。名刺を作ったのは、新潟で出版社にいたときに偽名で作ったのが初めてで、立川ストアでセールスをやるようになってから本名の名刺を作った。「株式会社」という名前が必要なのも、そういう流れだった。「小熊商店」ではかっこうがつかないし、信用が得られない」

謙二たちは、町はずれの小さい貸家に、五メートル四方ほどの新店舗をかまえた。外商の注文電話をうける事務所のようなもので、店売りはあてにしていなかった。謙二と大木は、立川ストア時代の外商部門の取引先を、そのままひきついだ。いわば、得意先のルートごと、独立したのである。

「立川スポーツの新しい店舗は、社長たちが店を出していたデパートから、二〇〇メートルほどのところだった。距離をとったつもりだったが、のちに社長が来て、ぶつぶつ文句を言っていた記憶がある。自分は他人にどう思われるかは気にしない。生きるのが先だ」

立川スポーツの社員は、当初は謙二と大木だけだった。少しあとに、立川ストアにいた甲州出身の女性を、事務員兼電話番として雇った。経理は謙二が担当し、得意先との取引を記録した売掛帳簿の管理は、寛子が手伝った。事務員の女性は、のちに大木と結婚した。つまりは二世帯家族労働だが、女性二人にも、仕事に応じた分の給料は払っていた。

外商ルートを握る二人が稼ぎ、他の社員に分配する必要がなくなったので、立川ストア時代の不採算部門を切り離したのと同じことになった。当然ながら、経営はよくなった。謙二の月給は、立川ストア時代末期に四万円台だったものが、一九六六年末には一〇万円近くなった。

「一年くらいで、これは成功したというめどが立ち、正式に法人化した。自分は新規事業を始めたタイミングが良かった。もっと遅かったら、高度成長が終わってしまい、ああはいかなかったかもしれない。あのまま立川ストアにいても、社長一家のお世話で苦労するばかりで、うだつが上がらなかったと思う」

このころには、第六都営住宅のなかでも、高度成長の波に乗れた者と、そうでない者の格差が出始めていた。謙二の家は、一九六七年に電話を入れ、一九六八年にはカラーテレビを買った。遊びにきた付近の子どもは、カラーテレビを見て「色つきだ」と昂奮していた。

「当時は電電公社に電話の加入申込みをしても、新設要求があいついでいたためか、なかなか通らなかった。そもそも、電電公社の電話債券を一定額購入しなければ申込みさえできなかった。自宅にいた寛子に経理を手伝ってもらっていたから、「立川スポーツ昭島支店」という名目で、法人事業として申請した。たぶん第六都営で個人電話を持ったのは、自分が初めてだったはずだ。そのためだけに電柱が立ったくらいだ」

一方で近所には、洗濯機を買えないらしく、軒先にタライを出して洗濯をしている婦人もいた。年齢以上に大人びた性格の剛一は、もともと低所得層むけの第六都営住宅を、「スラム」とよんでいたという。

1966年，スポーツ用品メーカーの招待で岐阜県にて

そのころには、ベトナム戦争が最盛期をむかえていた。すぐそばの横田基地からは、低空を米軍の大型輸送機がひっきりなしに往来した。離着陸のたびに轟音《ごうおん》で会話ができなくなり、テレビの画像が乱れた。寛子の妹が訪ねてきたとき、妹の五歳の息子は、轟音に驚いて泣いてしまった。「一つ違いの英二は、生まれたときから慣れていて平気な顔をしていたが、外から来た人にとっては相当な音だったのだろう」。

一九六八年には、大学紛争が起きた。謙二にとっては、大学は遠い世界だった。「日大の秋田明大たちが、大学の不正経理を追及したのは、もっともな話だと思った。東大のほうは、医学部のインターンの待遇問題が発端だという話まではわかったが、その後はいったい何を争っているのか、よくわからなかった。あとになると、どちらも新左翼のセクトが入り込んで、めちゃくちゃになってしまったように思う」。

当時の出来事として、他に印象に残ったのは、中国の文化大革命だった。「自分はソ連の収容所で民主運動を経験したから、ああいうふうに大勢でとり囲んで糾弾されるのがどういうことか、よくわかった。報道を見ていて、昔を思い出して気分が悪くなった」。

一九六九(昭和四四)年一月、謙二たち一家は、第六都営住宅を出た。武蔵村山市の新興住宅地である「三ツ藤住宅」に、家を新築したのである。

「三ツ藤住宅」は、東京都の住宅供給公社が宅地開発したところだった。同じく都が運営する第六都営住宅にも分譲の案内資料が回覧されてきたのを、寛子が見て転居先に選んだのである。

この時期には、前述のように公営住宅が縮小に転じ、景気刺激を兼ねた持ち家政策が促進されていた。立川ストアの倒産処理のさいに銀行に信用ができていたので、新築費用の融資も受けることができた。

「隣人の自衛隊員やバス運転手の家族は、その後も第六都営住宅に残った。自衛隊員のお宅は、子どもが三人くらいいて、生活は楽ではなさそうだった。バス運転手の家は、都営住宅の側溝に幼い娘さんが落ちて、死んでしまった。いまならニュースだろうが、当時はそんな事故はありふれていた」

「実直にやっているだけでは、お金を貯めて家を建て、都営住宅を出ていくのも、簡単ではなかったはずだ。自分はたまたま波に乗れたから、運がよかった。出たときはうれしかったが、うれしさを表に出すものではないので、気を遣った。自分の周囲のなかでは、いちばん早く都営住宅を出たはずだ」

武蔵村山の新居は、寛子の希望を望むだけ容れて設計した、鉄筋コンクリート造りだった。謙二はすでに四三歳で、ようやく「すごろく」の終着点にきたと思っていた。その新居を、わずか三年で手放してしまうことになるとは、当時の謙二は知る由もなかった。

第八章　戦争の記憶

謙二が1966年に創立した「立川スポーツ株式会社」

一九六九(昭和四四)年一月、謙二は家を新築し、都営住宅を出た。鉄筋コンクリート二階建てで、屋上がつき、セントラルヒーティングとクーラーがついたモダンな家だった。

間取りは広いリビングと和室を持つ4LDKで、二人の子どもには個室がついた。設計にあたったのは、外商でつきあいのあった東京都職員の弟で、建設会社に勤めていた設計士だった。寛子の要望をできるだけとりいれて造られた新居には、シャンデリアやソファーが導入された。寛子はとても喜んでいた。

1

謙二らが転居したのは、東京都武蔵村山市の新興住宅地だった、三ツ藤住宅である。東京都の住宅供給公団が、農地を買収して造成し分譲した土地だった。

武蔵村山市には、一九六一年にプリンス自動車が開設した自動車工場があった。しかし住宅団地の付近は、まだ養蚕の桑畑や野菜畑が残る農村だった。

「三ツ藤というのは、二つの農村集落の名前をつないだ新規の地名だった。武蔵村山市は電車が通っておらず、交通は不便だが、都の分譲などそんなものだ。自分は自動車で立川に通うから、鉄道がないのは問題ないと思った。剛一が中学校に、英二が小学校に、同時にあがるタイミングだったので、寛子は午前と午後に二人の入学式に出席していた」

この武蔵村山の家は、当時としてはかなり斬新な設計の注文住宅だった。大卒初任給が二万円台の時代だったが、一〇〇〇万円以上かかった記憶があるという。しかし大企業にも属さず、小さな会社を開いたばかりの謙二は、住宅ローンなど組めなかった。

「土地代は現金払い。建物のほうは、立川スポーツの取引先だった日本相互銀行(のちに合併して太陽銀行となり、現在は三井住友銀行に併合)から融資を受けた。自分は、取引先としての信用で借りられたようなものだ」

転居にあわせ、社用車のライトバンから、乗用車に買い換えた。車種は日産スカイラインだった。「武蔵村山の日産プリンスの工場に商売で出入りするから、日産の車でないといけなかった。他社の車では、守衛が敷地内に入れてくれない」。

寛子は、自分の希望通りに設計した新居に喜んでいた。しかし、謙二はそうでもなかったという。「豪華すぎて、なんとなく違和感があった。正直なところ、第六都営に入れたときに比べたら、それほどうれしくなかった。家が大きいので、父や岡山のおばあさんを迎え入れられていたら、よかったのになあと思った」。

新興住宅地の三ツ藤住宅は、第六都営と同じく、碁盤目状に整備されていた。そこに、新築家屋を建てた世帯が何百か住んでいた。

「両隣は、学校の先生と、都心の八百屋のオーナーだという人だった。向かいには、芸能プロダクションの「二号さん」らしき女性と、何かの会社の中堅幹部がいた。付近には画家もいた。全体に第六都営住宅より上の人たちだが、交通が不便なので、都心に通勤していた人はいなかったと思う」

このころ、立川スポーツの商売は順調だった。高度成長でスキー、ゴルフ、ボウリングなどがつぎつぎとブームになり、そのための用具が売れた。

「ボウリング以外は、どれも戦前のブルジョア層のスポーツで、みんな憧れがあった。ボウリングのブームのときは、自分のボールを持ちたいという人が多かった。店にある見本のボールをつかって、客の指にあわせて穴の位置を決め、業者に出して穴をあけて売っていた。自分はそんなものは買わないが、お金がある人が増えたと思った」

しかし立川スポーツのメインは、何といっても外商だった。謙二と大木で始めた立川スポーツだったが、一九六九年には三人目の外商マンとして竹中を入れた。「団塊世代より少し上ぐらいの若い人で、建具屋の家に生まれたとのことだった。中学しか出ていなかったが、職人の家だったから、その学歴でいいということだったのだろう。彼は山が好きで、よくロック・クライミングをやっていた」。その後も従業員は増え、最盛期には一〇人ほどの規模になる。

一九六〇年代は、「団塊世代」が進学年齢に達した時期で、中学や高校、大学などの新増設があいついだ。立川スポーツの当初の納入先は、立川高校(一九〇一年創立)、国立高校(一九四〇年創立)、北多摩高校(一九四八年創立)などだった。しかしその後、日野高校(一九六六年創立)、国分寺高校(一九六九年創立)、拝島高校(一九七八年創立)など新設があいつぎ、謙二らはそれらに外商セールスをかけた。

「高校や中学は、新設の時が一番のねらい目だった。新設でまとまった予算がつくと、まず都心の大手の業者が、大部分の備品を揃える。その後に、不足分や補充品の注文を狙って、地元の中小業者が群がった。大手業者からの斡旋はなく、みんな競争だった。当時の学校は相見積もりをとるのを面倒がり、便利な業者に発注を任せていた」

「開校する四月のはじめに、真っ先に体育の先生のところにいき、名刺とカタログを置いていく。その後、巡回しながら一週間か一〇日に一度顔を出して営業していた。四月一日から訪ねたり、しょっちゅう行ったりするのは嫌われるので、いくぶん間をおいて行く。とくに接待というようなことはしなかった。嫌われたり、悪評が立つようなことをしたりしないことが、注文をとる秘訣だった」

立川ストア時代の後半から、謙二たちの仕事は、「一種の仲介商社のようなもの」になっていた。学校などから注文を受け、体育用品問屋や体育器具を設置する業者に外注し、その中間マージンをとるのである。

「東京都や各市の予算の範囲で、注文を受け納品する。これは立川ストア時代からやっていた通りだ。昭和四〇年代後半からは、校庭の鉄棒やバスケット台などを、設置いくら、年間維持管理いくら、という形の注文もとるようになった。設置も維持管理も自分たちでやるわけではなく、器具業者が請け負うのだが、その仲介をやるわけだ。もっとも、屋外器具の塗装くらいは、外注するほどの難易度ではないので、自分たちで受注してやっていた」

「学校のスポーツ設備でも、土建業者が関係するような大きなものは、政治力が働いたと思う。小さい業者は政治力がないから競合させられ、いろいろな業者が群がっていた。とくに都立高校は、新設のさいの大口注文は都庁レベルで大手業者に回ってしまうから、それ以下しか中小業者には回ってこない。市立の中学などは、立川市役所の財務課で事業配分をやっていたので、そちらに交渉した。納入先にツバをつけ、コネをつけると、意外と長続きするものだ」

一九七〇年代に入るころには、新規ビジネスが競争する状態だった一九六〇年代とは、やや状況が変わっていた。もともと謙二たちがやっていた外商は、人が集まるところで展示会などを開き、注文をとりまとめるために、学校や企業をまわるという性格のものだった。それがいつしか、学校や官庁の予算を受注するために、公的機関との関係を維持するという外商スタイルになっていた。

こうした変化は、人々の気風の変化とも連動していた。焼け跡・闇市の時代には、大学卒のホワイトカラーよりも、食料を握っている農民や、ヤミの流通業者のほうが羽振りがよかった。一九五〇年代までは、肩書きより実力がものをいう気風も残っていた。

しかし謙二たちが一九六六年に立川スポーツを開業し、「箔づけ」のためだけに株式会社と名付けたころには、名刺に書かれた会社名が重要な時代になりつつあった。公的機関の受注に商売の中心が移っていったのは、そうした傾向と並行したものだった。

「昭和三〇年代後半以降は、だんだんみなが「サラリーマン化」し、根っからの「商人」は減ってきていた。「商人」は徒手空拳で、一人の才覚で食っていく人のことだ。大木さんはたたき上げの「商人」だった」

「自分自身のことは、「サラリーマン」だと思っていた。というのも、富士通信機が原点だからだ。立川ストアでも、月給をもらっていたら「サラリーマン」という意識だった。立川スポーツを開業したあとは、人を使うほうにまわったから、「社長」とよばれていた」

謙二の人生行路は、「サラリーマン」という言葉から想像されるような、大企業の終身雇用とはほど遠いものである。そうした謙二が、自分のことを「サラリーマン」と認識していたことは、奇異にも映る。しかし自己イメージというものは、しばしば当該社会の支配的なイメージに影響され、実態とはずれを生じるものである。

統計的事実からいえば、大企業型の雇用形態は、日本の就業者数の二割に達したことさえない。しかしそれは、実態上の普及度以上に、この時代の日本社会の「典型的人間像」ないし「安定的生活像」を創りだした。謙二のような人間さえも、自分のことを「サラリーマン」だと思っていたという事実は、そのことを裏面から示している。

そうした事情が生じた要因は、いくつかある。マスメディアに勤務していた高学歴層が、自分や自分の同窓生たちのライフスタイルを、社会全体の平均像だと思い込んで、メディア上で「サラリーマン生活」のイメージを拡散したこと。所得が上昇した労働者家庭が、ほかにモデルがなかったため、表面上だけでも「サラリーマン家庭」の生活スタイルを模倣したこと。そのほかにも要因があろうが、いずれにせよこの時期は、「一億総中流」や「単一民族国家」といった均質な日本社会像が定着していった時期だった。

謙二が都営住宅を出た一九六九年には、総理府の調査で、自分が「中」に属すると回答した人が九割をこえた。もっともこの調査は、自分の社会的位置を「上」「中の上」「中の中」「中の下」「下」のうちから選ばせるもので、広義の「中」が膨張する結果が出やすい。同じ設問を使った国際比較調査では、アメリカやインドでも広義の「中」が九割をこえたという（橋本健二『「格差」の戦後史』河出ブックス、二〇〇九年）。とはいえ謙二も、「そのときにそう聞かれれば、「中」と答えただろう」という。

しかし、このような社会の制度化には、安定をもたらしたという「功」の部分もあった。なかでも謙二にとって大きかったのは、立川スポーツで厚生年金を導入したことだった。

「厚生年金は、事業主は国民年金で済ますことが多い。会社が社会保険料を積み立てなければならない。自分たちも最初の二年ほどはそうしていたが、経営には負担なので、個人安定したので、厚生年金に切り替えた。それほど深い考えはなく、「株式会社」と名乗ったのと同じで、会社としての「箔づけ」のつもりだった」

「当時の自分は、戦前の発想で生きていて、働けるあいだに貯めた金で老後を乗りきるという考え方だった。だから、年金で生活をするとは思っていなかった。しかしこのときの判断のために、いま厚生年金がもらえている。しかし国民年金の人は、満額でも月額六万いくらしか出ない。個人商店としてやっていた同業者の一人と、年賀状のやりとりをしていたが、老年になって生活が厳しいと書いてあった」

「年金をもらうようになってみてわかったが、立川ストアも厚生年金に入っていた。社長が元共産党員だったこともあって、社員の福利厚生のことを考えていたのかもしれない。自分の年金は、富士通信機、立川ストア、立川スポーツで働いていた時代の積立てでなりたっている。

自分は助かっているが、偶然でそうなったようなものだ。状況が変化しているのに、それに対応して制度を変えられない日本の官僚機構の弊害が、不公平感を生んでいると思う」

2

こうした順調な状態に、暗雲が立ち込めたのは、一九七二(昭和四七)年二月だった。中学三年生だった剛一が、事故死したのである。

「社員たちの慰安旅行で、長野県の茅野にスキーに行った。せっかくの旅行なので、寛子と英二も連れていった。剛一は高校受験の準備があったので、一人で自宅に残っていた。スキーから帰ってきたら、親族の人たちが集まっていて、剛一が屋上から転落死したと知らされた」

真冬の屋上から落ちた剛一は、地面で意識不明になり、そのまま体温低下で凍死してしまった。剛一は成績もよく、年齢以上に大人びていて、中学生にして中国文学や西洋文学を読んでいた。留守中に息子を死なせた寛子の落ち込みぶりは激しく、一家は暗澹《あんたん》たる気分に包まれた。

「ちょうど「浅間山荘事件」のときだった。テレビでは警官隊と学生の銃撃戦や、山中から死体が発見されたといったニュースが流れていた。剛一の葬式とそれが重なって、ひどく暗い雰囲気になっていた」

葬儀は自宅で行なわれ、リビングに安置された遺体と祭壇に、弔問客が礼拝した。当時の香典帳をみると、香典を寄せた人は一一三名、香典なしの弔問客は六八名である。剛一の中学の同級生などを含めると、弔問客は二〇〇名をこえていた。謙二の取引先関係などはわずかで、大部分は親族と近隣の人々であった。現在の平均的な葬儀に比べると、はるかに弔問者が多いといえる。

寛子は落ち込んだあげく、この家で暮らすのはもう嫌だと言いだした。しかたなく、三年暮らした武蔵村山から、引っ越すことになった。

「お金をかけた家で、ここで一生すごすと思っていたが、しょうがない。「訳あり物件」だったので、買い手はついたものの、自分たちが転居したあと家を新しく建てるために、とり壊されたそうだ。鉄筋コンクリートの丈夫な家だったから、壊すのも大変だったろう。こちらに入ったのは土地代だけだったかもしれないが、いくらで売れたかは覚えていない。損得はどうでもよかった」

やむなく、職場がある立川市のマンションを買い、転居した。新しく建った一二階建てマンションの一〇階で、間取りは2DK。武蔵村山の家の、三分の一ほどの面積だった。

一〇階から見下ろした向かいでは、廃品回収業者がくず鉄を積んでおり、立川基地から買ってきたらしい米軍機の燃料タンクをつぶしていた。マンションの向かいの部屋は東京都職員で、入居者は年寄りや中年が意外と多かったが、あまり付き合いはなかった。

これが帰国から一一回目の転居だった。このとき、謙二は四六歳、寛子は四三歳。唯一の子である英二はまだ九歳で、自立するにはまだ一〇年以上はかかる。

寛子は剛一を失ってから気分がすぐれず、体調もよくなかった。そうした寛子と英二を連れて、自動車で家族旅行へ行ったりもした。一九七四(昭和四九)年には、謙二と寛子の共通の生地である佐呂間も訪ねたが、遠縁に挨拶した程度で、その後は行かなかった。

立川スポーツの経営も、まだ人員が増えていたが、このころには勢いを失いつつあった。一九七三年におきたオイルショックで、高度成長は終わりを告げた。しだいに学歴社会も固まり、中小企業には、優秀な人材は居つきにくくなっていった。

「一九七〇年には、日立製作所武蔵工場の事務員だった人が転職してきた。高卒の中堅社員だったが、現場の事故で、仕事が嫌になったと聞いた。セールスで工場をまわっていたら、「小熊さんのところで働きたい」と言ってきたので、雇うことにした。大きな会社の、決まりきった感じも、嫌になっていたのだと思う。音楽が好きで、ギターやオーディオが好きないい人だったが、セールスの成績はそこそこだった。給料もあがらず、零細企業の生活が思ったようなものでなかったことがわかったのか、辞めていった」

「竹中さんの紹介で、経理の専門の人を雇ったこともある。彼は頭がよく、経理の腕があり、税制などは自分よりよくわかった。しかし七〇年代後半に経営に陰りが出ると、早いうちにやめた」

「ほかにも何人か雇ったが、みんな居つかなかった。自分もそうだが、どことなくレールをはずれた人たちだった。みんな、スポーツが特段好きというわけでもなかったと思う。自分の世代は、生きるため、食べるために懸命に働いたが、余裕のある時代になったら気風もちがった。しかし、精神論のようなことを言うつもりはない」

一九七五（昭和五〇）年には、立川スポーツは八王子に支店を設けた。といっても出店したのではなく、いわば吸収合併したのである。

「合併したのは、もともと二人でやっていた八王子駅南口のスポーツ用品店だった。そこの経営がいきづまり、一人が借金を抱えて夜逃げした。残ったもう一人に頼まれて、合併する形で吸収したが、借金は引き継がなかった。合併したのは、石油ショックで商売の伸びが落ち、店売りを増やして新機軸を出そうと考えたからだった」

当時、謙二は五〇歳。まだ経営に前向きだった。しかし状況は、低成長と秩序化のなかで、高度成長期とは異なってきていた。スポーツ用品でも大型量販店が台頭し、客は大型店の豊富な品揃えと割引き価格を好むようになり、中小店は急速に不利になった。

「八王子店は駅に近く、五年くらいはよかったが、競争相手が増えてきて伸びなくなった。当初思ったよりも売上げが伸びず、赤字が増えてきて、もとの人に経営をまかせて八〇年代に分離した」

八王子店が期待外れになったあと、立川店を駅の近くに移動させ、やはり店売り増大をはかった。しかし、これも期待に反した。

「駅に近くても人が流れてくる位置になく、家賃も高いので、成功しなかった。店売りはあまり力を入れたことがなかったから、そうしたことを見極められなかった」

こうなると、従来の外商で獲得した得意先を、維持していくほかない。この時期の公的機関の発注は、大手優先の秩序ができていった一方、競争入札などの導入は不十分だった。当然ながら、政治力もなく、大幅割引ができるほどの資力もない弱小業者は、談合に走ることになる。

「業者同士で話をすることも多かった。一九七〇年代の後半だが、市の入札説明会に出た竹中さんが、市庁舎の出口あたりで業者仲間たちに「俺がこの学校はツバをつけてきたから、この分はくれ」というようなことを言ったことがあったそうだ。そのことが業者の一部から市庁にタレこみされ、談合だということで市に呼び出されてしまった。自分は、そうなったらシラをきるしかないとアドバイスし、それで乗りきった」

「そのうち、あそこの学校はどこの業者の縄張り、といった暗黙の合意ができた。生徒が入学のときに買う体育着のセット販売なども、自分たちの関係ができた学校は、ずっと継続してやった」

こうして停滞と安定を維持しつつ、謙二は一九七八(昭和五三)年に、八王子市の新興住宅地に転居した。住友不動産が多摩丘陵を切り開いて分譲した「南陽台」という住宅地で、やはり取引先の日本相互銀行から融資をうけた。これまで通り、家の設計は寛子にまかせた。

できた家は腕のよい大工による6ＬＤＫの木造で、転居時には五四歳だった。リビングにはペルシャ絨毯とシャンデリア、そして秀子のつてで東京学芸大学から払い下げられたピアノが入った。ローンの計算や新居の設計には、謙二は無頓着だった。ローンは結果として、一〇年あまりで払い終えた。謙二はここから、これまで通り自動車で立川に通勤した。

山中の新興住宅地だったものの、京王線の駅までのバスが通っていたので、都心に通勤している人が多かった。右隣は住友軽金属の労組幹部で、のちには管理職となった。左隣は建設会社の社員、裏は在日コリアンの弁護士だった。「住友不動産の分譲なので、入居者には住友関係者が少なくなかったようだ」という。四〇歳前後くらいが多く、謙二のように五〇代の小企業主などは少なかった。

新居を買い、一九八〇年代に入るころには、謙二は守りに入るようになっていた。このころ、経営方針をめぐって、立川スポーツ内で謙二・大木に次ぐ存在だった竹中が、新しい意見を出した。外商や店売りは頭打ちなので、ユニフォームやスポーツ服にマークを入れる受注で、付加価値をつけようという主張だった。しかし、謙二はこの意見を容れなかった。

「竹中さんのプランを実現するには、コンピュータ制御のミシンやプレス機など、設備投資が必要だった。大木さんにも相談したが、彼はいつも自分の意見に従うので、頼りになるようでならない。自分は、借金をするぐらいなら、事業は拡張しないほうがいいと判断した。立川ストアの失敗から学んだということもあったと思う」

「竹中さんは、まだ四〇歳をすぎたところだった。自分の意見が容れられなかったあと、マークの仕事で独立した。最後は話しあって、円満に独立してもらったつもりだ。彼は奥さんと二人だけで、自宅で受注し、そこそこに成功したそうだ。ああいう仕事は、オフィスを借りたり従業員を雇うと、割に合わない」

一九八五（昭和六〇）年には、謙二は六〇歳になった。そのころには、立川スポーツは、大木と二人で立川の小さな店舗を維持し、既存の納入先の受注を維持することをルーティンとする存在になっていた。彼らが一九六〇年前後に築いたビジネスモデルは、一〇年あまりで陳腐化し、公共機関の固定需要に依存するしかない状態になっていたのである。

謙二は「商売の出先などでするのは、他愛のない話ばかりで、政治や戦争の話をした記憶はない」という。しかし、戦争の時代を忘れたわけではなかった。むしろ生活の安定とともに、戦争の記憶をふりかえる余裕ができていった。

3

一九五八(昭和三三)年一二月、謙二は日本の戦争文学の名著とされる、五味川純平の『人間の条件』(一九五六～五八年刊)を読んだ。書かれていたのは、満州に送られた一兵士が、日本軍のなかの抑圧と闘い、シベリアで捕虜になり厳寒の荒野で死ぬまでの話だった。東京に出てきて初めての職だった東京学芸大学のアルバイトのとき、大学の図書室にこの本があったのである。

謙二によると、「長い作品だったが、読みやすくてリアルで共感できた」。とはいえ、あまり感動はできなかった。「実際に軍にあれだけ反抗したら半殺しになるし、耐えることはむずかしいから、スーパーマンの話だと思った」からである。

やはり戦争文学の名著とされる野間宏『真空地帯』(一九五二年刊)は、結核療養所を出てから手にとった。初年兵がリンチをうけ、人間性を喪失させていくありさまを、真空ですべてを押しつぶす状態にたとえたものだった。しかし、「レベルが高すぎてよくわからなかった。斜め読みするには適さない作品だった。自分は忙しかったから精読できなかった」という。

東京帝大などの学徒兵戦没者の遺稿を集めた『きけ　わだつみのこえ』(一九四九年刊)も読んだが、「あまり印象に残らなかった。頭の進んだ人は悩みが多かったのだろうねえ、ぐらいの感じだった」。それよりも印象に残ったのは大岡昇平の『俘虜記』(一九五二年刊)で、「捕虜という境遇に関心があったから療養所で読んだ」という。

一九五〇年代後半以降は、戦争を描いた映画も盛んに作られた。しかし謙二は、そのほとんどに関心を持てなかった。

「『二十四の瞳』(一九五四年)は、六〇年代か七〇年代にテレビでみたが、おセンチだと思った。『連合艦隊司令長官　山本五十六』(一九六八年)などの、英雄物語じみた戦争映画は、ぜんぜん自分が体験した実感にあわず、くだらないと思った。ドラマみたいなものは、好戦的であろうが反戦的であろうがだめだ」

武蔵村山市に転居したころから、多少は本を買う経済的余裕ができた。とはいえ、見栄で百科事典を買うといったことはなく、太平洋戦争についてアメリカ人が書いた本を手に入れた。英雄物語ではなく、客観的な歴史書を読みたかったからだった。

「早実時代の友人で、海軍ファンの河田という酒屋のせがれがいた。ミッドウェー海戦のときに、「本当は(日本の空母は)二隻沈んだらしい」とかクラスで言っていた男だ。戦前は新宿に住んでいたが、戦後は新大久保で肉屋をしていた。武蔵村山に移るころ、早実のクラス会にようやく出たときに、間接的に縁ができて、河田の店を訪ねた。そこでロバート・シャーロッド『太平洋戦争史』(一九五二年刊)、サミュエル・モリソン『太平洋戦争アメリカ海軍作戦史』(一九五〇～五一年刊)、ハンソン・ボールドウィン『勝利と敗北』(一九六七年刊)といった本をもらった」

「河田は肉屋なので、早実の同窓会には出てこなかった。同窓会には成功者しかやってこない。自分も仕事が軌道に乗って、初めて出席した。同窓会で会った人から河田の居どころを紹介してもらった」

ベトナム戦争については、「とにかく戦争だから嫌だった」という。「ソ連圏が広がってくるのには反対だが、戦争によってそれを防ぐのにも反対だった」。

一九六九年には、前年に行なわれていた、米軍による南ベトナム住民の虐殺事件が明るみに出た。当時の多くの日本の人々がそうであったように、謙二も中国での日本軍の行為を想起した。

「米軍の残虐行為は報道で知ったが、日本軍の残虐性にくらべれば、米軍のやっていることはオモチャみたいなものだと思った。中学生のころには、クラスのなかで同級生が、中国戦線から帰った兵隊からもらったという写真を内緒で見せあっていた。捕虜の中国人の首を、軍刀でちょん切る瞬間だった。中学生でもそういうものに接する機会が、当時の日本にはよくあったと思う」

「シベリアの収容所にいたとき、『日本新聞』に南京事件のことが載った。同じ班に『満州日日新聞』の記者がいて、「この事件は日本では伏せられていたが、外国ではオープンで知れ渡っていた」と言っていた。収容所では、中国戦線の古参兵である高橋軍曹が、猥談のついでに残虐行為の話をしていた。戦火をさけて中国人の婦女子だけが隠れている場所を発見し、集団暴行をしたというような内容だった。ほかにも古参兵たちの伝聞で、日本軍がどんなことをやっていたのかはだいたいわかった」

「だから「南京虐殺はなかった」とかいう論調が出てきたときは、「まだこんなことをいっている人がいるのか」と思った。本でしか知識を得ていないから、ああいうことを書くのだろう。残虐行為をやった人は、戦場では獣になっていたが、戦後に帰ってきたら何も言わずに、胸に秘めて暮らしていたと思う」

一九七〇(昭和四五)年には、三島由紀夫が自殺した。謙二の感想は、「軍服みたいな制服の団体を作って、何を考えているのか全然わからなかったし、興味もなかった。自殺のさいの行動については、狂気の沙汰としか思えなかった」というものだった。

一九七二(昭和四七)年に、グアム島で元日本兵の横井庄一が「発見」された。戦後二七年間にわたって潜伏していた元日本兵の出現は、大きな話題をよんだ。「横井さんには驚いた。そんなに長く隠れていて、まだ生きていたということにびっくりした。「恥ずかしながら」捕虜になりましたとか、小銃を宮城で返したとか聞いたときは、昔のままの頭なんだと思った。ひどい運命にあわされたんだな、とつくづくと思った」

一九七四(昭和四九)年には、フィリピンのルバング島から、元少尉の小野田寛郎が救出された。フィリピンの警備軍と銃撃戦になり、小野田と同行していた小塚金七元上等兵が死に、小野田だけが助かった。小野田は横井にくらべ、日本帰着時に敬礼するなど、元日本将校として風貌がよく、当時の日本では英雄視する風潮もあった。しかし謙二は、小野田には厳しい感想を持った。

「小野田さんは英雄みたいに迎えられたが、小塚さんが死んだ責任をどう考えていたのか。戦争がとっくに終わっていたのに、小塚さんは小野田さんの妄想につきあわされて、死ななくてもいいのに死んだようなものだ。小塚さんの遺族は、いい感情を持たなかったはずだ。英雄みたいに迎えるマスコミも、昔の軍国主義の精神を歓迎しているようで腹が立った」

「ルバング島という名前は、一九五四年に療養所にいたとき、日本兵が一人、現地の警備軍に射殺されたという話を新聞で読んで知っていた。そのころは自分のことで精いっぱいだったが、印象に残っている」

一方で、寛子は小野田に対し、素直に感激していた。寛子は政治的には保守で、石原慎太郎や中曽根康弘、イギリスのサッチャーなどが好きだった。謙二のほうは、あいかわらず反自民の投票をしていた。概して仲はよかったが、こうした点では意見はあわなかった。

一九七〇年代には、ソルジェニーツィンの『収容所群島』全六巻を買った。「独特の文体で、ラーゲリ（収容所）という特殊状況が書かれていた。細かい文字がびっしりの本で、読みにくいのを耐えて全部読んだ」という。

「最終巻の訳者あとがきに、「ソビエトにおいてもいつの日か（それは意外に近いのではなかろうか）本書を全面的に受けいれる日が訪れるにちがいない。それは社会体制がどうであれソビエトに真の自由が訪れる日であろう」と書いてあったのが印象に残った。この文章は、七七年九月に書かれている。しかし当時は、ソ連の体制が終わるなんて、想像もできなかった」

並行して、ソ連の体制下に置かれているハンガリーやチェコスロヴァキア、ポーランドなどに、以前にもまして関心を抱くようになった。「その後の八〇年代に「連帯」の民主化運動がおきたときは、強い関心を持ってニュースをよく読んだ」という。

それと並行して、かつての第二四地区第二分所の親睦会である、「チタ会」の活動がさかんとなった。謙二によると、「チタ会」結成の経緯は以下のようだった(以下、仮名)。

「一九五九年、都営住宅の申込みに行ったとき、偶然同じ収容所にいた安田さんと一〇年ぶりに再会した。その後の一九六三年ごろに、世話人役を買って出てくれた森山さんのもとに、都内にいた一〇人くらいが集まり、上野の「聚楽台」という食堂で収容所時代の思い出話に花を咲かせた。それが始まりで、二回目の会合のときに「チタ会」と命名した。森山さんは奉天の在留邦人で、根こそぎ動員で兵隊にされた人だった」

その後、森山がリーダーとなり、一人で実務をすることで、「チタ会」がスタートした。そのうち、謙二や安田も手伝った。最初は東京で半年に一度くらい集まっていたが、やがて親睦旅行も兼ねて地方の観光地で会合を開くようになった。一九七六(昭和五一)年からは、『チタ会』という会誌も発行するようになった。

「チタ会では、みんな「さん」で呼びあい、平等だった。電信第一七連隊や、第二航空通信連隊も、戦友会のようなものはあったはずだが、連絡もこなかった。だいたい、部隊ごとの戦友会は、その部隊の本部のある地域の人間たちが集まり、昔の階級秩序もそのままだ。だから東京から紛れ込んだ自分のようなところには誘いも来なかったし、こちらも行く気はなかった」

チタ会での話題は、もっぱら思い出話で、政治的な動きはなかった。各地の戦友会は、地元の保守票のとりまとめを行なったところも少なくなかったが、チタ会ではそうしたものはなかったという。

チタ会は、一九八〇年代には関西でも会合を開くなどしたが、しだいに活動が鈍った。高齢化と内紛のためだった。

「途中から参加してきた、経緯を知らない人のなかから、森山さんは独断すぎるといって、リーダーシップをとろうとする者が出てきた。森山さんはそれで熱意がなくなって、出席しなくなってしまった。もっとも森山さんも、一種の使命感が強く、ぜんぶ一人で手弁当でやっていたので、負担が大きかったし、また誤解をされやすかったのだとも思う」

「どこの戦友会もそうだが、年齢があがってきた八〇年代後半には参加者が減ってきた。最後は、九〇年代半ばの熱海旅行で幕引きになった。自分は当時の幹事役から相談されたが、幕を引いたほうがいいと助言した」

各地の戦友会は、おおむね高度成長期から始まり、一九九〇年代には不活発となったり、活動が終わったりしている。チタ会は、旧軍隊の階級秩序と無縁だったところは特徴的だが、そうした戦友会とほぼ同じ軌跡をたどった。

並行して、七〇年代になって生活が安定したころ、謙二のなかにもう一つのこだわりが生まれていた。一九四六(昭和二一)年一月にシベリアで死んだ、同年兵の「京坂君」のことが気になってきたのである。

「自分の生活が安定し、豊かになるとともに、生きて帰ってきたのが申し訳ないような気持ちになった。死んだ人たちのために、何かがしたくなった」

謙二は仕事のあいまをみて、一九七九(昭和五四)年に厚生省に電話し、京坂のことを問い合わせた。厚生省資料調査室の女性職員は、「京坂吉二」というフルネームと、一九四六年当時の富山県の住所を教えてくれた。

「しかし、家族の現住所は不明ということだった。そしてその職員は、「いまごろ、何のために調べておられるのですか」と聞いてきた。あいまいに返事するしかなかった。簡単には説明できなかったからだ」

数カ月迷ったあと、謙二は富山市役所に手紙を書いた。一九四六年当時の住所に、京坂の遺族が住んでいるか知りたい、住んでいたらシベリアでの最期の様子を知らせたいので仲介してもらいたい、という趣旨だった。

「返事はきたが、住民票を同封するから直接連絡してくれ、という官庁らしいものだった。両親は亡くなっているが、兄夫婦らしい人がいるということだった」

それからさらに、手紙を書くか逡巡しているうちに、二年ほどが過ぎた。そして一九八三(昭和五八)年秋、謙二は意を決して、京坂の兄に手紙を書いた。「手紙を書いて、二日か三日したら、電話があった。それから間もなくして、そのお兄さんが上京し、立川駅近くの喫茶店で会った」

京坂の兄は、彼自身も、フィリピンで捕虜になった元日本兵だった。謙二に会うとき、弟の記念写真を持ってきた。謙二が「この写真はどうやって手に入れたのですか」と聞くと、実家の仏壇の中にあったという返事だった。

その写真は、謙二が撮影したのと同じように、初年兵が三カ月の教育訓練中に必ず撮影する軍服姿のもので、元気であることを示すため実家に送るよう指示されるものだった。写真の裏には、シベリアでの検死に立ち会った小隊長と軍医中尉の署名があった。

「推測だが、小隊長の田下中尉が、京坂君の遺品整理をしたさいに写真を発見し、ソ連兵に見つからないようひそかに保管して、持ち帰ったのだと思う。当時の自分たちはぼろしか持っていなかったから、京坂君の遺品は、あの写真くらいしかなかっただろう」

「当時はソ連の情報管理が厳しくて、収容所の状況がわかるようなものは持ち帰れなかった。死んだ人の写真を持ち帰るのも、身体検査を逃れてだったはずだ。一九四七年から作業団長だった西田さんは、三〇人分くらいの死亡者名を書いた紙をこよりにして、下着の紐の中に隠し、帰国時にひそかに持ち帰ったと聞いた」

「シベリアからの引揚げ船では、船に乗ってすぐに、死んだ人の名前を思い出せるだけ書いたりする調査があった。おそらく田下中尉は、そのときか、舞鶴に上陸したときにその写真を提出し、それが官庁経由で富山の両親のもとに届いたのだろう。それが仏壇の引出しに入っていたわけだ」

謙二はその兄に、京坂が死んだときの様子を話した。兄は話を聞いて、「そうですか」と言った。

「淡々としていた。お互いに戦争体験者だから、多くを話さなくても見当がつく。泣いたりわめいたり、激しく感情を動かしたりはしない。何も言わなくてもお互いにわかる。激しく感動したり泣いたりするのは、何も知らない人がやることだ」

「お兄さんもフィリピンで捕虜になったというから、大岡昇平の著作にあるように、本当に苦労しただろう。フィリピンのどこで捕虜になったのかなどは聞かなかった。あまり互いの境遇は話さなかった。お兄さんは日帰りですぐに富山に帰っていった」

謙二はその後、チタ会の会報に書いた「或る若者への追憶」という文章を、京坂の兄に送った。それは京坂の死の様子を書いたもので、第三章で引用した文章と、ほぼ同じものである。その後、その兄から返事と贈り物があった。それには、こう記されていた。

貴方様の「或る若者への追憶」を読んで涙が出ました。弟は貴方様に大へんお世話になり、また力づけられた事でしょうが、それまでが弟の人生だったのでしょう。私もフィリピンでなんどもこれで終わりかと思い、手榴弾で自爆しようとした事もありましたが、一年半抑留され復員しました。

小熊様、これからも元気で弟の分まで長生きしてください。

弟が子供の頃よく食べた富山のかまぼこを送ります。召し上がってください。

この度は本当に有難う御座いました。

京坂の死の様子を親族に伝えられたことで、謙二は「肩の荷を下ろして助かった」ような気がした。これで戦争の記憶とは、一定のふんぎりをつけられたと思った。しかしその一〇年あまりのち、謙二は元シベリア抑留者の朝鮮人皇軍兵士と文通を始め、日本政府を相手とした戦後補償裁判に加わることになる。

第九章　戦後補償裁判

1991年7月，43年ぶりのチタ再訪，収容所跡地の近くにて

一九八七(昭和六二)年、謙二は六〇歳になった。息子の英二も大学を卒業して出版社に就職し、謙二自身も厚生年金が受けとれるようになった。

得意先回りに特化した「立川スポーツ」の仕事は、規模を縮小しながら大木に譲り、謙二は出勤回数を減らしていった。それとともに給料は減ったが、家のローンも払い終え、生活は安定していた。

そして彼は、さまざまな偶然から、戦後補償裁判にかかわっていくことになる。

1

謙二は一九八〇年代から、ささやかな社会的な活動を行なうようになった。一九八二(昭和五七)年から、アムネスティ・インターナショナルの会員になったのも、その一環である。一九七〇年代にソルジェニーツィンの『収容所群島』を読んでいたこと、一九八一年のポーランドの民主化運動台頭があったことなどで、収容所の人権問題にあらためて関心を深めたことがきっかけだった。

謙二がかかわった社会的活動は、地域的な活動と、戦争の記憶に関する活動に分かれる。このうち地域活動の背景になったのは、謙二が住んでいた八王子市南陽台で、車検場建設反対の住民運動がおきたことだった。

前章で述べたとおり、南陽台は多摩丘陵の山斜面を切り開いた新興住宅地だった。二〇一三年三月末時点の人口は三三六三人である。

一九七二(昭和四七)年から入居が始まった南陽台は、当初は農村部の旧地名が住所になっていた。しかし一九八六(昭和六一)年からは、分譲が早かった順番から、南陽台一丁目・二丁目・三丁目と名付けられた。謙二が住んでいるのは、もっとも分譲が早く、のちに一丁目となった地域である。

新興住宅地だった南陽台は、真新しい家が並んではいたが、公共インフラの整備は遅れていた。当初は下水道がなく、家庭から出る汚水と排泄物は、南陽台のなかの汚水処理場で処分していた。そのため住民の活動としては、下水道整備の要望を、団地の自治会から行政に寄せることなどが中心だった。

ところが一九八二年、環境保護運動が南陽台で発生した。南陽台の向かいの山裾に、運輸省関東運輸局の車検場(自動車検査登録事務所)を建設する計画がもちあがったためである。

南陽台の付近は自然の残る丘陵地帯で、一九二九(昭和四)年に京王電鉄などが整備したハイキングコースもあった。高幡不動尊から野猿峠を抜けるこのコースは、一九五〇年代には都心から近いレジャー地として栄え、当時の皇太子(のちの現天皇)も訪れたこともあった。

その後の一九五八(昭和三三)年には多摩動物公園が開園し、さらに一九六五(昭和四〇)年には大学セミナーハウスが開館して、しだいに道路開削や宅地造成が進んだ。しかし南陽台ができた当時は、周囲に多摩丘陵の自然が残っていた。

周囲の丘陵地帯のうち、南陽台の北側斜面は、一九八〇(昭和五五)年に都立の長沼公園となった。一方で南側の山裾には、明治大学付属中野八王子高校が所有していた野球グラウンドがあった。そのグラウンド一帯を買収して、車検場を造るという計画がもちあがったのである。

当時は東京西部では、車検場が国立市にしかなかった。そのため、八王子市に車検場を造ることが運輸省レベルで決まり、その候補地として浮上したらしかった。「付近は旧い農村地帯だった。地元には計画がらみの利権もあっただろう」と謙二はいう。

これに対し、南陽台住民から、車検場建設反対運動がおこった。謙二によると、この計画に対する南陽台住民の反応は、世代によって分かれていたという。

反対運動の中心になったのは、分譲が遅かった二丁目・三丁目の若い新住民で、当時の三〇代から四〇代前半だった。彼らは「団塊の世代」を中心とした戦後教育世代で、環境問題に敏感だった。謙二によると、「とくに運動の担い手になったのは、昼間に南陽台にいる専業主婦の女性たちだった。お互いに子どもが小学校に通っていたから、コミュニケーションをとるのが上手でネットワークがあった」という。

一方で、最初に分譲された一丁目の住民は、主として戦前生まれの四〇代後半以上だった。彼らはこうした問題に関心が薄く、行政に協力的だった。

「一丁目は年齢が高く、自分も含めて意識が鈍かった。自治会の幹部だった一丁目の年長者たちは、「車検場ができれば、にぎやかになっていいんじゃないの」といった姿勢だった。八王子市の行政側は、車が八王子ナンバーになるとか、小学校を南陽台に建設するとかといった甘言を使って、車検場誘致を説得しようとした。古い世代の自治会幹部には、初めから条件闘争の方針で、できるだけ行政から見返りを引き出す方向で動いた人もいたようだ」

この当時、南陽台の学童は、農村地帯に昔からあった小学校に、二〇分ほど歩いて通っていた。それに対する不満を見越しての、小学校増設案だったのである。

一九七〇年代は、各地で公害や乱開発に反対する住民運動が台頭した時期であった。それ以前の反対運動では、開発で生活基盤が破壊される農民や漁民が中心的な担い手だった。だが七〇年代以降は、戦後教育をうけ人権意識が向上した、新世代の若い都市住民が担い手になっていった。

とくに一九七〇年代後半から八〇年代は、「団塊の世代」の専業主婦たちが担い手となり、各地で環境保護や自然食品、消費者生協などの運動が盛んになった時期だった。こうした主婦たちは、高等教育をうけながら、社会進出が阻まれていた人々だった。一九六〇年代以降に分譲が進んでいった団地や新興住宅地は、こうした人々がさまざまな運動を起こす土壌となったのである(原武史『団地の空間政治学』NHKブックス、二〇一二年)。

南陽台の車検場反対運動は、そうした運動の一つだったといえる。そして結果からいうと、この運動は成功し、車検場建設は中止となった。成功の一因は、住民の熱意と、戦略が計画的だったことだった。

「若い主婦たちが中心になった運動に、南陽台在住の弁護士が参謀役として加わった。そして、市会議員に働きかけるように指南した。車検場の計画は、まだ八王子市のなかで候補地を選定している段階で、市が南陽台住民を説得しているところだった。市議会で否決すれば何とかなるというので、とくに中間派の公明党に、集中的に働きかける戦略をとった。社会党や共産党だけでは、多数派がとれなかったからだ」

「南陽台の若い母親たちは、市の環境委員会が開かれるさいに、バスをチャーターして傍聴に行くほど団結力が強かった。そうした圧力と説得工作で、保守系の市議にも動揺して反対に回る者が出て、市議会の環境委員会で否決された。一丁目の年長者たちは、そんなことがありうると思っていなかったので、驚いたようだった。市と取引して小学校なんか建っていたら、いまでは人口が減って統廃合になっていただろう」

こうして運動は成功し、付近の自然は守られた。ただし車検場計画は、すぐに八王子市内の別の場所に候補地を移した。「そこにも新興住宅地があったが、できて間もない住宅地で団結力が弱く、反対運動ができないうちに建設が進んでしまった」という。

謙二自身は、あまり自治会とは関係しなかった。二〇〇〇年代になってから、下水道ができて不要になった汚水処理場跡地に自治会館を建てるさいに、検討委員長をやったことがあった程度である。ただしそれも、「住友軽金属の労組の元委員長だった自治会長と近所づきあいをしていたので、頼まれてやったが、調整役に徹していた」という。

謙二が加わっていったのは、「多摩丘陵の自然を守る会」という住民運動グループのほうだった。車検場反対運動が成功したあと、運動参加者たちによって「南陽台の自然を守る会」が結成され、それがこのグループに発展したのである。

車検場計画は阻止したものの、その後の南陽台付近では、宅地造成や開発があいついでいた。日本がバブル景気にわいていた一九九一（平成三）年には、東京都立大学（二〇〇五年に首都大学東京に改名）が近隣の南大沢に移転し、その前後が開発のピークとなった。

この時期、丘陵地帯の宅地開発による環境破壊は、アニメ映画『平成狸合戦ぽんぽこ』（高畑勲監督、一九九四年公開）がこれを主題とするなど、大きな社会問題の一つだった。南陽台周辺の丘陵地帯にも、このころはタヌキや野ウサギがいたが、それからも宅地造成計画があいついでいた。「多摩丘陵の自然を守る会」は、こうした状況に対して生まれたものだった。

謙二がこの会に参加したのは、「立川スポーツ」の仕事を減らした、一九九〇年前後からだった。当時のメンバーは十数名で、車検場反対運動いらいの女性が多かったが、謙二のような年配者も数名は交じっていた。

「参加者は自然や動植物が好きな人が多かった。自分は環境問題や自然保護には、かつては関心がなかった。関心が出たのは事実上引退してからだ。植物に興味がなく、名前を覚えるのも苦手で、教えてもらってもすぐ忘れたが、自然のなかを歩くのは好きだった」

「多摩丘陵の自然を守る会」の定常活動は、都立長沼公園のパトロールだった。都の公園管理事務所に、市民参加で自然公園を運営しようという職員がおり、この会が地元の協力団体となったのである。「二人組で毎週火曜、木曜、土曜と公園を歩き、自然状態や荒れ具合をチェックする。里山の状態を保つため、伐採や下草刈りもやった」。この活動には、九〇年代のうちは都から若干の手当が出ていた。しかし、一九九九（平成一一）年に当選した石原慎太郎知事のもとで、予算が削られてしまったという。

謙二は地元の「オオタカを守る会」へも参加した。いったん車検場建設がとまった南陽台の南側にも、住宅都市整備公団の宅地造成計画がもちあがった。そのとき、「多摩丘陵の自然を守る会」のメンバーが、その付近でオオタカの営巣を発見した。一九九三（平成五）年に国内希少野生動物種に指定されたオオタカは、営巣地が発見されると開発が制限されるため、自然保護運動の手段として有望視されていたのである。その背景には、一九九三年の環境基本法で、環境アセスメントが推進されるようになったことがあった。

「巣からヒナを捕ろうとする密猟者を見張るため、交代でオオタカの巣を遠くから監視した。巣の周囲五カ所ほどから、二人組で朝八時から夕方五時までの監視作業だ。自分にはオオタカもトンビも区別がつかないが、けっこう人数が必要だったから、いくらかでも役に立つと思って参加した。とはいえ、鳥をみつけて相棒の詳しい人に知らせても、「あれはトンビですよ」などと言われていた」

「アセスメント調査を請け負っている会社と協力して、オオタカの食痕調査をしたこともある。オオタカが小鳥や小動物をつかまえ、地上で食べた跡を調査する。環境アセスメント会社には、ほんとうは乱開発をしたくないという人もおり、協力関係が築けた。といっても、谷地《やち》の下まで降りて食痕を見つけるというのは、たいへんな作業だ。自分は片肺しかなく息が切れるので、一回だけしか参加できなかった」

「ほかにも、付近の谷戸《やと》（丘陵地の谷間）が、業者の運んできた産廃残土で埋め立てられ始めたため、都や市に訴えたりした。谷戸の隣にあった、放棄された休耕田を再生して、開発をとめようとしたこともある。荒れた水田の地主に話をつけ、みなで草木を刈ったり、畔《あぜ》を作り直したりした。これは力仕事で男手が必要で、自分も草刈りをやった」

こうした活動のため、「オオタカを守る会」や「谷戸を守る会」なども結成された。その多くのメンバーは、「多摩丘陵を守る会」と重なっていたという。

それにもかかわらず、周囲の丘陵地帯は宅地化していった。宅地造成はしたものの、バブル崩壊とその後の人口減少で、売れずに空き地となり、環境破壊だけが残ったところも多い。

しかしこうした活動によって、南陽台の南側の宅地開発は、計画がかなり縮小された。また一九八七年から二〇〇九年にかけて、いくつかの谷戸や野生植物自生地を、東京都の緑地保全や里山保全の指定地域とすることに成功している(多摩丘陵の自然を守る会編・発行『守っていきたい多摩丘陵の自然』二〇一四年)。

「「多摩丘陵を守る会」の中心となっていたのは、中央大学多摩キャンパスの教授夫人や、南陽台のピアノ教師だった。車検場反対運動のころは一参加者だったが、粘り強く活動しているうちに、中心になってしまった女性たちだ。こういう運動の常として、最初の目標のいくらかしか実現しなくても、地道に活動していた点を尊敬している」

またやはり一九九〇年代半ばに、南陽台の主婦たちから、別の運動がおきた。老人世帯などに、食事を宅配するワーカーズ・コレクティブ「加多厨《かたくり》」がそれである。

この運動の背景は、南陽台をはじめ、周辺のニュータウンで高齢化が進んでいたことだった。一九七〇年代に入居した親世代が高齢化する一方、子どもたちは都心への通勤に不便な環境を嫌って出ていった。そのなかで、買い物が困難な老人世帯が増えていたのである。

こうした老人世帯に宅配の弁当を届けるため、地域の主婦たちが協同で作ったグループが「加多厨」だった。彼女たちは生活クラブ生協などとも協力関係があったが、一九九八(平成一〇)年のNPO法制定後にNPO法人となった。そして、宅配のさいに高齢者の見回りも行ない、八王子市から活動助成をうけるようになった。

このNPOの創始者は、謙二の妻である寛子と親しかった。そのため、謙二もこれにかかわるようになった。謙二は出資金を出してNPO正会員になったほか、宅配車の運転手として、週に一～二回ほど働いた。謙二はスポーツ用品の営業回りをやっていたため、運転は得意だった。

「正会員になり、総会にも出席したが、自分は素人だからほとんど口は出さなかった。正会員でも総会に出る人は少ないから、自分のような年寄りでも、「枯れ木も山の賑わい」だと思って出ていただけだ。ああいう活動をしている人たちも、総会に人が来ないと元気がなくなるだろうからな」

前述したようにこの時期は、各地で自然保護や消費者生協などの活動が行なわれた一方、そうしたグループの一部はNPOとして法人格を取得していった。活動の中核は戦後世代の主婦たちだったが、年金生活に入って時間に余裕ができた高齢者の参加もみられた。謙二の軌跡は、そうした全体状況の一例だったといえる。

引退した高齢者には、自動車の運転、経理事務、法律知識など、現役時代につちかった技能を持っている人が多い。そうした資源が地域活動に活かされれば有効だということは、地域活性化にとりくむ識者がしばしば指摘することである。

ただし、そうした知識を持つ中高年男性には、無用な自尊心から女性を見下す者もいる。そのことが、地域活動への参加のネックになることもよく指摘される。謙二は下積み生活が長く、上記のような活動でも「下っぱの参加者」を自称するような性格だったことが、引退後の地域参加をスムーズにしたといえよう。

2

「立川スポーツ」への勤務が週数回になっていた一九八八(昭和六三)年四月、謙二は新聞に、初めての投書を行なった。ことの起こりは、この年の三月二六日に『朝日新聞』の投書欄に掲載された、一九歳の学生による文章を読んだことだった。

「国を守るのは当然で、自分も侵略があったら命を賭けて戦うつもりだから、有事立法は憲法と矛盾しないという趣旨の投書だった。その学生への反論のつもりで、戦争の実態を知ってほしい、せめて戦没学生の手紙を読んでほしい、といった内容の手紙を投稿した。その学生に転送してくれると思っていたのだが、それが投書欄に掲載された」

ほぼ時を同じくして、謙二は「不戦兵士の会」の存在を新聞で知った。戦争の実態をふまえない風潮に違和感があった謙二は、投書記事と手紙を添えて、新聞に載っていた会の連絡先に送った。すると会の中心メンバーだった小島清文から返信があり、会に参加することになった。

一九一九(大正八)年生まれの小島清文は、慶應義塾大学経済学部を卒業後、海軍兵科予備学生を経て少尉となった。小島は戦艦「大和」に暗号士として勤務のあと、一九四四(昭和一九)年一二月にルソン島の基地航空部隊に異動となった。そして翌年二月の米軍上陸のあとは、にわかに陸上戦闘の小隊長を命じられた。

小島たち基地航空部隊員たちは、陸上戦闘の経験も装備もないまま戦闘に参加したが、山中に追い込まれて飢餓状態におかれた。意を決した小島は、部下とともに一九四五年四月に自発的に投降した。日本軍将校の自発的投降は例外的であったが、小島は父親が自由主義者であり、学生時代にアメリカのことを学んでいたため、柔軟な対応がとれたといわれる。

敗戦後に、小島は島根県で地方紙発刊に従事したが、六六歳になった一九八七(昭和六二)年に『朝日新聞』に体験談を投稿した。この投稿が元防衛庁長官官房長の竹岡勝美の目にとまり、竹岡を囲んで小島の友人が会を開いた。一九二三(大正一二)年生まれの竹岡は、防衛官僚ながら平和主義者として知られ、当時検討されていた国家秘密法に反対していた。この会が契機となり、元兵士たちが集まって一九八七年一二月に結成されたのが「不戦兵士の会」である。

この時期は、戦後四〇年を経て、「戦争体験の風化」が論じられていた。また戦争体験者たちが仕事を引退する年齢となり、人生をふりかえる時期を迎えていた。彼らには、社会的な活動を行なう時間的余裕もできていた。謙二が投稿を行なったのは、そうした動向と重なっていたのである。

謙二は小島の勧誘に応じてこの会に参加し、毎月の例会に通うことになった。例会には、平和主義者の自民党議員として知られた宇都宮徳馬や鯨岡兵輔、社会党委員長の石橋政嗣、物理学者で核兵器反対運動をしていた豊田利幸などが招かれ、講演と質疑応答が行なわれた。

謙二が参加した当時、会員は三〇名ほどだったが、一年のうちには一〇〇名ほどに増えた。集まっていたのは、思想信条を問わず、戦争体験を継承することが「不戦」につながるという趣旨に賛同する元軍人たちだった。ただし三分の一は小島のような元学徒兵であり、元職業軍人は参加していなかった（茶本繁正「不戦兵士の会」『マスコミ市民』一九八九年七月号）。代表は元船舶工兵で、フィリピン戦を経験した碑文谷教会の牧師だった。副代表は小島と、早大出身の海軍予備学生としてアンダマン島で敗戦を迎えた元中尉だった。

一九八八年八月時点の名簿をみると、「戦歴」は元下級将校、「現職」は会社役員や教員、医師などがめだつ。名簿上でみるかぎり、約七〇名のうち、「自営業」は謙二をふくめ二人である。しかし謙二によると、「いろいろな人がいて、将校や高学歴の人ばかりではなかった」という。平均年齢は六八歳で、「現職」が何であるにせよ、年金生活者が多かったようだ。

「小島さんは国際文化会館の会員で、はじめはそこで例会をやっていた。そのうちに青山メトロ会館、それから渋谷の勤労福祉会館に移った。各地で学校の先生などに協力してもらい、若い人にむかって戦争体験を語る活動をしている人も、小島さんをはじめ何人かいた」

「例会では、藤田省三さんが講演をしたりしていた。「アジアへの戦争責任」とか「被害者意識から加害責任への転換」といった話も聞いた。自分は理論的なことはあまり考えないし、話がむずかしかったから、「なるほどなあ」という感じだった」

そうしたなか、一九八八（昭和六三）年九月に昭和天皇の病状が悪化し、翌年一月に死去した。謙二は、昭和天皇の死にさいして、こう思ったという。

「自分は兵隊だったし、天皇は大元帥だったのだから、戦争責任があると思っていた。表だって何か言う気はなかったが、大ぜいの人を死なせた責任があると思っていた。昭和天皇がまだ意識のある時に、あやまるべきだったし、あやまってもらいたかった」

昭和天皇の病状悪化から死去までの約三カ月、いわゆる「自粛」が広まった。「自粛」は神宮野球大会の中止、バラエティ番組の差し替え、「生きる歓び」というコピーを含んだ広告ポスターの撤去、はては忘年会・新年会や年賀状の自粛にまで及んだ。さらに一二月、敗戦時に陸軍見習士官だった保守系の長崎市長が、市議会で天皇の戦争責任に言及したところ、九〇年一月には右翼団体員に銃撃され重傷を負う事件がおこった。

このとき「不戦兵士の会」では、「自粛」ムードに対する抗議声明を出した。また翌八九年一〇月には、元満蒙青年開拓団の中国残留女性たちの渡航支援を行なった。後者は、NHKの番組で、これらの女性たちのことが報道されたことから行なわれたものだった。

謙二は、こうした活動の趣旨には賛成だったが、その進め方に違和感が残ったという。

「中心メンバーの人たちが方針を決め、あとから会員に了解をとる形になることが多かった。また例会をやっても、発言する人がだいたい決まってきてしまっていた。自分は戦争の体験が忘れられるのはまずいと思って参加したが、政治運動や「論客」には違和感があった」

そして一九九三年、「不戦兵士の会」の会報『不戦』で、会員どうしの論争がおきた。小島が同年一月号に「絶対平和主義」を唱える論考を書いたところ、サイパン戦で捕虜になった元兵士の会員が、批判を会報に書いたのである。

「批判の趣旨は、ファシズムとの戦いは「正義の戦争」であり、単なる平和主義ではなくて、よりよい社会をめざした戦いが必要だというものだった。ソ連が「正義」の側だったとは思えなかったし、自分にはよくわからないことでもめているとしか思えなかった」

「文章を書くのは苦手だが、そういう争いはやめるよう、一度だけ会報に投書をしたことがある（『不戦』一九九三年四月号）。この問題で、いちど例会の議長も務めたりもしたが、その後はだんだん例会から足が遠のいてしまった。自分は他者に厳しい姿勢をとる人は嫌いだ」

こうして「不戦兵士の会」とは距離ができてしまった謙二だったが、同時期に並行して、もう一つの活動を行なっていた。チタの収容所への再訪である。

3

昭和天皇が死去した一九八九年、ベルリンの壁が崩壊し、東欧諸国があいついで民主化した。ソ連の体制を身をもって体験した謙二には、感慨深いことだった。

「自分は捕虜の体験があったから、ポーランドの「連帯」をはじめ、ソ連や東欧の民主化運動に共感があった。しかし、自分が生きているうちに、ベルリンの壁が崩壊するなんて思ってもみなかった」

時間に余裕ができていた謙二は、冷戦が終わると、一九九〇年にポーランドを旅行した。ポーランドの民主化運動への関心があり、ポーランドの歴史についての本を自分なりに読んでいたためだった。

謙二にとっては、これが初めての海外旅行だった。それまでは、一九六九(昭和四四)年に「立川スポーツ」と取引があった問屋の招待旅行で、寛子ひとりが台湾に行ったことがあっただけだった。謙二は東欧が気に入り、一九九〇年代にはほぼ二年おきに、チェコやユーゴスラヴィアなど東欧各国を旅行した。

日本で海外旅行が自由化されたのは一九六四(昭和三九)年であり、それ以前は商用や留学など、明確な目的がなければ海外渡航はできなかった。一九六四年の日本国籍出入国者は一二万七七四九人、寛子が台湾に行った一九六九年には四九万二八八〇人だったが、一九九〇年には一〇〇〇万人を超え、一九九五年には一五〇〇万人を超えた。謙二らが旅した時期は、こうした国際化の時期と重なっていた。

なお海外渡航者数は、一九九六年以降は頭打ちとなった。その後は二〇一四年まで、一五〇〇万人から一八〇〇万人のあいだを行ったり来たりしている。それはちょうど、一九九〇年代半ばで日本経済と雇用者賃金の伸びがとまったことと、軌を一にしていた。

一九九一年四月、ソ連の最高指導者だったゴルバチョフが来日し、抑留者団体と面会した。このときゴルバチョフは、ソ連側が保管していた三万八〇〇〇人分の抑留死亡者名簿を持参し、残る二万四八〇〇人についても、調査が終わりしだい日本政府に引き渡すと約束した。

この名簿は日本でも公開され、第二四地区第二分所の死亡者名も入っていた。日本名がロシア発音で伝わった、不確かなカタカナのリストだったが、謙二はそこに死んだ収容所仲間の名前をみつけることができた。

とはいえ、当時はまだソ連への旅行は制約が多く、チタのような地方の軍事都市への訪問は容易ではなかった。しかし謙二は、愛知県知多市の青年会や商店会が、町興しの一環として同名のチタを訪問するという情報を知った。そこで謙二は、「チタ会」のメンバー二人と、その旅行に同行を申し込んだ。

一行は秋田空港からのチャーター機で、まずイルクーツクに飛んだ。そこからさらチタへと、飛行機で移動した。時は一九九一年七月であり、ソ連が崩壊する五カ月前である。

謙二にとって、四三年ぶりのチタ再訪だった。「鉄道駅はほとんど昔と同じだったし、街もあまり変わっていなかった」。そして謙二は、郊外にあった収容所の場所まで行ってみた。

「自分たちが列車から降ろされた鉄道駅から、収容所の場所までバスで行ったら、意外と近かった。昔に歩かされたときは、ずいぶんと遠く感じたものだ。ザバイカル方面軍司令部も、軍病院も、収容所から作業場までの往復で歩いた道沿いの板塀も、昔の通りだった。シベリア出兵時に第五師団が建てた忠魂碑も残っていた。しかし収容所はもう解体されていて、さら地になっていた」

その後、謙二たちはチタの市民墓地に行った。ロシア人の墓が並んでいる一角に案内され、ここが日本人墓地だといわれた。その場所で、謙二と「チタ会」のメンバー二人は献花した。そして謙二は、日本から用意して持ってきたジュラルミンの金属プレートを、そのそばに掘って立てた。

「「立川スポーツ」の商売の関係で、優勝カップなどを作る板金業者と知り合いだった。その業者と相談して、文字を刻んだプレートを作ってもらった。誰にも相談しなかったし、もちろん自費で作った。ジュラルミンとはいえ雨ざらしだから、今ごろはもう腐食してなくなっているだろう。自己満足だからそれでいい」

プレートに刻んだ文字は、以下のようなものだった。「一九四五年我等とともに　この地に来り　再び故国に帰り得ざりし　戦友の御霊に　憶いを捧ぐ　一九九一年七月一〇日」

文章を考えたのは、謙二だった。これに謙二および同行した「チタ会」の二人の名前、そして碑文のロシア語訳が併記してあった。ロシア語も併記したのは、「書いておいたほうがいいたずらされなくて済むだろうから」という理由からだった。

「戦友といっても捕虜だったのだから、一緒に戦ったわけではないが、ほかに言葉がない。戦友というと、何となく軍国主義的な感じだが、ヨーロッパの言葉でいう「カメラート」は、仲間というくらいの意味だ。それに日本軍では、「戦友」という言葉はほとんど使っていなかった。倒れた戦友を残して突撃したあとに泣いたことを歌った「戦友」という歌が、めめしいということで、禁じられていたくらいだ」

知多市からのグループには、チタ近郊のノーヴァヤの収容所で夫が死んだという女性がいた。墓参がしたいというので、バスでノーヴァヤまで一緒に行ったが、墓地は見つからなかった。

「墓参といっても、墓地に葬られたわけでもない。収容所の近くの土地に、埋めただけだった。だから見つからないだろうと思っていたが、やはりそうだった。しかたなく、その街のはずれで線香をあげた。その女性は、それで一応気が済んだようだったと思う」

チタのホテルに帰ると、ホテルの室内工事をしていた左官のモンゴル人が、日本語で話しかけてきた。付近にロシア人のいないときに話してきて、ロシア人がいると話すのをやめる。

「なぜ日本語を話せるのか理由を聞くと、まだ子どもだった戦前に、内蒙古（現在の中華人民共和国内モンゴル自治区）に住んでいて、日本の植民者の子どもたちと一緒に遊んで日本語を覚えたということだった。まだソ連の体制下だったから、外国人に話しかけるのはむずかしいことだったはずだ」

謙二はそのモンゴル人から、自宅に招待された。「チタ会」のメンバー二人も誘われたが、彼らは断った。秘密警察が機能していた時代であったため、こうした招待に応じるのは懸念があったからである。

夜になると、そのモンゴル人の息子が謙二を自動車で迎えにきた。家は集合住宅で、ロシア人の奥さんと子どもがもう一人いた。中流と思われる暮らし向きで、電化製品も少しあった。

「日本が懐かしいといって、日本の話を何時間かした。一九六〇年代の文化大革命と中ソ対立の時期に、いろいろ中国政府の抑圧があり、国境を越えてソ連に亡命したということをちらっと述べた」

後述するように、文化大革命期の中国では、日本と関係のあった者は非難にさらされがちだった。またモンゴルの北半分（いわゆる「外モンゴル」）は一九一一年に清朝から独立し、一九二四年にソ連の影響下で社会主義の人民共和国となったが、南半分の「内蒙古」は中国領のまま残った。内蒙古は中国共産党政権下で自治区となったが、漢民族の移住が進んだ。そして中ソ対立の時代には、ソ連やモンゴル人民共和国との関係を疑われた数十万人が粛清されたといわれる。

「ソ連亡命後は、対中国諜報要員だったという話だった。その時代に亡命した人は、ソ連の秘密警察から目をつけられ、協力者にならないと生きていけなかったと聞いたことがある」

「自分のような一面識もない人間に話しかけたのも、いろいろつらい目にあう前の、少年時代の思い出とつながっている日本が懐かしかったからだろう。一五歳かそこらで敗戦を迎えた、まさに皇国少年世代だ。文化大革命では、親日派として扱われかねなかったはずだ」

「当時の本で何を読んだかと聞いたら、「櫻井忠温《ただよし》の『肉弾』を読みました」と言っていた。日本軍の旅順攻略を描いた、当時の児童向けの忠君愛国物語だ。その後の生活が大変だったから、頭の中で、戦前の日本が理想化されてしまったのかもしれない」

そのモンゴル人は、謙二に「戦史が知りたい」と述べた。謙二は日本に帰ってから、ロバート・シャーロッドの『太平洋戦争史』を送った。「しかし、そういう客観的な本より、もっと勇ましい話が欲しかったようだ。あまり日本語の手紙もうまくなかったし、そのうちに音信がとだえた」

チタからの帰りに、謙二たちはウランウデとイルクーツクにも足を運び、それから帰国した。シベリアの記憶とのつきあいも、これで一段落したと謙二は思っていた。ところが、事態は意外な展開を遂げた。

4

一九八八(昭和六三)年、ソ連抑留者に対して、日本政府が「慰労金」を出す「平和祈念事業」が行なわれることになった。これが、謙二が戦後補償裁判にかかわる契機となる。

この事業への請求資格は、軍務期間が三年より短く軍人恩給欠格者であるか、共済年金の受給権のない者だった。その内容は、国債一〇万円分と「慰労品」の銀杯、そして首相名の賞状だった。受給にあたっては、市町村などで配付する請求書を、特別立法で設立された平和祈念事業特別基金に提出することとされた。

こうした事業が行なわれた背景を知るには、戦後の日本政府が、戦争被害への補償をどのように行なってきたかを理解する必要がある。

一言でいえば、戦後の日本政府は、戦争被害者に補償を行なわない姿勢をとっていた。戦争の被害は「国民がひとしく受忍」するべきもので、特定の被害者にのみ補償をすれば不公平になる、というのがその論拠だった。しかし実際には、何らかの被害者に補償をすれば、それが「アリの一穴」になってしまい、国内外からの補償要求がとめられなくなるという判断があったともいわれる。

そのため、戦死した軍人・軍属やその遺族、あるいは空襲や原爆の被害者などに対しても、一貫して補償は行なわれなかった。代わりに行なわれたのは、戦前からあった軍人恩給制度を拡充することだった。

軍人恩給制度は、敗戦によって一時廃止されていた。それが復活したのは、占領終了後の一九五三年からである。しかし軍人恩給は、厚生年金制度などがそうであるように、軍務が一定期間を超えないと受給資格が発生しない。その期間は、下士官以下は一二年以上、准士官以上は一三年以上である。

また恩給は、勤務期間や階級で受給額に上下があった。復活後の軍人恩給も、職業軍人で階級が高いほど多額になる傾向があった。その額は、大将では年額八〇〇万円を超え、佐官クラスでは年額五〇〇万円ほどともいわれた。軍人恩給の政府支出予算は、二〇一四年には受給者が減少して四二一七億円だったが、一九八八年には一兆七一六六億円にのぼっていた。

謙二のような敗戦近くになって召集された兵士たちは、そのほとんどが恩給欠格者だった。激戦地に派遣された者は勤続年数を加算するなどの措置がとられても、事情はそれほど変わらなかった。ソ連抑留者の「平和祈念事業特別基金」が、軍人恩給欠格者を対象としているのは、以上のような事情からである。

では、こうした事業が「見舞い」や「慰労」の形態をとっているのはなぜか。これは前述のように、「補償」は行なわないという原則があるためと考えられる。

軍人や公務死亡者以外への補償要求は、空襲被害者などに存在した。その最大のものは、原爆被害者のものである。その成果として、原爆被爆者援護法が一九九四年に成立した。しかしこれは、従来は自治体などで行なわれていた健康管理や医療保障を制度化したものだった。その趣旨は「補償」ではなく、あくまで医療援助だった。

また一九九五年には、元「従軍慰安婦」への「償い事業」が開始された。しかしこれは、政府ではなく民間拠出の「女性のためのアジア平和国民基金」が「償い金」を支給し、あわせて政府が医療・福祉支援事業を行なうという方式だった。

つまり日本政府がとってきた原則は、以下のようなものだった。戦争被害は「国民がひとしく受忍」すべきもので、「補償」は行なわない。強い要求があった場合には、「慰労」「見舞い」「医療援助」ならば行なう。ただし政府の直接支出ではなく、民間団体や外郭団体によって設けられた基金の場合には、多少の柔軟性はありうる。ある新聞記者はこれを、「補償はしない。謝罪もしない。しかし慰めはする。それが国の立場だ」と要約している(栗原前掲〔第二章〕『シベリア抑留』)。

留意すべきなのは、この原則がみられるのは、他国の戦争被害者に対する姿勢だけではないことである。日本国籍があろうとなかろうと、基本的な原則は変わらない。ただ日本国籍がない場合のほうが、「慰労」や「医療保障」においても適用外におかれやすい、というにすぎない。

日本はアジアの戦争被害に向き合ってこなかった、という議論がある。しかしそれは、日本国籍のある戦争被害者には、日本政府が手厚い補償をしてきたことを意味しない。他国の戦争被害者だけに上記のような原則が適用されたと認識している人がいるとすれば、それは日本国内の戦争被害者に対する無知が一因だろう。

見ようによっては、一九八八年のシベリア抑留者への「慰労」は、その後の他国の戦争被害者への対応の原型を作ったともいえる。政府とは別の「平和祈念事業特別基金」を作り、それが慰労金を給付する形態は、その後の「女性のためのアジア平和国民基金」とよく似ているからである。

ここで簡単に、元ソ連抑留者による補償要求運動の経緯を概説しておこう。

抑留者による補償要求運動は、戦後早くから存在した。しかし一九五六(昭和三一)年の日ソ共同宣言によって、日本政府はソ連への賠償請求権を放棄していた。韓国政府が一九六五年の日韓基本条約で、あるいは他のアジア諸国政府が一連の国交回復交渉で、日本に対する賠償請求権を放棄したように、日本政府もソ連への賠償請求権を放棄していたのである。

そのため抑留者たちからは、一九八〇年代から、自分たちの労働賃金の支払いを日本政府に求める運動が起きた。その論拠は、軍人の生活費用と賃金は国が支払う義務があり、捕虜となった場合でも、生活費用と賃金は出身国が負担するのが国際慣行であるというものだった。

一九四九(昭和二四)年のジュネーブ条約(第三条約、日本の批准は一九五三年)においても、捕虜の労賃は、使役国が発行した労働証明書をもとに、捕虜の所属国が支払うことになっていた。実際に日本政府は、南方戦線でアメリカ、イギリス、オランダ、オーストラリアなどの捕虜となって労働に就かされた日本人に対しては、戦後に賃金を全額払っていた。ところがソ連は労働証明書を発行しておらず、日本政府もソ連抑留者に対しては、賃金を払っていなかった。

一九八一年、全国抑留者補償協議会(全抑協)の原告六二名が、未払い労働賃金などの支払いを国に求めて東京地裁に提訴した。しかし八九年に出た地裁判決は、原告の敗訴だった。判決の理由は、原告の大半はジュネーブ条約批准以前に帰国していたから条約適用外であること、そして「原告等の損害は、国民が等しく受忍すべき戦争被害」であるといったことだった。

これに対し全抑協は、九一年にゴルバチョフが来日したさい、労働証明書の発行を求め、その後に実現した。そして九三年に来日したエリツィン大統領は、「ロシア政府、国民を代表し、このような非人間的な行為を謝罪する」と述べた(栗原前掲『シベリア抑留』)。

ソ連崩壊後には、ソ連側の公文書から、敗戦直前の対ソ交渉において、日本政府や関東軍が捕虜の労役提供を申し出ていた資料が発見された。こうした経緯に対し、怒りと不信を抱いた抑留者も多かった。

全抑協は、地裁判決を不服として上告した。しかし一九九三年には東京高裁が、一九九七年には最高裁が、原告の敗訴を判決した。ただし最高裁は、原告らが「不満を抱く心情も理解できないものではない」として、補償は「立法府の裁量」とした（栗原前掲『シベリア抑留』）。

一方で、こうした運動や裁判とは別個に、政権与党との協調によって、補償を実現しようとする動きもあった。

一九八二年、政府と与党の合意によって、総理府総務長官の私的諮問機関「戦後処理問題懇談会」が設置された。そこで検討されたのは、シベリア抑留、恩給欠格者、満州その他からの引揚者の在外資産の三点について、何らかの補償措置を行なうことだった。

検討会の答申は、一九八四年に出された。そこではシベリア抑留について、西ドイツが自国軍の捕虜に対し補償を行なっていること、過酷な労働に対し対価がほとんど払われていないことなどが指摘され、何らかの形で「慰藉《いしゃ》」を行なうべきだと提言されていた。ただし、「戦争被害は国民が等しく受忍すべき」で、特定対象に対する新たな政策措置は公平性を欠くという原則も述べられていた。

さらに一九八六年、自民党はシベリア抑留者に、特別給付金を支給する法律案をまとめた。

しかしこれは、法案提出に至らなかった。そして一九八七年、前述した平和祈念事業特別基金の設置法案が可決され、一九八八年から事業が開始されたのである。しかし謙二は当初、この平和祈念事業に、請求を出さなかった。

「むちゃな戦争をやった責任も明らかにせず、戦争に負けても制度のつじつまだけあっていればいいという姿勢だ。高級軍人には恩給を出しておきながら、俺たちには一〇万円の国債と、銀の杯をくれるという。しかも、天下りの役人がしきっている基金なんか作ってだ」

「こんなものごまかしだ、と思った。金額がわずかでも、敗戦直後ならありがたかったろうし、国も大変なのによく出したと感謝したろう。しかしいまさら金なぞいるか、意地でもいらない、と思った」

ところが一九九〇年四月、謙二はこの慰労金を請求した。その理由は、同じ収容所にいた朝鮮系中国人の元日本兵に請求資格がないことを知り、彼と分けあおうと考えたからだった。

5

謙二が呉雄根を知ったのは、「不戦兵士の会」に入ってからまもなくの一九八九年のことである。

ことのおこりは、会報『不戦』に、呉が書いた「丸腰の兵士」という手記が連載されたことだった。敗戦直前の八月一〇日に関東軍に入隊させられ、武器も与えられないまま戦闘で重傷を負ったこと。ソ連軍の捕虜になって、チタの陸軍病院で治療をうけたこと。そのあと、収容所を転々として、一九四七(昭和二二)年一一月にチタの第二四地区第二分所に送られたという内容だった。

謙二はそれを読んで、第二分所にたった一人で転属してきた「呉橋秀剛」を思い出した。「俺の近くの棚寝台に居を占めていたが、当時はほとんど会話しなかった。しかし一人だけで転属というのはめったにないので、何か理由があるのだと思っていた。そしてロシア語が上手だったことや、朝鮮人だという話だったことで、記憶に残っていた。これは彼のことかもしれない、と思った」

その手記には、謙二の記憶を裏づける記述が並んでいた。旧満州の間島省《かんとう》(現在の中華人民共和国吉林省延辺朝鮮族自治州)の出身であること。野戦病院にいたとき、日本語の『ロシア語読本』を偶然手に入れ、収容所で労働しながらロシア語をマスターしたこと。その後は通訳を任ぜられて、チタの機関車修理工場で働かされていたこと。ソ連の政治将校から「前職者」(憲兵や特務機関などの従事者)を見つけだして、密告するよう要求されたこと。それを拒否したところ、通訳をおろされ、第二分所に一人で送られたことなどだった。

「呉橋」という名前は、戦中に日本政府が朝鮮で行なった「創氏改名」により、日本風の名前に変えられたのではないかと謙二は思った。そして『不戦』の編集部に著者の住所を尋ね、中国にいる呉のもとへ手紙を書いた。当時の収容所の様子をいろいろ書き、「呉橋」ではないかと問い合わせる内容だった。

しばらくして返事があった。「むこうは、こちらが誰だかはわからなかったようだが、確かに自分だと伝えてきた」。その後、二人のあいだで、何回かの手紙のやりとりが続いた。

厚生労働省の統計によれば、大日本帝国時代に日本の一部とされていた朝鮮半島の出身者から、一一万六二九四名の軍人と、一二万六〇四七名の軍属が日本軍に加えられた。台湾からは同じく、八万四三三三名の軍人と、一二万六七五〇名の軍属である。朝鮮人で、戦死もしくは行方不明になったのは、二万二一八二名とされている。

ソ連軍の捕虜になった朝鮮人元日本兵の数は、諸説があるものの、約一万名といわれる。彼らは韓国に帰国後も、「元日本軍兵士」や「共産主義のスパイ」といった嫌疑や偏見にさらされた。一九四九年二月には、約五〇〇名の韓国人抑留者が三八度線を越えて帰国したところ、韓国兵の誤射で三七名が死亡する事件もあった(林えいだい『忘れられた朝鮮人皇軍兵士』梓書院、一九九五年)。

彼らは、韓国への帰国後も、公安警察の尋問、警察の監視、差別や就職不利などにさらされた。そうした苦境は、日本以上だったという。韓国政府の歴史見直し作業によって、彼らの名誉回復がなされたのは、二〇〇五年のことだった（NHK「証言記録　兵士たちの戦争　朝鮮人皇軍兵士　遥かなる祖国」二〇一〇年三月二七日放送）。

台湾人の元日本兵にも、シベリア抑留者がいた。その一人は、国民党による弾圧が続く台湾に帰ることができず、日本にとどまったと回想している（映画『台湾アイデンティティー』二〇一三年）。帰ったとしても、おそらくその境遇は、韓国の元抑留者と変わらなかっただろう。

呉雄根は中華人民共和国領になった間島省にもどったが、やはりさまざまな苦労をした。一九四八年一一月に帰郷したのち、延辺大学を卒業して医師になったが、文化大革命で「日本関東軍思想反動分子兵士」として摘発にあった。前述のように、この時期には日本および日本軍と関係があったとみなされ、糾弾された者が多かった。そのさい呉は、紅衛兵たちに三角帽子をかぶせられて、リンチをうけたという（林前掲『忘れられた朝鮮人皇軍兵士』）。

呉は平和祈念事業をはじめ、日本政府の施策を知らなかった。しかし日本国籍のない者は、平和祈念事業の対象外とされていた。

そして謙二は、「この金は彼のような人にこそ支給されるべきだ」と考えた。「朝鮮人を日本人として徴集しながら、現在外国人であるがゆえに支給しないのはおかしい」というのが、謙二の考えだった。

謙二は自分の慰労金として国債一〇万円を請求し、そのうちの五万円を呉に送った。「全額送ろうかと思ったが、相手の気持ちを考え、連帯の心を伝えようと思い、半分ずつ分けあうことにした」。

戦前には、朝鮮人・台湾人にも、日本国籍があった。敗戦後の一九四七年、日本政府は「外国人登録令」を発し、日本国籍のある者のうち、朝鮮戸籍・台湾戸籍など内地戸籍以外の者を「当分の間」「外国人とみなす」とした。そして一九五二年四月に占領が終わると、一方的に日本国籍を剝奪した。

そしてその後は、日本国籍の取得は、通常の帰化手続きによるとされた。帰化にあたっては、財産や納税額などの審査があり、取得できるか否かは法務省の裁量で決められた。

もともと一九一〇(明治四三)年に韓国が併合されたときも、現地住民には国籍選択権は与えられず、日本国籍が一方的に付与された。しかも彼らには、日本国籍を離脱する方法がなかった。日本政府は、満州に亡命して抗日運動をする朝鮮人たちが国籍離脱をして、日本警察の取締管轄外になってしまうことを恐れたのである(小熊英二『〈日本人〉の境界』新曜社、一九九八年)。日本政府は一九一五(大正四)年の対華二十一カ条要求と南満東蒙条約では、間島省の朝鮮人も「日本人」であり、それゆえ彼らの土地には日本政府の管轄が及ぶと主張している。

そして戦争が激化した一九四四年には、朝鮮にも徴兵令が施行され、やがて間島地方の満州在住朝鮮人も徴兵対象となった。こうして、呉雄根をはじめとした朝鮮人・台湾人の元日本軍将兵は、一度も国籍選択権がないまま、「日本人」として日本軍に徴集され、知らぬ間に日本国籍を喪失し、恩給その他の対象外とされていたのである。

一九九〇年五月、謙二は呉に五万円を送り、以下のような手紙をつけた。「数年前に政府は元ソ連捕虜だった軍人に対し、一〇万円を支給する法律を作りました。しかし、外国人には適用されません。そこで、受け取った半額の五万円をあなたに送るのは、一人の日本人としてお詫びの気持ちというわけです」（小熊謙二「シベリア抑留の元関東軍兵士呉雄根さんのこと」『オーロラ』一九九七年一二月三〇日号）。

まもなく、呉からは深く感謝を述べる手紙が届いた。しかし彼は、日本国籍がないために対象外とされることに、納得がいかないようだった。そして、自分にも請求権があるはずだが、どうしたらよいかと意見を謙二に求めてきた。

謙二は「正直に言って当惑した」という。「常識的に考えれば、慰労金が彼に支給されないのは不当なことだ。しかし、日本政府はガードが固いだろうと思った」。

謙二は返事を書くために勉強した。そして、日韓・日中国交回復のときに政府間で相互に賠償請求権を放棄していること、呉に慰労金が支給されるには平和祈念事業を定めた法律を改正しなければならないこと、などを説明する手紙を書き送った。

しかし、呉は納得できないようだった。謙二はさらに、日本国籍がある元捕虜に対する労働賃金の支払いも、日本政府が拒否していることを説明する手紙を送った。謙二自身も、自分の労働証明書の発行を申請し、未払い賃金がある証明書が手元に届いていた。しかし労働証明書があっても、日本の政府や裁判所が姿勢を変えていないことも、謙二は手紙で呉に説明した。

その後しばらく、呉からはあまり手紙が来なかった。ところが一九九六(平成八)年初め、事態は思いもよらぬ方向に展開した。呉が来日して訴訟を起こすので、謙二に共同原告になってくれという誘いがきたのである。

6

呉たち朝鮮人の元シベリア抑留者は、この時期に独自の活動を開始していた。

ロシアと韓国の国交が回復した一九九一年、韓国にいた元ソ連捕虜たちが「シベリア朔風会」を結成した。彼らはソウルのロシア大使館を訪れ、労働証明書の発行を要請した。この活動の背景にあったのは、韓ロ国交回復をもたらした冷戦の終結と、それに先行した一九八八年の韓国民主化だった。

一九八八年の民主化以前、日本に戦後補償を求める声は、韓国政府によって抑圧されていた。なぜなら、日韓基本条約によって賠償請求権を放棄したのは、韓国政府だったからである。つまり日本への戦後補償要求は、韓国政府への批判であるとみなされる傾向があったのである。

韓国の太平洋戦争犠牲者遺族会の会長は、一九九〇年代のインタビューでこう述べている。「七四年に釜山犠牲者集会で、『日本に責任を問うべきだ。日本領事館に行こう』といったら、たちまち警官に逮捕された。私たちへの妨害は、八八年、盧泰愚大統領による民主化まで続いた」(朝日新聞戦後補償問題取材班『戦後補償とは何か』朝日文庫、一九九九年)。

こうした事情は、アジア諸地域の民主化以前は一般的だった。台湾の元日本軍人・軍属・遺族協会員も「政治活動をすれば投獄された。日本の植民地教育を受けた者は相手にされず、われわれの対日請求は、国民党政権から徹底的に妨害された」と証言している。日本領だったサハリンに残留していた朝鮮人たちも、ソ連時代にはいっさいの政治活動ができず、帰国や補償要求などの運動などは不可能だったと述べている(朝日新聞取材班前掲『戦後補償とは何か』)。

ところが冷戦終結とアジア諸国の民主化によって、そうした抑圧が解かれ、アジア諸地域から補償要求が出てくることになった。韓国で元ソ連捕虜たちが運動を起こしたのと同じ一九九一年一二月、韓国の元日本軍人・軍属三五名が、東京地裁に損害賠償請求の訴訟を起こした。

この三五名のなかに、元「慰安婦」が三名含まれていたのが、「従軍慰安婦」による補償要求の始まりだった。

ときに誤解されているが、いわゆる「従軍慰安婦」による補償要求は、この時期には全体のごく一部とみなされていた。それにくらべ、朝鮮人や台湾人の元日本軍人・軍属たちが、元日本兵と同等の恩給その他を要求する運動は、ずっと早くから存在した。映画監督の大島渚が、彼らを題材に『忘れられた皇軍』というドキュメンタリーを制作したのは、一九六三(昭和三八)年のことである。

一九九二年には、在日韓国人で元シベリア抑留捕虜だった李昌錫が、恩給受給の地位を確認する訴訟を起こした。これにたいし京都地裁は一九九八年、恩給法の国籍条項は合憲であり、戦争被害の補償は「立法府の裁量」とする判決を下した。

これにたいして李は、「戦時中は命を懸けて戦い……日本人なら勲章がもらえる。金ではないんです。平等であればいい」と語った(栗原前掲『シベリア抑留』)。しかし二〇〇二年には、最高裁で彼の敗訴が確定した。だが二〇〇三年には、韓国シベリア朔風会の会員らが、東京地裁に謝罪と補償を求めて提訴した。

呉雄根は、前述したように一九九〇年五月に、五万円を謙二からうけとった。ジャーナリストの林えいだいによると、「その話はすぐ延辺にいる、シベリア関係者に伝わった。何故、日本政府は日本人にだけ慰労金を十万円支払ったのか、自分たちにも日本政府に要求する権利があるといい出した」(林前掲『忘れられた朝鮮人皇軍兵士』)。

林によると、呉とともにシベリア抑留から中国に帰国した満州朝鮮族元日本兵は、三一五名いた。呉は日本政府に補償交渉をするために、各地に散在している在中シベリア帰国者の名簿作成を始めた。

やがて元捕虜五名が中心となって「中国旧ソ連抑留者協議会」が結成され、呉はその会長となった。彼らの調査の結果、二五〇名の元捕虜当人および遺族の所在が判明した。さらに日本の抑留者補償協議会と交渉して、その一支部として認めてもらい、ロシア政府に労働証明書を発行させる申請用紙を日本から送ってもらうところまで進展した。

ところが一九九二年、この団体の活動は停止してしまった。おりしもこの年一〇月、日中国交正常化二〇周年を記念して、天皇が訪中した時期だった。林は「中国政府から圧力がかかった」のではないかと述べ、「雄根たちの組織が、(中国政府から)反国家運動と見られたのではないか」「中国が日本政府から援助を受けるために、刺激したくないという、国際的な配慮があったのかも知れない」と推測している(林前掲『忘れられた朝鮮人皇軍兵士』)。

この時期、中国は一九八九年の天安門事件を弾圧したことが批判を招き、国際的に孤立していた。旧西側先進国のなかでは、対中制裁に消極的で、かつ最大の援助国でもあったのが日本だった。その日本を、当時の中国は外交的に重視していた。

また近年、林の推定を傍証する資料が発見されている。この時期には、中国人の「従軍慰安婦」がいたことが、日本の防衛庁資料から発覚した。そして日中の外交当局が、天皇訪中にあたり、この問題を拡大させないことを秘密裏に合意していたのである（「日中当局、慰安婦取り上げぬ合意　九二年の天皇訪中前」『朝日新聞』デジタル版、二〇一三年一二月一〇日付）。中国政府の姿勢が変わり、日本の歴史認識問題に厳しい態度をとるようになったのは、九〇年代半ば以降のことである。

いかなる背景があったにせよ、呉たちの活動はいったん停止した。林によると、一九九五年の時点では、呉は林に以下のように語っていたという。「自分一人でもロシア政府から、労働証明書を取りたい」「労働証明書を出させることによって、一人の朝鮮人が確実にシベリアの収容所に入れられたことを、それによって証明できるからだ」（林前掲『忘れられた朝鮮人皇軍兵士』）。呉が来日したのは、その翌年のことである。

一九九六年に呉を日本に招いたのは、「朝鮮と朝鮮人に対して公式に陳謝し賠償することを求める裁判を進める会」というグループだった。その代表は、宋斗会という「在日朝鮮人」だった。

一九一五年生まれの宋斗会は、一九二〇（大正九）年に日本に渡り、京都の日蓮宗寺院の徒弟として育った。彼は大川周明などのアジア主義者やアナーキストと交際があり、一九三四(昭和九)年に満州に渡って、さまざまな活動をしていた。

宋は戦後、満州で国民党に拘束されたが、一九四七年に日本に「帰国」した。だが日本政府の国籍剥奪のため、彼は日本国籍を喪失する。それにたいし宋は、一九六九(昭和四四)年には「日本国籍確認訴訟」をおこした。そして一九七三(昭和四八)年には、法務省前で外国人登録証を焼いて、日本国籍があることを主張している(宋斗会『満州国遺民』風媒社、二〇〇三年)。

その後に宋は、全国を転々とし、当時は京都大学の学生自治会が自主管理していた熊野寮の一室に住みついていた。そして日本の協力者と一緒に会を結成し、「浮島丸事件」の韓国人生存者・遺族による安全管理義務違反・賠償請求の裁判を支援していた。この事件は、一九四五年八月二四日に、朝鮮への帰国船が舞鶴沖で爆沈した事件である。この裁判は一九九二年に提訴され、二〇〇三年に国の一部責任が認められて確定している。

宋たちのグループは、一九九六年三月に、呉雄根を日本に招いた。そして九州・京都・東京で集会や講演会を開く一方、国会議員・政党・総理府などへの陳情を行なった。

呉の陳情にあたっては、謙二にも声がかかった。謙二は、「同じ分所にいた仲間にも声をかけ、応援団という形で」同行したという。

ただし、謙二はこうした活動にあまり展望を見出していなかった。呉は謙二への手紙で、中国で運動をしても成果がないので裁判をやりたいと述べていた。しかし謙二の側は、「無念さはよく理解できるが、希望的情報や観測を伝えることは、結果を考えると罪なことになる」と思い、成果は期待できないと書き送っていた。

それでも謙二は、呉たちと一緒に、国会議員や総理府を回った。謙二によると、「慇懃無礼に「のれんに腕押し」の対応をされただけだったが、彼に訴えの場を持たせてやろうと思ったから同行した」という。

この過程で、謙二にたいして、訴訟の共同原告になってくれという依頼がきた。その依頼は、呉の裁判を無償で引き受けた弁護士からやってきた。損害賠償と、公式陳謝を求めて、国を提訴するというのである。

その弁護士は、戦前のアジア主義者だった宋と親しく、「根っからの保守主義者」を自称する人物だった。彼の基本的な主張は、「日本のために生命を賭して戦った多数の朝鮮、中国、台湾出身の若人たちの甚大な犠牲」にたいして、「日本は彼らの犠牲と労苦に対し、礼を尽くし、補償と援護を尽くし、国家の信を回復すべきである」「国は経済によって滅びず、敗戦によりてすら滅びない。同義と信を失うことによって滅びるのである」というものだった（「訴状」平成八年九月二五日付）。

この弁護士が訴状で引用した文章は、中野正剛、小室直樹、佐藤誠三郎といった、保守系知識人のものばかりだった。佐藤誠三郎は自民党のブレーンとして著名だったが、当時は以下のように発言していた。「かつて大日本帝国の国民であった人は、全く平等に扱うべきです。日本がだめなのは、残留孤児に対して手厚い態度をとらないことや、帝国陸海軍の軍人・軍属になった台湾や韓国に軍人恩給を払わないことです」(伊藤隆・佐藤誠三郎「あの戦争とは何だったのか」『中央公論』一九九五年一月号)。

こうした「保守的」な志向は、当時の「従軍慰安婦」裁判などを支えていた日本側の人々とは、異質なものだった。しかし謙二自身は、そうした思想的位置づけには関心がなかった。そして彼は、共同原告になることを承諾した。その理由について、謙二はこう述べている。

「宋斗会はなんだか怪しいし、裁判をやっても勝てるはずがない。正直言って、依頼があったときは面食らった。しかし、言っていることは正しいと思ったので、やるならやってもいいと思った。日本人の一人として、呉さんには何かしないといけないと思い引き受けた」

「そんなことにかかわったら面倒になるとか、まわりの評判に気を遣うとかは、まったく考えなかった。何を気にするというのだ。どうせ「下の下」で生きてきた身だ。自分は人の評判とか、何を言われるかとかいったことは気にしない」

アジア諸地域からの戦後補償裁判において、日本国籍のある日系日本人が、共同原告となった例はほとんどない。シベリア抑留問題は、さまざまな立場の「元日本兵」が同じく被害者になったため、日本の抑留者団体は韓国や中国の抑留者と協力していたが、共同原告になるというケースはなかった。

こうして一九九六年九月、東京地方裁判所に訴状が提出された。「日系日本人元捕虜」と、「朝鮮系中国人元捕虜」が、保守系のアジア主義者たちに支援されて裁判をおこすという、あまり例をみない訴訟だった。

7

謙二たちの訴訟の第一回公判は、一九九七年一月に行なわれた。しかしこの日は、裁判長から、この件は損害賠償ではなく行政訴訟にあたるのではないかという発言があっただけで閉廷した。裁判官交代のうえ、第二回公判が五月一三日に行なわれ、原告の意見陳述の機会が与えられた。

この日に謙二は、「不戦兵士の会」で知りあった元兵士たち二人と一緒に、部隊名と階級名を書いた白いタスキをかけて、地下鉄駅から裁判所にむかった。これは宋の発案によるアピールだったが、マスコミの取材などはなかった。同行したのは、宋ら支援グループの人々と、謙二の家族のみだった。

呉雄根は法廷で、シベリアに送られた経緯を証言した。弁護士は「出征のとき聞いた歌を歌ってほしい」と要望し、呉は裁判官の前で当時の軍歌を歌った。以下のような歌詞である。

天に代わりて不義を討つ
忠勇無双の我が兵は
歓呼の声に送られて
今ぞ出で立つ父母の国

のちに呉は、こう書いている。「私は気持ちとして歌いたくなかった。しかし〔弁護士から〕そう言われて、五五年前、国境の石硯で、日の丸のはためきと、母と妹に見送られて、汽車に乗ったとき聞いた、その歌を、日本裁判官の前で歌った」(「上告理由書」平成一二年一一月七日)。

ついで謙二が証言台に立ち、抑留の経緯や、呉と知りあった経過を述べた。そのさい、彼は「意見陳述書」を用意し、ほぼそのまま読みあげた。

私が本裁判の原告になったのは金銭が目的ではありません。呉雄根の訴を代弁するためであります。又本裁判を通して、私のこの日本が真に人権を尊重する国になってほしい、との願いからであります。

私は約戦後三年ソ連の捕虜収容所におりましたが、その時一緒だったのが彼呉雄根であります。彼は一九二五年旧満州延辺地区で生まれました。

朝鮮族の日本国民として徴兵され、一九四五年八月一〇日満州西北部のハイラルに、前日の九日対日参戦をしたソ連軍が攻撃してきたその日に入隊したのです。そのまま戦闘に巻込まれ重傷を負い、ソ連領内の病院に送られました。退院後一九四八年末、朝鮮を経由して故郷に送還され中国人になりました。しかし元日本軍兵士であったことは、その後の生活に不利な扱いを受け特に文化大革命当時は死の一歩手前にいたる迫害を受けたのであります。

数年前私はシベリア抑留に対する慰労状と慰労金を受け取りました。しかし日本国は彼が外国人であるとの理由で対象としておりません。これは納得できないことであります。

何故、彼がシベリアで抑留生活を送らねばならなかったかを、考えて下さい。かつての大日本帝国は朝鮮を併合して朝鮮民族の人々を日本国民としました。その結果私と同じく彼も日本国民の義務として徴兵され、関東軍兵士となり捕虜となったのであります。慰労がシベリア抑留という事実に対し為された以上、彼はそれを受ける権利があります。

日本国民であるからと徴兵しシベリア抑留をさせた日本国。その同じ日本国が無責任にも、今になってあなたは外国人だからダメというのは論理的に成り立ちません。

これは明らかな差別であり、国際的に通用しない人権無視であります。

この様な問題には、日本の国内のみで通用する考えではなく、国際的に通用する論理で考える必要があります。

第二次大戦中、日本と同じく欧米各国が植民地を持ち、異民族・外国籍の人々が軍人として、その国のために戦いました。その補償に国籍などの差別をしている国はありません。戦勝国アメリカ・イギリス・フランスなどは勿論、敗戦国イタリア・ドイツも同様であります。イタリアはエチオピア・ソマリランド・エリトリア・リビアなどの植民地軍の人々に補償しましたし、植民地を持たなかったドイツでさえ、一例をあげれば、私の読んだ本『バルト海のほとりにて』という戦前ラトビア公使館で陸軍武官として勤務した方の奥さんが書いた本に、あるラトビア人陸軍中尉のことが書いてあります。

彼は一九四一年ドイツがソ連に侵攻した時は、前年一九四〇年にソ連に占領合併された祖国独立のため、ドイツ軍のラトビア人部隊に参加します。ドイツ敗戦後はスウェーデンに亡命したのですが、一九八〇年に死ぬまでドイツより軍人としての年金を受け取っています。又或るウクライナ人はやはりドイツ軍に参加、戦後はアメリカに亡命。これも補償の対象になっております。

よろしいですか。彼等は一度もドイツ国民であったことはないのです。又ドイツにとって彼等は終始外国人であったのです。

日本国民として軍務に服した呉雄根に対する日本国とは、何という違いでありましょうか。大体、国のために戦うとは生命を失うこともあるという行動です。それは命令され或は志願するか別として、国家と個人とが契約する一種の雇用関係だと思います。

その場合、国籍などは関係ありません。

これは近代国家としての常識であります。日本の考えている人権とは、国際的に通用しないものであり、とても文明国とか近代国家とは言えないということになりませんか。

国に要望します。この種の、国際的戦後補償に時効などありません。いつまでも責任逃れをするのは止めて下さい。そして、この種のマイナスの遺産を次の世代に先送りするのを止めにすべきであります。

最後に裁判官の皆様に要望します。昨年三月呉雄根が来日した時、私も有志と共に、国会、議員、政党、総理府などを回ってこの件を訴えました。

たしかに同情はされました。しかし状況は何も変わりませんでした。

立法府と行政府が何もしてくれないとなれば、私共は司法に訴えるより術を持ちません。

素朴な考えかもしれませんが、法の精神は生まれながらに与えられた人の権利を守ることにあると思います。同情はもう結構であります。どうか事実そのものを、又物事の本質を真正面から見据えて、論理にかなった判断をして下さる様、望みます。

この陳述書を裁判官たちの前で読み上げたことについて、謙二はこう述べている。

「勝つとも思えなかったが、口頭弁論で二〇分間使えるというので、言いたいことを言ってやった。むだな戦争に駆り出されて、むだな労役に就かされて、たくさんの仲間が死んだ。父も、おじいさんもおばあさんも、戦争で老後のための財産が全部なくなり、さんざん苦労させられた。あんなことを裁判官にむかって言っても、むだかもしれないけれど、とにかく言いたいことを言ってやった」

口頭弁論が終わると、来日した呉を、謙二は日本旅行に連れていった。「伊豆半島の温泉に泊めてあげた。彼は中国から、お土産も持ってきてくれた。素朴な人だった」。

前述の通り、この裁判の当日、マスコミの取材などはなかった。事前に新聞取材があり、囲み記事が出たが、それだけだった。当時は戦後補償裁判が数多く行なわれていたが、この裁判は、「従軍慰安婦」問題のように広範な関心をよんではいなかった。謙二はこう述べている。

「同時期にあった戦後補償裁判のことは、あまり意識していなかった。新聞記事が出ても、反響も支援もほとんどなかった。そんなものだろうし、どうとも思わなかった。「不戦兵士の会」の古いメンバーで付き合いのあった人が、最後までつきあってくれた」

　この後の裁判は、ほとんど弁護士と裁判所が書面をやりとりするだけで、謙二たちが証言する機会もなく進行していった。そして二〇〇〇(平成一二)年二月、東京地裁から請求棄却の判決が出た。その趣旨は、①損害賠償については、「国民のひとしく受忍しなければならなかった戦争被害」だから補償できない、②公式陳謝の要求については、「立法府の裁量的判断」だというものだった。

　中国に帰っていた呉雄根は、この判決を知らされて、「失望と怒りで、気も狂いそうになり、寝込んでしまった」という。呉はその後の上申書では、「朝鮮人の私が何故日本国のための日本国民の損害を受忍しなければいけないのか。日本の裁判官ならよくわかるように教えてほしい」「日本の裁判官には法と正義と人間の心が通用しない」と述べている(前掲「上申書」)。

　この訴訟はその後に上告されたが、二〇〇一年に東京高裁で請求棄却、さらに二〇〇二年に最高裁で請求棄却となって結審した。謙二はこう述べている。

「最高裁で最後に棄却を告げられたときは、裁判所側は「お帰りはこちら」とでもいうように、そそくさとした姿勢だった。ああいうときに、わめく人もいるらしいからな」

「あんなことをやったのは、もの好きといえばもの好きだ。しかし結審のあと、「こういう訴訟があったことが、文書になって残っただけでも意味があるのではないでしょうか」ということを、宋の支援者から電話で言われていたのを覚えている。それを聞いて、そういう考え方もあるのか、裁判所の書類の山の中に残るのも意味があるのだろう、と思った」

書類の山から資料を発掘し、意味を与えるのは、歴史家の領分である。この裁判を担当した弁護士は、訴状で謙二について、記している。「国に良心なくとも、無意識に、国の不義に代わって、この国とこの国の国民にも良心があることを示してくれた」。そうした評価が当たっているのかどうかは、使い古された言葉を使うなら、「歴史の審判」が決めることになるのだろう。

8

呉雄根の裁判が開始された一九九七年、すでに謙二は七二歳だった。この年、謙二はそれまで週に一回か二回は行っていた「立川スポーツ」から、完全に引退した。

「立川スポーツは、大木さんが一人でうけつぎ、彼が六〇歳になって年金がもらえるようになった一九九八年にたたんだ。食わんがための仕事だったので、とくに感慨はなかった」

二〇〇二年、最高裁が謙二と呉の訴えを棄却したあと、謙二は脳梗塞で倒れた。「多摩丘陵の自然を守る会」で知り合った年下の主婦の誘いで、自治会館で英語を話す会に参加していたとき、めまいがして立ち上がれなくなったのである。

「救急車をすぐよんでもらって、病院に担ぎこまれた。自分の世代だと、救急車をよぶなんておおげさだ、と考えがちだ。ところがその会合にいた年下の女性たちは、自分の子どものために救急車をよんだ経験などがあって、よぶ敷居も低い。そうでなかったら、手遅れになって半身不随になっていただろう」

左半身に軽い麻痺がしばらく残ったものの、それもリハビリで翌春にはほぼ回復した。地域で交際を深めていたことが、こうした形で好作用したのである。

しかし脳梗塞で倒れたとき、謙二は七七歳になっていた。倒れたのを機に、給食サービスの「加多厨」や、「多摩丘陵の自然を守る会」の活動からは退いた。

「その二年ほど前から、長沼公園のパトロールも、坂道を上がると息が切れるようになっていた。自分のような専門知識もない「その他大ぜい」の参加者は、ここで退いてもいいと思った」

二〇〇三年、こんどは妻の寛子が、庭先で転倒して手首を骨折した。それ以後、寛子はうつ気味になり、心身の不調を訴えて病院通いが続いた。寛子がふさぎこんで、家事もできなくなったため、謙二が料理をやるようになった。

「もともと一九九〇年代から、寛子が囲碁や英会話、絵などの習い事をしたいということで、火曜と金曜は食事の支度当番になっていた。そのときに寛子から習って、料理の基本をメモ書きした。その経験があったから、七八歳になってから料理を全面的に作るようになっても、何とかやることができた。この年齢の男性が料理を覚えるのはいいことだというので、「加多厨」が給食と一緒に配っている通信で紹介してくれた」

「シベリアでは何をやっても生き残るつもりだったし、戦後もなんでもやってきた。料理でもなんでも、自分のことは自分でやれるのが基本だ。それに自炊すれば、好きなものが食べられていいよ」

二〇〇五年、呉はもう一度日本にきた。全国抑留者補償協議会(全抑協)が、中国の呉と、韓国の抑留者団体会長を招いて、集会を開いたためだった。呉は新聞記者と、全抑協の世話人とともに、八王子の謙二の自宅に挨拶にきた。

この当時、全抑協は最後の取組みを行なっていた。二〇〇五年には、民主党・共産党・社民党の三党が、抑留期間に応じて三〇万円から二〇〇万円を国が支払う法案を衆参両院に提出した。しかしこの法案は、二〇〇六年に自民・公明の与党二党によって否決された。

だが与党側は、妥協的な法案を提出した。「天下りの温床」という批判もあった平和祈念事業特別基金を二〇一〇年に廃止し、基金の残額を財源にして、抑留者・引揚者・恩給欠格者を対象に「特別慰労品」を配るというのである。この法案は可決され、また慰労品が配付されることになった。

慰労品は、旅行券一〇万円か、置時計・万年筆・文箱・楯のうちから一点。こんども、日本国籍のない者は対象外となった。謙二はふたたび旅行券一〇万円を請求し、換金して呉に寄贈した。

謙二は選挙にあたっては、あいかわらず自民党以外に投票していた。二〇〇九年には、民主党に投票した。「政権交代に希望を感じた」という。

二〇一〇年六月、民主党政権のもとで、「シベリア特措法」が成立した。法案の内容は、従前の民主党案と自民党案の、いわば折衷だった。給付金は抑留期間に応じて二五万円から一五〇万円。財源には、すでに二〇一〇年の解散が決まっていた平和基金が国庫に返納した資本金が充てられた。

これはいうなれば、国が支出して事実上の補償を行なったと解釈することもできるし、自公両党案にあった通り基金の残額を充てたと解釈することもできる、という内容だった。法案に「補償」の文言は入らなかったが、抑留の実態調査の記録を進める方針が書かれ、提案の説明で謝罪・補償の趣旨が述べられた。対象生存者は約七万名だったが、こんども日本国籍のない者は対象外だった。これを成果として、全抑協は二〇一一年五月に解散した。

「全抑協の活動は、一九八〇年代から意識してはいたが、参加はしていなかった。チタ会でも、そういう運動の話はしなかった。軍人恩給のように、国は力のあるところには金を出すが、声を出せない人には出さない。その後に運動を建て直して、何とかあそこまで持っていったのは偉いと思う」

「そうはいっても、けたくそが悪いから、最初は請求をしなかった。天下りの温床を解散するにあたって、余った金を配るということだからだ。自分としては、国には恨みがある。国というのは、人間の心とは違う無機質なものだ」

それでも、謙二は今回も請求をした。呉とはもう連絡がなかったが、別の寄贈先を見出したからだった。

「請求期限は二〇一二年三月末までだった。その期限がくる一年ほど前の二〇一一年三月、全抑協の会誌の『オーロラ』に載っていた記事を読んだ。サハリンから、極北のノリリスクの収容所に送られて死んだ人の娘が、父の慰霊碑を建立したいので、募金をするということが書いてあった。それに応ずるために、二五万円を請求した。半額はその募金に送り、半分は全抑協に寄付として送った。それが最後だ」

「一時金にしろ謝罪にしろ、戦後すぐにやればよかったものを、出せ出せとあれだけ言われてようやく出した。国なんて機構に、そんな出し方をしてもらってもありがたくもない。しかし、当時は民主党政権だったから、やってくれたことだとも思う」

二〇一一年三月、東日本大震災と原発事故がおきた。「原発事故は、起こるべくして起こったのだと、のちの報道でわかった。事態をできるだけ小さく見せようとする政府の本性もみえた。原発はやめたほうがいい」。謙二は二〇一二年には、自宅の屋根に太陽光発電をとりつける工事を行なった。

二〇一二年ごろからは、足腰が衰え、孫の運動会にも行けなくなった。介護認定では、「要支援1」である。二〇一五年一月には、妻の寛子も亡くなった。

謙二が住んでいる南陽台そのものも、他の新興住宅地がそうであるように、いっそうの高齢化が進んでいた。南陽台一丁目の六五歳以上が総人口に占める高齢化率は、二〇一四年には四四パーセントとなった。周辺にある北野台は四三パーセント、みつい台は四〇パーセント。これらは東京にありながら、「限界集落」といわれる水準に確実に近づいている。

謙二の居宅の周辺にも、空き家が目立つようになった。南陽台では、かつてあった商店がつぎつぎに廃業し、日用品の買い物はできなくなった。謙二はまだ自動車が運転でき、八九歳の身でありながら、自分で買い物に行けるのが救いである。

謙二は、世の中の動きについては、いらだつことが多いという。

「政治家が靖国参拝をくりかえすことや、南京事件が虚構だとかいった論調にたいしては、もはやあきらめの心情だ。しかし「静かな怒り」はいつもある。最近の週刊誌の見出しをみていると、排外的な罵詈雑言があふれ、歴史の真実を矮小化している」

「昔も一生下積みで終わった人は多いが、「稼ぐに追いつく貧乏なし」とも言われていた。しかしいまは、非正規雇用の人たちなどが、どんなに頑張ってもだめな世の中になっている。日本だけのことではないようだが、希望が持てない。使う側の「労働のモラル」がなくなった。若い人がかわいそうだ」

「自分が二〇歳のころは、世の中の仕組みや、本当のことを知らないで育った。情報も与えられなかったし、政権を選ぶこともできなかった。批判する自由もなかった。いまは本当のことを知ろうと思ったら、知ることができる。それなのに、自分の見たくないものは見たがらない人、学ぼうともしない人が多すぎる。これから二〇年もたてば、もっと悪くなるだろう。経済も国債の金利があがったら、大破局がくるかもしれない」

このように述べる謙二だが、八九歳の身で家事をこなし、毎日を生きている。冷戦後のユーゴスラヴィアや、第二次大戦期の外交など、学術的な本も読む。「アムネスティ・インターナショナル」「もやい」「ペシャワール会」「加多厨」「国境なき医師団」などの非営利団体に会費や寄付を払い、「良心の囚人」の収監に抗議する英文の葉書を書き送っている。

「アムネスティの会誌に、手紙が付属して送られてくる。各国の政府だの大臣だのの宛名と、誰それさんの収監に抗議するといった内容の英文が、そこに印刷してある。手紙を出しているといっても、俺がやっているのは、それにサインして、ポストに投函することだけだ。手紙が着いても先方は無視するだろうが、自分の「内なるもの」があってやっていることだ」

謙二は、足腰が立つあいだは自炊をして、自宅で暮らすという。自分の人生をふりかえって、彼はこう述べる。

「自分の人生は五〇歳ぐらいまでだ、と結核療養所を出たあとしばらくは思っていた。自分の人生は、途中まではどん底だった。だが途中からは波に乗ることができ、人並みの暮らしができるようになった。しかし、途中で出会った人々のなかには、そうできずに終わった人も多かったろう。それにくらべれば、いまの俺はいい暮らしだ」

さまざまな質問の最後に、人生の苦しい局面で、もっとも大事なことは何だったかを聞いた。シベリアや結核療養所などで、未来がまったく見えないとき、人間にとって何がいちばん大切だと思ったか、という問いである。

「希望だ。それがあれば、人間は生きていける」

そう謙二は答えた。

あとがき

本書は、一九二五年生まれのシベリア抑留体験者のインタビューをもとに構成されている。この本は二つの点で、これまでの「戦争体験記」とは一線を画している。

その一つは、戦争体験だけでなく、戦前および戦後の生活史を描いたことである。多くの「戦争体験記」は、戦前および戦後の記述を欠いている。そのため、「どんな境遇から戦争に行ったのか」「帰ってからどう生きていったのか」がわからない。

それにたいし本書では、戦前および戦後の生活史を、戦争体験と連続したものとして描いた。それを通じて、「戦争が人間の生活をどう変えたか」「戦後の平和意識がどのように形成されたか」といったテーマをも論じている。

二つめは、社会科学的な視点の導入である。同時代の経済、政策、法制などに留意しながら、当時の階層移動・学歴取得・職業選択・産業構造などの状況を、一人の人物を通して描いている。本編は一人の人物の軌跡であると同時に、法制史や経済史などを織り込んだ、いわば「生きられた二〇世紀の歴史」である。

また本書の対象人物は、都市下層の商業者である。記録が多く残りがちな高学歴中産層ではない。そのため、「学徒兵から会社員へ」という、多くの戦争体験記とは異なった軌跡を記述することになった。これに社会科学的な視点を加えたことで、日本現代史の研究に独自の貢献をなしえた部分もあろうかと思う。

近年では、戦争の時代だけでなく、戦後史や高度成長期への関心も高まっている。社会の中軸が、高度成長期以後に生まれた世代になっていることを考えれば、それは当然のことだ。また格差問題の台頭や経済成長の終焉とともに、昭和期の経済成長や産業構造変化が、民衆生活にどのような影響を与え、社会秩序をどう変えたのかにも関心が集まっている。

本書では、こうした現代的な関心と、戦争体験という歴史的な関心を、接続しようと試みた。戦争体験を描くにしても、一人の人物の軌跡を通じて、戦前史および戦後史と接続すれば、従来よりも幅広い関心を集めうると考えたのである。

学術的にいえば、本書はオーラルヒストリーであり、民衆史・社会史である。社会的にいえば、「戦争の記憶」を扱った本であると同時に、社会構造変化への関心に応えようとしたものである。

*

本書の対象は、私の父である。ここで本書の成立経緯について、記しておきたい。

本書のもとになった聞取りを行なったのは、二〇一三年五月から一二月にかけてである。私と一緒に聞取りを行なったのは、新進の現代史家で、インドネシア残留日本兵の聞取りから彼らの伝記を書いた林英一氏だった。

林氏のデビュー作である『残留日本兵の真実』(作品社、二〇〇七年)は、彼の卒業論文である。そして当時の指導教員は私だった。こうした著作を書いた林氏に、私の父がシベリア抑留体験者であることを話し、いちど話を聞きにいこうと持ちかけた。それが本書の発端である。

初回の聞取りは、ややとりとめのないものに終わった。最大の理由は、父の話が多岐にわたっていたからである。しかし私は、父がシベリア抑留だけではなく、戦前の商店街の生活や、戦後の流転生活についても、詳細な記憶を持っていることに驚いた。

そこで私は考えた。これを時代ごとに聞いていき、政治や経済の背景記述を補っていけば、歴史研究として有意義なものになるのではないか。そう思った私は、林氏に対して、本格的な聞取りを行なうことを提案した。林氏は快諾し、その後は二週間に一度ほど、八王子市の父の自宅に通った。そして毎回三時間ほど、聞取りを行なった。

私は『在日一世の記憶』(集英社新書、二〇〇八年)に結実した、聞取りプロジェクトを行なったことがある。また林氏は、何人もの元日本兵の聞取りを行なってきた。二人ともそうした経験があったので、実行するのにさほどの困難はなかった。

具体的な作業は、以下のような手順で行なわれた。父に話を聞くのは私が行ない、それを林氏がパソコンでメモ書きした。そして林氏が作ってくれたメモを、当日のうちに私が加筆してまとめなおし、後日に録音と照合しながら原稿化した。そしてその原稿を、父に目を通してもらい、事実関係の訂正などを行なってている。

父は片肺が事実上ないため、あまり長く話すと疲れてしまう。しかしそれをのぞけば、歴史研究者の観点からいって、きわめて優れた語り手だった。記憶が鮮明であるだけでなく、話が系統的であり、本筋からはずれない。また過剰な思い入れによって、記憶を修正しない。当時の実感や見方を、粉飾せず率直に語ってくれる。林氏も、こうした人は珍しいと言っていた。

また父が持っている観察力には、しばしば驚かされた。たとえば本書第一章で、彼の兄の輝一が、高円寺の祭りで「東京音頭」にあわせて太鼓を叩いていたことを話したときである。そのとき父は、「ああした曲が流行ったということは、それだけ東京市内に地方出身者が増えていたということだろう」と述べた。

「「東京音頭」にあわせて太鼓を叩いていた」という事実から、「地方出身者が増えていた」という社会背景を洞察することは、必ずしも誰もがやることではない。また自分の兄の記憶という、過剰な思い入れが混じりやすい対象から、そうした客観的事実を抽出することも、やはり誰もがやることではない。父は学問的な訓練を受けたわけではないから、こうした能力は天性のものか、独自に養ったものだろう。そのような観察力と客観性は、本書に記した証言の随所でみることができる。

ある意味で父は、淡々とした性格の持ち主である。悲惨な経験や、はた目には劇的な経過を語るときも、ロマンティシズムで色付けするようなことが一切ない。一貫して冷静かつ客観的に、ときにはユーモアをまじえて事実を語っていた。

父にいわせると、「実際に生きて経験した人間はそういうものだ」という。誰もがそうなのかは、私には判断できない。軍隊入営時に祖父母と別れた経緯を語ったときだけは、多少言葉に詰まっていたが、それ以外にはそうした場面はなかった。もっともこれは日常においても同様で、戦後補償裁判の渦中でも、彼が淡々としていたことは私自身が記憶している。

こういう性格の人物は、語り手としては信用がおける。しかし同時に、こういう人物が、自分の経験を書き残すことはめったにない。個人史を書き残す人間は、学歴や文筆力などに恵まれた階層であるか、本人に強烈な思い入れがあるタイプが多い。前者は一部の階層からの視点になるし、後者は客観性に欠ける傾向がある。父はそのどちらでもない。そして実際に、彼自身は、自身の経験についてほとんど何も書き残していなかった。

前述のように、初回の聞取りを行なう時点では、私はそれを文章化する計画を持っていなかった。しかし一連の聞取りのなかで、考えを変えた。私は林君の許可を得て本書の執筆を進め、雑誌『世界』の二〇一四年一〇月号から二〇一五年六月号に連載した。このような、文章を書き残さない人、しかし後世に伝えるべき経験をした人の記憶を、書き残しておくのは歴史研究者の役割だと考えたからである。

*

本書で描かれた父の軌跡は、当時の「日本人」の平均的な人生行路なのだろうか。これは本書の学術的意義にもかかわる問題だが、判断はむずかしい。シベリア抑留はともかく、戦後補償裁判に元朝鮮人日本兵と共同原告になった事例は、おそらく他にはない。そうしたことから、「それは普通の人じゃないね」と評する人もいた。

けれども、「普通の人」というのは何だろう。日本でいえば、「サラリーマン」だろうか。しかし、それは歴史上一度として、統計的な意味でさえ多数派になったことはない。にもかかわらず、「サラリーマン」が平均的人間像であるというような錯覚が、戦後の一時代には流布していた。

一例として、一九六三年に出版され、映画化もされた山口瞳『江分利満氏の優雅な生活』という小説がある。主人公は父と同じく一九二五(大正一五)年生まれで、年齢がそのまま昭和の年数と一致しているという設定だ。「最も平均的な人間」であるという意味で、「エブリマン氏」という名前が付けられている。

しかしそこに描かれているのは、大手電機会社の社宅に住む、大企業正社員の生活である。本書でも言及したように、そんな生活をしていた人間は、当時の労働人口の一割にも満たない。そんな生活が平均像だと思われていたのは、およそ本を書いたり購読したりする人間は都市中産層が多く、彼らのなかでは「大学を出てサラリーマンになる」という人間が多かった、という単純な理由からだろう。

一方で、都市中産層と対比させて、地方にいる農民こそが「庶民」であるというイメージも存在する。しかし農民もまた、すでに一九五〇年代から、統計的多数派ではなかった。また、単に農村に住んでいた人々を農民とよぶなら、父も敗戦後の一時期は農村に住んでいたのである。

本書でも明らかなように、父の足跡は、本人が意識していなかったにせよ、同時代の日本社会の動向に沿っている。にもかかわらず、同時代の多数派がとっていたとはいえない行動も、父はしばしば行なっている。ならば、父の軌跡は「多数派」ないし「平均」と、どういう関係にあるのか。

それにたいし、私はこう考える。一生涯を通じて、すべての場面において「多数派」であるという人間は、どこにも存在しない。社会学では、多数派からはずれた行為を「逸脱行動」とよぶ。しかし、生涯に一度も逸脱行動をしない人間がいたとしたら、それこそ「普通の人」ではないだろう。

人間は、ふだんは目立たない生活、「平凡」とよばれる生活を送っている。だが生涯に何回かは、危機的な経験をし、英雄的な行動をする。しかし同時に、大枠においては、同時代の社会的文脈に規定されている。

それこそが、平均的な人間というものだ。その意味では、本書で描かれた父の軌跡は、とても平均的なものである。

別の言い方をすれば、こうもいえる。危機的な経験や、英雄的な瞬間をとりだすだけでは、描く対象が個人であれ集団であれ、その全体を描いたことにはならない。もちろん、日常的な生活を描くだけでも、全体を描いたことにはならない。それらを総合的に把握し、同時代の社会的文脈のなかに位置づけてこそ、立体的な歴史記述になりうるのではないかと考える。

前述のように、本書で記述した人物は、高学歴の都市中産層ではない。その点でも、本書は「記録されなかった多数派」の生活史である。しかし同時に、戦争や裁判といった劇的な部分を描くだけでなく、それを全体の一部として総合的に記述したことが、本書の見るべき点であろう。

人間は、ある程度の揺らぎや偏差をふくみながら、同時に全体の構造に規定されている。本書で私が描こうとしたのは、父が個人的に体験した揺らぎと、それを規定していた東アジアの歴史である。ここでいう東アジアには、日本だけでなく、ソ連や中国、韓国、台湾などが含まれる。日本のなかでも、さまざまな地方、さまざまな階層、さまざまな政策などが関係する。本書の意図は、一人の人物という細部から、そうした全体をかいまみようと試みたことである。

＊

じつをいうと、私は二〇〇三年にも、父の聞取りをいちど行なっている。しかしそのときは、シベリア抑留の経緯を聞いただけだった。

戦前や戦後の生活を聞こうという関心は、当時はなかった。またシベリア抑留にしても、収容所の経営や、ソ連側の社会背景に関係する証言を聞くといった観点がなかった。それらは、父が経験していたにもかかわらず、当時の私には引きだすことができなかった記憶である。

記憶というものは、語り手と聞き手の相互作用で作られる。聞き手に聞く力がなければ、語り手から記憶を引きだすことはできない。前述のように本書は、優れた語り手に恵まれたことで可能になった。しかし同時に、聞き手である私が、一〇年前にくらべて知識と関心を広げたことも好作用しただろう。

当然といえば当然だが、聞取りを行なったことで、父と私の関係は近しくなった。共通の話題が増えたし、父の発言や行動の意味が理解しやすくなった。また過去のことを話しているあいだは、父の表情が現役時代にもどったような輝きをみせることが、私にとっては単純にうれしかった。おそらく父にとっても、自分の経験を熱心に聞かれることは、喜ばしいことであったろう。

しかしこれらは、聞く側の働きかけなくして、起こることではない。日本だけでなく、世界のどこにおいても、多くの経験や記憶が、聞かれることのないまま消えようとしている。自分の親族なり、近隣なり、仕事場なりで、そうした記憶に耳を傾けるのは、意義のあることだろう。

またそれは、語り手以上に、聞き手にとって実り多いものだ。なぜなら、人間の存在根拠は、他者や過去との相互作用によってしか得られないからだ。

人間にとって、自分がなぜここに存在するのか不明であることは、不安を生じさせる。そうした不安を慰撫する方法は、市場にあふれる商品という形でも提供されている。しかし周囲に働きかけ、対話し、関係を築いていくことは、受け身で瞬間的な購買よりも、実りが多く持続もする方法である。

くりかえしになるが、記憶とは、聞き手と語り手の相互作用によって作られるものだ。歴史というものも、そうした相互作用の一形態である。声を聞き、それに意味を与えようとする努力そのものを「歴史」とよぶのだ、といってもいい。

過去の事実や経験は、聞く側が働きかけ、意味を与えていってこそ、永らえることができる。それをせずにいれば、事実や経験は滅び、その声に耳を傾けなかった者たちも足場を失う。その二つのうち、どちらを選ぶかは、今を生きている者たちの選択にまかされている。

父はやがて死ぬ。それは避けえない必然である。しかし父の経験を聞き、意味を与え、永らえさせることはできる。それは、今を生きている私たちにできることであり、また私たちにしかできないことである。願わくば、読者の方々もまた、本書を通じてその営みに参加してくれることを望みたい。

二〇一五年五月

小熊英二

小熊英二

1962年，東京生まれ．1987年，東京大学農学部卒業．出版社勤務を経て，1998年，東京大学大学院総合文化研究科国際社会科学専攻博士課程修了．現在，慶應義塾大学総合政策学部教授．
『社会を変えるには』(講談社現代新書，2012年，新書大賞)，『1968』上下(新曜社，2009年，角川財団学芸賞)，『〈民主〉と〈愛国〉——戦後日本のナショナリズムと公共性』(新曜社，2002年，毎日出版文化賞，大佛次郎論壇賞)，『単一民族神話の起源——〈日本人〉の自画像の系譜』(新曜社，1995年，サントリー学芸賞)など著書多数．

生きて帰ってきた男
——ある日本兵の戦争と戦後　　岩波新書(新赤版)1549

2015年6月19日　第1刷発行

著　者　小熊英二《おぐまえいじ》

発行者　岡本　厚

発行所　株式会社　岩波書店
〒101-8002 東京都千代田区一ツ橋2-5-5
案内 03-5210-4000　販売部 03-5210-4111
http://www.iwanami.co.jp/

新書編集部 03-5210-4054
http://www.iwanamishinsho.com/

印刷製本・法令印刷　カバー・半七印刷

ISBN 978-4-00-431549-0　Printed in Japan

岩波新書新赤版一〇〇〇点に際して

ひとつの時代が終わったと言われて久しい。だが、その先にいかなる時代を展望するのか、私たちはその輪郭すら描きえていない。二〇世紀から持ち越した課題の多くは、未だ解決の緒を見つけることのできないままであり、二一世紀が新たに招きよせた問題も少なくない。グローバル資本主義の浸透、憎悪の連鎖、暴力の応酬——世界は混沌として深い不安の只中にある。

現代社会においては変化が常態となり、速さと新しさに絶対的な価値が与えられた。消費社会の深化と情報技術の革命は、種々の境界を無くし、人々の生活やコミュニケーションの様式を根底から変容させてきた。ライフスタイルは多様化し、一面では個人の生き方をそれぞれが選びとる時代が始まっている。同時に、新たな格差が生まれ、様々な次元での亀裂や分断が深まっている。社会や歴史に対する意識が揺らぎ、普遍的な理念に対する根本的な懐疑や、現実を変えることへの無力感がひそかに根を張りつつある。そして生きることに誰もが困難を覚える時代が到来している。

しかし、日常生活のそれぞれの場で、自由と民主主義を獲得し実践することを通じて、私たち自身がそうした閉塞を乗り超え、希望の時代の幕開けを告げてゆくことは不可能ではあるまい。そのために、いま求められていること——それは、個と個の間で開かれた対話を積み重ねながら、人間らしく生きることの条件について一人ひとりが粘り強く思考することではないか。その営みの糧となるものが、教養に外ならないと私たちは考える。歴史とは何か、よく生きるとはいかなることか、世界そして人間はどこへ向かうべきなのか——こうした根源的な問いとの格闘が、文化と知の厚みを作り出し、個人と社会を支える基盤としての教養となった。まさにそのような教養への道案内こそ、岩波新書が創刊以来、追求してきたことである。

岩波新書は、日中戦争下の一九三八年一一月に赤版として創刊された。創刊の辞は、道義の精神に則らない日本の行動を憂慮し、批判的精神と良心的行動の欠如を戒めつつ、現代人の現代的教養を刊行の目的とする、と謳っている。以後、青版、黄版、新赤版と装いを改めながら、合計二五〇〇点余りを世に問うてきた。そして、いままた新赤版が一〇〇〇点を迎えたのを機に、人間の理性と良心への信頼を再確認し、それに裏打ちされた文化を培っていく決意を込めて、新しい装丁のもとに再出発したいと思う。一冊一冊から吹き出す新風が一人でも多くの読者の許に届くこと、そして希望ある時代への想像力を豊かにかき立てることを切に願う。

（二〇〇六年四月）

岩波新書/最新刊から

1542 ルポ保育崩壊　小林美希 著

課題は待機児童の解消だけではない。空前の人員不足の中、保育所が直面する厳しい現状を描き出し、保育の質の低下に警鐘を鳴らす。

1543 フォト・ストーリー 沖縄の70年　石川文洋 著

沖縄について考え続け、撮り続けてきた著者が、自らのルーツと向き合い、七〇年の歴史を戦争と基地を軸に描く。カラー写真多数。

1526 幕末から維新へ シリーズ 日本近世史⑤　藤田覚 著

激しい一揆・打ちこわしと大飢饉、そして異国船の接近。維新へと向かう時代の動揺の中で、したたかに生き抜く民衆の姿を活写する。

1544 日本の納税者　三木義一 著

国民の大多数を占めるサラリーマンが、いかに税に関心を持てなくされているか。その現状や背景を伝える。

1545 遺骨 戦没者三一〇万人の戦後史　栗原俊雄 著

沖縄で、硫黄島で、シベリアで、いまも親族の遺骨を探し続ける人々。「仮埋葬」された空襲の犠牲者のその後。未完の戦後に迫るルポ。

1546 世論調査とは何だろうか　岩本裕 著

どの数字が信頼できるのか？ そんな疑問に答えながら、世論調査の仕組みと働きを紹介する。民主主義の礎としての重要性を説く。

1547 地域に希望あり ―まち・人・仕事を創る―　大江正章 著

地方創生のかけ声より早く、地域の力を再発見・発揮している地道なチャレンジの現在をルポ。カギは地元愛とビジネスマインドだ。

1548 人物で語る数学入門　高瀬正仁 著

学校で学ぶ数学の中でもとりわけ理解しにくいのが虚数や微積分。大数学者が知りたかったことは何だったか。その発想に迫る。

(2015. 6)